“Global View” × “21st Century Skills” = “Future”

グローバルな視野と21世紀型スキルを培う

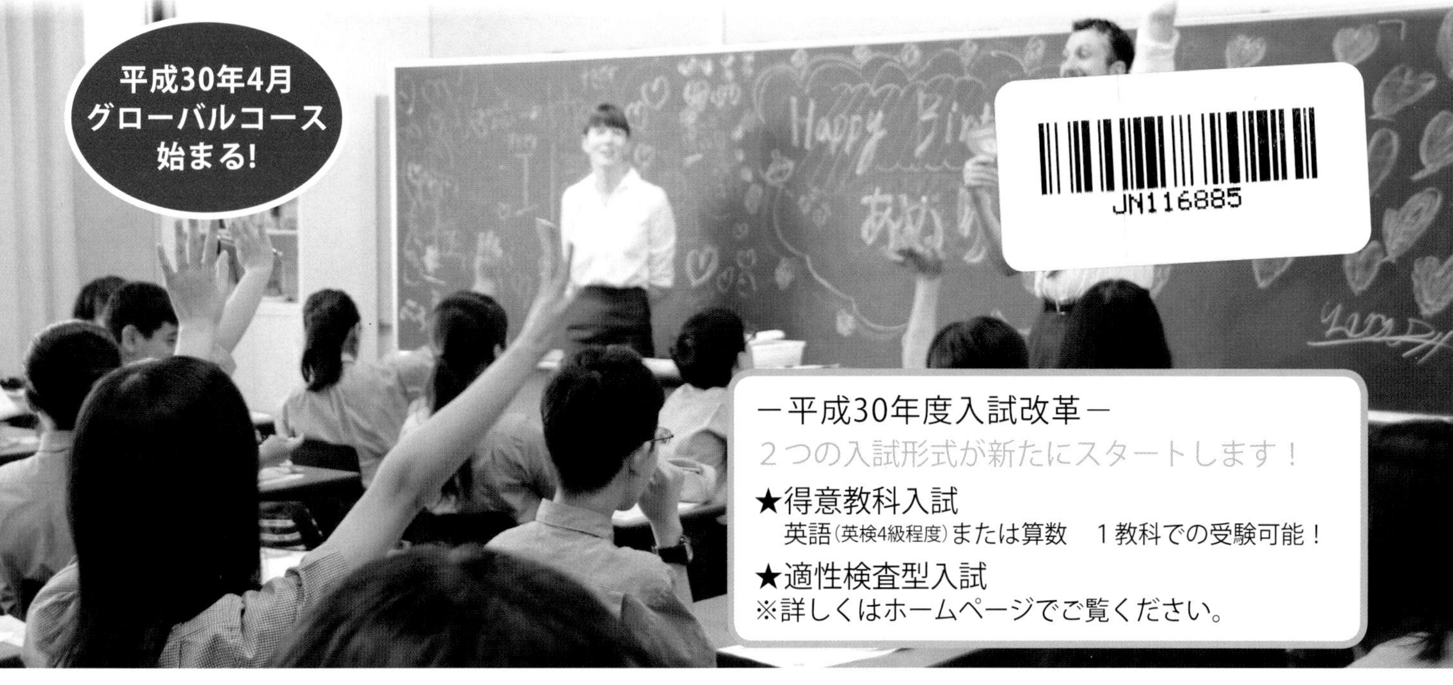

いま必要な学びを追究した新しい文理スタイル

中学1年	中学2年	中学3年	高校1年	高校2年	高校3年
中高一貫進学クラス（文理進学コース）				理系進学コース	理系国公立5教科コース/理系難関私立3教科コース
				文系進学コース	文系国公立5教科コース/文系難関私立3教科コース
	グローバルコース		グローバル化対応の「英語教育改革」	目標	・海外で活躍できる英語力を身につける ・全員が英検2級(CSE2200点)を取得する※ ・さらに準1級の取得をめざす ※CSEとは、英語力(4技能)をユニバーサルな尺度で示したものです。
特別選抜クラス（文理国公立進学コース）				理系国公立5教科コース	
				文系国公立5教科コース	

将来の目的に合わせた3つのコース

文理では、入学時に２つのクラス（コース）に分かれます。特別選抜クラス（文理国公立進学コース）と中高一貫進学クラス（文理進学コース）です。１年間各クラスで勉強した後、２年次からは希望によりグローバルコースが編成されます。６年間の中高一貫教育では、普段の学習に取り組む姿勢を確立するために、目に見える「目標」を常に提示することで、生徒のやる気を引き出すことが大切です。学年ごとに行うクラス替えのタイミングで、自分の目標に合ったクラス(コース)を選択することでモチベーションもアップします。

3つのコースの目標

特別選抜クラス(文理国公立進学コース)

特別選抜クラスは、将来、東京大学や京都大学、国公立大学医学部などの超難関大学に現役で進学を希望する生徒を対象にした精鋭クラス。このクラスの生徒は学習意欲や授業理解度が高いので、演習の量を増やす工夫をしています。中学１年次では「特別選抜クラス入試」の合格者でクラスを編成。中学２年次以降は、１年間勉強した結果と本人の希望を考慮して決めています。

中高一貫進学クラス(文理進学コース)

多彩な進路を希望する生徒に合わせ、習熟度別授業・分割授業が行われる中高一貫進学クラス。学力差がつきやすい英語・数学の授業については、２クラス３分割という少人数で行うことで、生徒一人ひとりの確かな実力を養います。確認テストや、個別補習、個別指導を丁寧に行い、きちんと基礎力をつけてから演習に進みます。

グローバルコース

高い英語力を生かして国内外の難関大学をめざす生徒のために平成30年度から設置される新コース。特別選抜クラス・中高一貫進学クラスに入学後、１年間文理のメソッドで英語を学習した後、中学２年進級時にコース選択を行います。タブレットを活用し、スカイプでの英会話学習や洋書多読など、英語４技能をバランスよく伸ばします。
中学２年でのセブ島短期留学、３年での海外研修（イタリアまたはオーストラリア)、高校２年での海外語学研修（アメリカまたはカナダ）と、多彩な実践プログラムも組まれ、スキルアップをはかります。

平成29年度大学合格実績

文理初！ 東京医科歯科大学医学部医学科 **1** 名
医学部医学科 **20** 名
医歯薬獣医看護系学部 **116** 名
海外進学 **5** 名(ニューヨーク州立大学など)
スーパーグローバル大学 **290** 名

レディー＆ジェントルマン中高一貫エリート教育

西武学園文理中学校

〒350-1336 埼玉県狭山市柏原新田311-1
TEL.04-2954-4080　http://www.bunri-s.ed.jp

●池袋から**51分**　●高田馬場から**54分**　●国分寺から**45分**　●八王子から**56分**　●大宮から**45分**　●南浦和から**51分**
5つの駅からスクールバスを運行　新狭山駅・川越駅・東飯能駅・稲荷山公園駅・鶴ヶ島駅　※時間はスクールバスの時間を含む

●**中学入試説明会(平成30年度募集)**　9/2(土)　10/21(土)　11/18(土)　12/2(土)　●**文理祭(文化祭)**　9/16(土)　9/17(日)

女子美術大学付属高等学校・中学校

JOSHIBI

2017年度 公開行事情報

学校説明会
10月7日（土）
11月25日（土）
各 14:00 ～
予約不要

女子美祭
～中高大同時開催～
～本校最大のイベント～
10月28日（土）・29日（日）
各 10:00 ～ 17:00

ミニ学校説明会
28日（土）
10:30 ～、13:30 ～
29日（日）
10:30 ～、12:30 ～、
14:30 ～
予約不要

公開授業
9月30日（土）
10月7日（土）
11月18日（土）
11月25日（土）
各 8:35 ～ 12:40
予約不要

美術のひろば
美術が好きなひと集まれ！
「描く」「つくる」などの体験教室
（ワークショップ）
8月6日（日）・7日（月）
小・中学生、美術の先生対象
要予約

すべて
上履不要

〒166-8538　東京都杉並区和田 1-49-8　[代表] TEL: 03-5340-4541　FAX: 03-5340-4542
http://www.joshibi.ac.jp/fuzoku

100th 2015 ANNIVERSARY

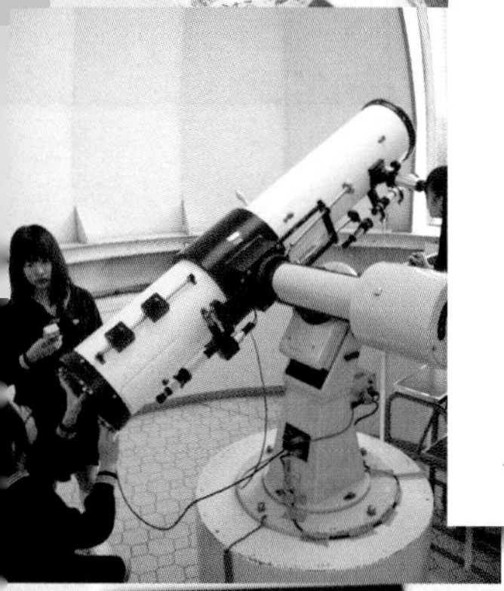

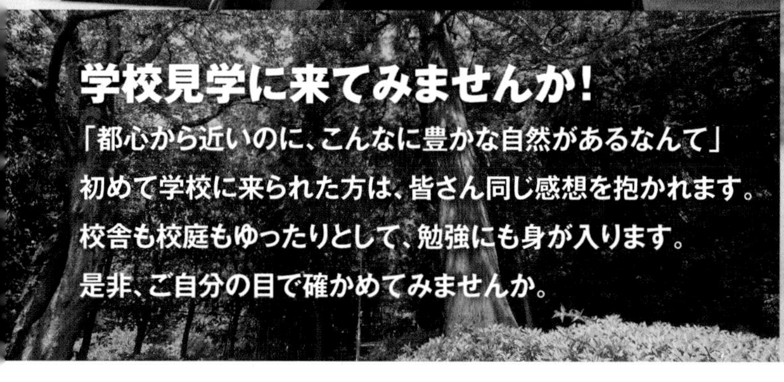

認め合い、支え合い、励まし合う。心を動かす進学校。

帝京大学中学校

Teikyo University Junior High School

〒192-0361 東京都八王子市越野322　TEL.042-676-9511(代)

https://www.teikyo-u.ed.jp/

■ 2018年度 中学入試学校説明会　〈対象〉保護者・受験生　〈会場〉本校

	実施日時	予約制	内容
第1回	7月 8日(土) 10:00～11:30 14:00～15:30	要予約	『本校が目指す教育～中学での学びを中心に～』 児童参加型イベント★模擬授業を実施（要予約）
	7月17日(月) 14:00～15:30		7月8日・17日の説明会は同じ内容です。
第2回	9月16日(土) 10:00～11:30 14:00～15:30	要予約	『本校の学習（高校での学びを中心に）』※午前のみ授業見学可 児童参加型イベント★午後のみ、在校生による児童対象説明会（要予約）
第3回	10月19日(木) 12:30～14:00	要予約	『卒業生・保護者から見た帝京大学中高』
第4回	11月15日(水) 10:00～11:30	―	『初めて説明会に参加される皆様へ』
第5回	12月17日(日) 10:30～12:00	―	『入試直前情報・過去問解説授業』
	1月 6日(土) 10:30～12:00	―	12月17日・1月6日の説明会は同じ内容です。
第6回	3月10日(土) 14:00～15:30	―	『小学校4・5年生児童保護者対象』

○第1回・第2回・第3回説明会の予約方法は、各説明会の約1ヵ月前にホームページに掲載させて頂きます。
○学校見学は、随時可能です。(但し、日祝祭日は除く。また学校説明会等、行事のある場合は見学出来ないことがあります。)
○平常授業日(月～土)には、事前にご予約いただければ、教員が校舎案内をいたします。

○第34回邂逅祭(文化祭)　10月28日(土)・10月29日(日)

●スクールバスのご案内

月～土曜日／登校時間に運行。
詳細は本校のホームページをご覧ください。

JR豊田駅 ←→ 平山5丁目(京王線平山城址公園駅より徒歩5分) ←→ 本校
←(20分)→

多摩センター駅 ←(15分)→ 本校

生徒一人ひとりに光が当たる

OTSUMA JUNIOR & SENIOR HIGH SCHOOL

◆学校説明会（要Web予約）

7月17日（月・祝）10:30～11:40
9月23日（土）12:30～13:40
9月24日（日）10:00～11:10
※9月23日・24日は文化祭と並行して実施。
10月 7日（土） 9:30～10:40
12月17日（日）10:30～11:40

＜ナイト学校説明会＞

10月18日（水）18:30～19:40
※初めて来校する小6保護者対象

◆入試説明会（小6対象、要Web予約）

10月21日（土）14:00～15:30
11月18日（土）14:00～15:30

＜ナイト入試説明会＞

11月29日（水）18:30～19:40
※小6保護者対象

◆オープンスクール（小5以下対象、要Web予約）

11月11日（土）14:00～16:00
※クラブ活動体験、生徒会による校内案内ツアーなど参加型・体験型企画が中心。
一日大妻生になるチャンスです！

◆文化祭（予約不要）

9月23日（土）13:00～16:00
9月24日（日） 9:30～15:50
※両日とも入場は15:30までです。

2016年度卒業生の大学合格者数（現役）

国公立大学　26名
早慶上理　124名
GMARCH　257名

大妻中学高等学校

〒102-8357 東京都千代田区三番町12番地　TEL 03-5275-6002　FAX 03-5275-6230

2018
Komaba Toho

駒場東邦 中学校 高等学校

学校説明会

10/1（日）

10/7（土）

10/8（日）

※往復はがきによる予約制です。ご予約方法、受付期間などの詳細は、7月上旬頃ホームページに掲載します。

文化祭［第60回］

9/16（土）

9/17（日）

※文化祭は予約不要です。

〒154-0001 東京都世田谷区池尻 4-5-1 TEL: 03-3466-8221㈹ 駒場東邦 検索
◎京王井の頭線「**駒場東大前駅**」徒歩 10 分 ◎東急田園都市線「**池尻大橋駅**」徒歩 10 分

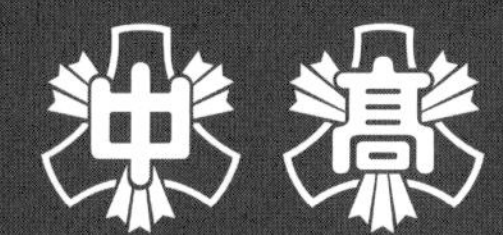

10年後を見つめ、イマを歩む。

「人格を尊重しよう」「平和を心につちかおう」を学園モットーに、
一人ひとりの発想力、創造力、コミュニケーション能力、活用力を育成し、
これからのグローバル社会の中で活躍できる、人間の育成をめざします。

男女共学

［東大・医進クラス］

［一貫特進クラス］

- ■課題解決型授業の導入で実践的思考を育てます。
- ■少人数で行う探究ゼミ活動で知的好奇心を育てます。
- ■英会話能力を育て中2までに英検3級、中3までに英検準2級を取得。英語で発信できる力を育てます。
- ■アクティブ・ラーニングとタブレット活用でアウトプット能力を育てます。
- ■個性に応じた学びで高い進路目標を実現します。

八王子学園

八王子中学校

Hachioji Junior High School 2018

〒193-0931東京都八王子市台町4-35-1　Tel.042-623-3461（代）URL http://www.hachioji.ed.jp　E-mail info@hachioji.ed.jp

※説明会は本校HPにて完全予約制です。　※詳しい学校紹介はHPまたは学校案内をご覧ください。

JR中央線「西八王子駅」から徒歩5分

CONTENTS

掲載学校名　50音順　もくじ

サ

女の子の女の子による女の子のための

『私立女子中学校フェスタ』開催報告！

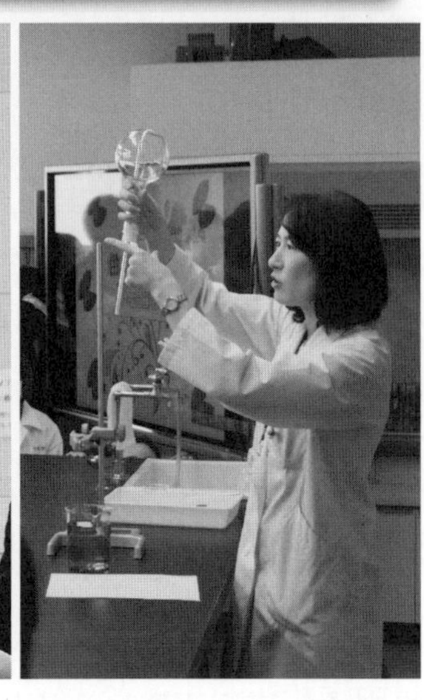

2017年4月2日（日）、十文字中学校に都内の伝統女子校17校が一堂に会し、約7,000名の来場者を迎え第1回「女子中学校フェスタ」が開催されました。

このイベントは、楽しい催し物を通して少しでも女子校の良さを小学生のみなさんに体験してもらおうと、各女子校の生徒たちが企画し、生徒が中心になって行う女の子の女の子による女の子のための初めての合同フェスタです。「私たち私立女子中学校の生徒たちは、日頃、色々な場面において仲間同士で話し合い、協力し合い、知恵を出し合って問題の解決に努めています。そんな女子校の様子を今日は肌で感じてください」と意気込みを語ってくれました。

この合同フェスタは、各女子校の生徒たちによるアトラクションやプレゼンテーション、座談会や個別相談、そして教員と生徒による体験授業、またスタンプラリーなど、充実したプログラムとなっており、来場された小学生たちは、みんな楽しそうにイベントを見学したり参加したりしていました。

次に当日行われたイベントの一部をご紹介します。

生徒によるアトラクション

部活動の発表です。鷗友学園女子「ダンス部による創作ダンス」、和洋九段女子「箏曲部による演奏」、共立女子「太極拳部による演舞」、実践女子「室内楽部による演奏」、大妻「バトントワリング部による演技」、女子聖学院「チアリーディング部による演技」など、見学された小学生たちはどのアトラクションにも目を輝かせていました。また、女子校６校によるバスケットボール交流戦も行われ、みなさん大きな声援を送っていました。

生徒によるプレゼンテーション

各学校の特色ある取り組みの紹介です。吉祥女子「オーストラリアセミナー」、富士見「まずは東北に行こう！」、三輪田学園「調理部とランチを企画しよう」、豊島岡女子学園「“モノづくり”への挑戦をのぞいてみよう！」、八雲学園「機会を最大限に生かす」など、各学校の工夫されたプレゼンテーションにみんな聞き入っていました。

教員・生徒による体験授業

先生の授業を生徒がサポートします。跡見学園「錬金術しよう！」、東京家政大附属「お守り作りとお茶会」、十文字「三色に変わる“ろ紙アート”」、大妻中野「振って！振って！ブルー!?」、山脇学園「英語であそぼう！」など楽しい理科の実験や小学生たちにもわかりやすいユニークな授

業が行われました。

また、生徒による「女子校あるある座談会」や「ブースでの個別相談」も大変好評で、普通の説明会では聞けない学校での生活や内緒話など楽しいお話が聞けたようです。

小学生とその保護者の方々へ

「今回参加したすべての女子校でこれからの時代を強くたくましく、そして優しく生きていく力を育む点では共通していますが、それぞれの学校には、独特の取り組みがあります。ぜひ気になった学校に足を運んでみてください。きっとみなさんに合ったふさわしい学校があるはずです。そんな学校を見つけてもらえると嬉しいです。

それでは、みなさんに学校で再びお会いできることを心より願っております」(私立女子中学校フェスタ参加校生徒一同より)

「私立女子中学校フェスタ」参加校一覧

学校名	住所・URL	電話
跡見学園中学校高等学校	〒112-8629 東京都文京区大塚 1-5-9 http://www.atomi.ac.jp/jh/	☎03-3941-8167
鷗友学園女子中学高等学校	〒156-8551 東京都世田谷区宮坂 1-5-30 https://www.ohyu.jp	☎03-3420-0136
大妻中学高等学校	〒102-8357 東京都千代田区三番町 12 番地 http://www.otsuma.ed.jp	☎03-5275-6002
大妻中野中学校・高等学校	〒164-0002 東京都中野区上高田 2-3-7 http://www.otsumanakano.ac.jp/	☎03-3389-7211
吉祥女子中学・高等学校	〒180-0002 東京都武蔵野市吉祥寺東町 4-12-20 http://www.kichijo-joshi.ed.jp/	☎0422-22-8117
共立女子中学高等学校	〒101-8433 東京都千代田区一ツ橋 2-2-1 https://www.kyoritsu-wu.ac.jp/chukou/	☎03-3237-2744
品川女子学院	〒140-8707 東京都品川区北品川 3-3-12 http://www.shinagawajoshigakuin.jp	☎03-3474-4048
実践女子学園中学校高等学校	〒150-0011 東京都渋谷区東 1-1-11 http://hs.jissen.ac.jp	☎03-3409-1771
十文字中学・高等学校	〒170-0004 東京都豊島区北大塚 1-10-33 http://js.jumonji-u.ac.jp	☎03-3918-0511
女子聖学院中学校高等学校	〒114-8574 東京都北区中里 3-12-2 http://www.joshiseigakuin.ed.jp	☎03-3917-2277
東京家政大学附属女子中学校・高等学校	〒173-8602 東京都板橋区加賀 1-18-1 http://www.tokyo-kasei.ed.jp	☎03-3961-2447
豊島岡女子学園中学校・高等学校	〒170-0013 東京都豊島区東池袋 1-25-22 http://www.toshimagaoka.ed.jp	☎03-3983-8261
富士見中学高等学校	〒176-0023 東京都練馬区中村北 4-8-26 http://www.fujimi.ac.jp	☎03-3999-2136
三輪田学園中学校・高等学校	〒102-0073 東京都千代田区九段北 3-3-15 http://www.miwada.ac.jp	☎03-3263-7801
八雲学園中学校・高等学校	〒152-0023 東京都目黒区八雲 2-14-1 http://www.yakumo.ac.jp	☎03-3717-1196
山脇学園中学校高等学校	〒107-8371 東京都港区赤坂 4-10-36 http://www.yamawaki.ed.jp	☎03-3585-3911
和洋九段女子中学校高等学校	〒102-0073 東京都千代田区九段北 1-12-12 http://www.wayokudan.ed.jp	☎03-3262-4161

君たちは 変わる「日本の教育」の 真っただ中にいる

この本は、首都圏の国立・私立中高一貫校をめざす受験生と、その保護者のみなさんに向けて、「よりよい受験」「ベストな学校選び」をしていただくために編集されました。そのために知っておきたいこと、注意してほしいことを、この巻頭記事でお伝えします。まず、いま大きく変わる日本の教育のなかでの「中学入試の立脚点」を探ってみたいと思います。

大学入試改革の行方は？ 中学・高校での学びも変わる

いま日本の教育は、2020年（平成32年）の大改革を控えています。変わるのは2020年度（2021年１～３月）に実施される大学入試からですが、受験用語で言えば2021年４月の入学をめざす「2021年度（平成33年度）入試」からの変革ということになります（別項参照）。つづけて新しい学習指導要領もスタートします。

さて、2017年（平成29年）５月16日、文部科学省は「大学入学者選抜改革」「高等学校教育改革」などの検討状況をまとめた「高大接続改革の進捗状況について」を発表しました。

「大学入学者選抜改革」では、現行の大学入試センター試験に替わる「大学入学共通テスト（仮称）」の導入、「高等学校教育改革」では、高校生の基礎学力定着をめざすための「高校生のための学びの基礎診断（仮称）」が実施されることになりました。

本稿では、この２項について解説していきますが、以降「仮称」の２文字を省くことにします。また、「大学入学共通テスト」は「大学共通テスト」、「高校生のための学びの基礎診断」は「高校基礎診断」と略して記述しますので、ご了承ください。

このふたつは、これまで「大学入学希望者学力テスト（仮称）」と「高等学校基礎学力テスト（仮称）」と呼ばれ、本誌では「新テスト」「基礎テスト」などと略していました。

未だ仮称とはいえ、今回の発表によって、以降は上記の新呼称が使われることになり、実際の改革時のタイトルにきわめて近いものと思われますので、本稿でもこれにならいます。

「大学共通テスト」は、冒頭で述べたように、現・中学３年生が受験する「2021年度入試（平成33年度入試）」から開始されます。

「高校基礎診断」は、新学習指導要領が公表されたあとの、2023年度（平成35年度）から本格実施と

2020年？　2021年？

今回進められている大学入試改革は、報道で「2020年大改革」などの見出しが使われたため、2019年（平成31年）冬に実施される「2020年度（平成32年度）入試から」との誤解がありますが、初実施されるのは2021年度（平成33年度）入試からです。

文科省は、2020年度（2021年１～３月）に行われる入試改革ということで「2020年度」の文字を使っています。検討が進んでいた時期には、入試を12月に前倒しする意見もでていたため「2020年度教育改革」の呼称になりました。

なります。

現小6のみなさんが節目の年の受験生に

さて、中学入試をめざす小学6年生のみなさんに注目してほしいのは、3年先輩の現・中学3年生から実施される「大学共通テスト」です。現行の大学入試センター試験に替わるテストとなります。

大学入試はどのように変わるのでしょうか。そして、大学入試が変われば、高校での「学び」や「学び方」も変わるはずです。さらに、高校教育の変化は、中学校、小学校へも影響を与えていくことになります。

これとは別に、2020年度（平成32年度）、小学校から新学習指導要領での教育が始まることが予告されています。その後、年次進行で中学校、高校も新しい学習指導要領での学びとなります。

「大学共通テスト」は、みなさん（現在小学6年生）が大学を受験する2024年度（平成36年度）からは、新学習指導要領に対応したテストに変わります（前年度に内容を予告）。これはいわゆる2025年度（平成37年度）入試のことです。

また、前述の「高校基礎診断」は、4年間の試行を経て、みなさんが高校3年生の2023年度（平成35年度）から本実施となります。

つまり、みなさんが高校生から大学生へと進む節目が、日本の教育が大きく変わる年となるのです。

受験生に求められている「学力の3要素」とは?

大学入試の改革に触れる前に、文科省がこれからの大学受験生に求めている「学力の3要素」について触れておきましょう。

「学力の3要素」とは、学校教育基本法の第30条で規定されている以下の3点をさします。

①基礎的・基本的な**知識・技能**
②知識・技能を活用して課題を解決するために必要な**思考力・判断力・表現力**等
③**主体的に学習**に取り組む態度

文科省はいま、この「学力の3要素」をすべての大学の、すべての入試方式（AO入試、推薦入試、個別学力検査＝一般入試等）で問うことを推し進めようとしています。

後述する「大学共通テスト」でも、高校教育で育まれた学力の3要素のうち、おもに①と②を評価するのがねらいとされています。

なぜ文科省が、改めて「学力の3要素」重視の姿勢をとるのかについては、別の機会に詳しくお話しできると思いますが、定員確保のために、学力を無視して大学生を取りこむ私立大学があったり、そのために高校生の学習意欲が減退している現状を打破したいとの考えからです。

また一方で、現在、大学の一般入試では学力のみで合否判定を行っているため、受験勉強で力尽きてバーンアウトしてしまう学生が増え、せっかくの大学生活が覇気のないものになっているという課題もあげられます。学力のみの入学試験で、3要素の③でしめした、大学入学後にも必要なはずの学習態度や、積極的に学ぼうとする意欲については測れていないことも、その一因としてあげられます。これらの課題からの脱却もねらいとなっているのです。

そして、このように大学受験生に求められる「学力の3要素」は、当然、中学校、高校の教育でも求められることになります。

入試が、学習に取り組む態度や意欲など受験生を多面的に評価していく方向である以上、中学校、高校でも教科学習だけではなく、部活動や学校行事、各種検定への取り組みなどが評価のための指標となっていきます。ふだんの学校生活を見直し、意欲的な学びへと転換していきましょう。

「大学共通テスト」はなにがどう変わるのか

2021年度（平成33年度）入試から始まる「大学共通テスト」は、現在の大学入試センター試験に代わるテストとして検討、計画されてきました。

この春でいえば57万6000人もが受験している試験です。

このような大規模な試験の改革ですから、文科省は入念な準備をしてきました。

新たなテストの目的も大学入試センター試験と同様、大学教育を受けるために必要な生徒の能力を測るためのテストです。その能力は前述の「学力の３要素」をふまえたものになります。

新たに始まる「大学共通テスト」では、以下ふたつの大きな改革が検討され、実施へと動きだしています。まず、そのうちのひとつとして、「大学共通テスト」では、国語と数学で記述式問題が導入されます。大学教育を受けるために必要な能力として「思考力・判断力・表現力をより深く問う」とされており、とくに、国語と数学で記述式問題が導入されることになりました。

思考力・判断力はマークシート方式でも、ある程度は測ることができるとされていますが、表現力を測るためには、記述式の問題が必要だと考えられたのです。

国語は80〜120字程度の問題を含め、３問程度の出題が検討されています。

国公立大学の国語の個別試験では80〜150字程度の問題が出題されていますので、それに匹敵する文字量といえます。

数学の記述式問題は「数学Ⅰ」の内容とされています。数学的な処理を行って解決し結果を得るために、数式や図表、グラフなどで表現することになっており、３問程度出題されます。

英語で測られる力は「読む」「聞く」「話す」「書く」

大学入試改革の大きな変更のふたつ目は、英語入試として、４つの技能を測るようにするという点です。

現在の大学入試センター試験の英語では、筆記試験（マークシート方式）で「読む」、リスニング試験（マークシート方式で解答）で「聞く」の２技能を測ってはいますが、「本来の英語の技能を測るには偏っている」という意見が以前からありました。

そこで2021年度（平成33年度）入試からの「大学共通テスト」では、英語は「読む」「聞く」「話す」「書く」の４技能の力を、まんべんなく見ていく方向となりました（現行では他の外国語テストにリスニングは設定していない）。

ただ、現在の大学入試センター試験では50万人以上が英語を受験しています。それだけ多くの受験者がいる入試で、どのように英語４技能を測る試験を行うかについては、多くの課題が浮上しました。

その解決策として文科省は、現在民間で実施されている資格・検定試験の活用を考えています。

文科省は、どの民間の資格・検定を認定するかは未だ明言していませんが、現在、国内には、英語検定（英検）やTOEIC、TEAP、TOEFL、GTEC、IELTS（順不同）など多くの民間が実施する資格・検定試験があり、これらのなかから認定試験を選定し、受験生はその認定試験の結果を使って大学入試にのぞむ仕組みとなります。

この認定試験は、高校３年生の４〜12月の間に2回受検でき、高成績の試験結果を使うことが可能で、各認定試験の結果とCEFR（セファール＝ヨーロッパ言語共通参照枠の略称、別項参照）の６段階評価が各大学に提供されます。

実際に民間資格・検定をいつから利用するようになるかは２案あり、2021年度入試（平成33年度入試）からとするＡ案と、2023年度入試（平成35年度入試）までは、「大学共通テスト」と民間の資格・検定試験を併用（各大学がいずれか、または双方の利用を決める）するＢ案で検討されています。Ｂ案になれば、本格的な民間資格・検定利用は2024年度入試（平成36

CEFR（セファール）とは

CEFR（セファール）。これはCommon European Framework of Referenceの略で、ヨーロッパ言語共通参照枠と訳される英語活用能力の国際基準。「Ａ１」から「Ｃ２」まで６段階にレベル分けされる。

【Ａ１レベル】日常生活での基本的な表現を理解し、ごく簡単なやりとりができる。

【Ａ２レベル】日常生活での身近なことがらについて、簡単なやりとりができる。

【Ｂ１レベル】社会生活での身近な話題について理解し、自分の意思とその理由を簡単に説明できる。

【Ｂ２レベル】社会生活での幅広い話題について自然に会話ができ、明確かつ詳細に自分の意見を表現できる。

【Ｃ１レベル】広範で複雑な話題を理解して、目的に合った適切な言葉を使い、論理的な主張や議論を組み立てることができる。

【Ｃ２レベル】ほぼすべての話題を容易に理解し、その内容を論理的に再構成して、ごく細かいニュアンスまで表現できる。

年度入試）からとなり、まさに、いま小学6年生のみなさんから、ということになります。

新たに始まる「大学共通テスト」は、以上のように、思考力・判断力・表現力を見るための国語と数学での記述式問題導入と、英語4技能実施のふたつが大きな柱となります。

大学入試の仕組みは、これからの数年でいままでにないほど大きく変わります。

みなさんは、その真っただ中にいるのです。

大学入試が変われば 中高の教育も変化する

これらの大学入試の変革は、中学校、高校の教育現場にどう影響し、どのような変化をうながすでしょうか。

「国語と数学での記述式問題の導入」がもたらす変化はどうでしょう。

前述していますが、学校は知識・技能の習得に加えて、思考力・判断力・表現力の育成をめざす方向へと進むことでしょう。

教員と生徒との双方向の授業がベースとなり、生徒同士での主体的、対話的な学びを組み入れ、より深い思考や理解の実現をめざす「アクティブ・ラーニング」と呼ばれるメソッドが、中学生の段階から採用されることにもなります。

私立中高一貫校では、すでに多くの学校でアクティブ・ラーニングが取り入れられ、実績の検証段階に入っています。

つぎに「英語」の入試の変化によって、これからの英語教育のポイントは「4技能の習得と、その評価をどう整えるか」に集約されます。大学入試で求められる英語の力が4技能になることで、中学高校の英語教育も「話す」「書く」技能を含めた、4技能での指導にいっそう熱が入ることになり、その評価の仕方の研究も進むでしょう。

また、家庭での英語学習も変化していくことにならざるをえません。これまでは一部の生徒にかぎられていた留学に目を向ける家庭も多くなることが予想されます。

中学校選択については、系列にスーパーグローバルハイスクール指定校や国際バカロレア認定校を持っていたり、留学に積極的な「国際派」と呼ばれる学校への視線も熱を帯びてくるでしょう。

「高校基礎診断」は なぜ必要なのか

冒頭で述べたように「高等学校教育改革」では、高校生の基礎学力定着をめざすための「高校基礎診断」が実施されることになりました。

これは前述の「大学共通テスト」と密接に関連しています。

いくら大学入試の改革を進め、「大学共通テスト」を充実したものにしようとも、高校生にそれを受験するだけの学力がついていなければ、まったく意味のないものとなります。

そこで、高校側に、高校生にはここまでの学力がほしいというデータを提供し、それを測るためのツールが必要になってきたのです。もちろん、これも前述の「学力の3要素」をふまえたものになります。

近年、中学校までの義務教育の学習内容が定着していないまま、高校に入学する生徒が増加しています。

そのような生徒の多くが、「高校の授業内容を理解できず、勉強に対する意欲が持てない」、そうなると「ますます授業がわからなくなる」とドロップアウトしてしまい、不登校や中途退学などを生みだしています。そうはならなかったとしても、そのような状態のまま高校生活を過ごすのは本人も周囲も苦痛です。

変化が激しいこれからの社会では、高校までの間に、「自分で問題点を見つけ、解決していく力」を身につけることが大切です。そのためには高校生が高校卒業時に一定の基礎学力を身につけていることが必要です。

義務教育範囲が未定着な高校生では、そのような力を得ることはとてもむずかしくなります。

文科省は、高校で義務教育範囲の学び直しもできる体制を整え、達成感のある学びによって学習意欲を高めることが重要だと、いま考えています。

そして、高校生が継続的に学びに向かう状態にし、教科学力の定着をふまえて「学力の３要素」のひとつでもある思考力・判断力・表現力の育成につなげていく。

文科省は、そのような体制を実現するための方策として「高校基礎診断」の実施へと歩を進めてきたのです。

「高校基礎診断」は、大学進学希望者だけでなく、すべての高校生の力を測り、学習意欲の喚起と基礎学力定着に向けた試みでもあります。

「高校基礎診断」は、これまで「高等学校基礎学力テスト」という仮称で呼ばれてきましたが、「テスト」という名称が「選抜」を連想させるという意見があり、あくまで、基礎学力の伸びを確認し、それによって学習意欲を呼び起こそうとする趣旨であることから「診断」という名称に変わりました。

「高校基礎診断」は、国語·数学·英語で実施されます。英語は４技能を測ります。

導入の時期は、2019年度（平成31年度）から４年間の試行のあと、2023年度（平成35年度）からは新たな学習指導要領のもと、本格的に実施されます。

診断、検査資料については、文科省が内容についての要件をしめし、民間事業者が作成して認定を受けるという仕組みで運用されます。すでに民間からの募集も始まっています。

現在進められている教育改革は、社会にあって自他の問題を解決し、活躍していくことができる生徒の育成が目的です。

次項では、これから始まる改革の動きが、「これから」ではなく、すでに中学入試にも影響を与えていることが確認できます。「まだ先のこと…」と無関心でいることなく、自分のこととしてとらえていくことが非常に大切です。

すでに中学入試の設問にも大学入試改革の影響が

「大学共通テスト」の導入などを含めた、大学入試改革は2021年度(平成33年度)入試からですが、文科省の趣旨は、すでにさまざまな影響を教育界に与えています。

私立大学入試では、文科省の大学入試改革を先取りするかたちでの変化が見られます。とくに英語入試で外部の検定試験を利用できるようにした大学が多くでていますし、来春入試でも多くの大学が実施を表明しています。

また、早稲田大では、この春の入試から「新思考入試」を導入しました。「高大接続」をうたい、データから読み取れることから自分の考えをまとめ、記述する入試です。

ほかにもひとつのテーマを広く深く掘り下げて思考して論述していく問題で入試を行う大学がめだち始めました。

グローバル人材育成には、知識を詰めこむだけではなく、論理的思考や創造的思考を駆使して対話する能力の伸長が必要ですが、文科省が重視する「学力の３要素」に合致していることに気づきます。

高校入試でも、大阪府はこの春の府立高校英語入試で、外部４検定による検定資格級を英語の得点に読み替えて代替する入試と、従来型の入試とを併用しました。福井県では、来春の県立高校入試から英検の取得級によって、英語入試の得点に加算する方式を採用します。大阪、福井ともに、「読む・書く・聞く・話す」の４つの技能の習得をうながすのがねらいだといいます。

改革される大学入試に備えた動きといっていいでしょう。

私立中の入試でも
新傾向の出題がめだつ

では、私立中学校の入試ではどうなのでしょう。

この春行われた2017年度（平成29年度）入試では、駒場東邦（東京・男子校）の算数でだされた問題が注目を集めました。記述式の問題で「今まで算数を学んできた中で，実生活において算数の考え方が活かされて感動したり，面白いと感じた出来事について簡潔に説明しなさい」というものでした。これまでの体験を問うものでしたが、今後は具体的な算数を使って現実的な問題について、数的処理をして解決するという出題が現れてくることを予想させるものです。来春以降の入試では、そのような問題に取り組む必要があること、そのための備えをうながしているとも見えます。

さて、このこと、前述した大学入試改革のページの文章に記憶がありませんか。

新たな「大学共通テスト」での大きな改革のひとつが、国語と数学で記述式問題が導入されることです。

「大学共通テスト」の数学における記述式問題は、数学的な処理を行って解決し結果を得るために、数式や図表、グラフなどで表現することになっています。

まさに、駒場東邦・算数のねらいと重なります。

駒場東邦では、入試のねらいを「単なる知識の量や解法だけを問うことが目的ではありません。小学校で学習、体験する内容をもとに自分で工夫して考える力が身についているかどうかを測る」としています。

新しくなる学習指導要領では、算数・数学はとくにそうですが、「算数・数学を役立てる」というリテラシー・活用度を育てることが大きな眼目になっています。そこにもつながっていく出題なのではないでしょうか。

出題文章の長文化で思考力、判断力を試す

最難関の私立中学校、開成（東京・男子校）の、ここ3年の算数でも新しい傾向が見てとれます。設問の言葉自体、問われている知識自体はむずかしいわけではないのですが、長めの文章の意味するところを正確に理解する読解力が求められるという新傾向です。

この春の入試問題の特徴として、全体的に、開成同様、設問の長文化があげられます。

また、選択肢がいくつかしめしてあり、正解はそのうちのひとつを選ぶのではなく、複数を選ぶ問題が見られるようになりました。

出題が短い文章では、既視感のある文章題となり、中学受験の勉強をしてきた受験生なら、「解法」にすぐにつながってしまう可能性が大です。

長い文章による問いでは、設問をていねいに読まなければ、なにを問われているのかがわかりません。このような問題が多くの学校でだされるようになってきました。

問う側の学校からすると、解き方の知識だけで即答できる問題はなるべくださないようにしたい、ということなのでしょう。

また、正解がひとつではない、という問題には、どのような意味があるでしょうか。

正解がひとつであれば、問題を理解していなくても正答する可能性があります。

つまり、正答したがほんとうはわかっていない、という場合もこれまではあったともいえます。

しかし、「いくつ選んでもいいが、必要なものはすべて選ぶ」という正解の仕方になれば、よく文章が読みこめていないと正解はむずかしくなります。

そうすると「考えて」「わかる」という階段を経ていないと、全問正答はむずかしくなります。

今後こういった設問が増えることはあっても、減ることはないでしょう。

この変化の背景には、これからの大学入試改革、教育の高大接続、それと同時に施行される予定の学習指導要領の改訂などがあります。これら入試問題の変化は、その動きの先取りといっていいでしょう。

また、近年の中学入試では、表現力を重視した「英語入試」も一気に増えてきました。大学入試改革のもうひとつの変化、英語の４技能重視につながるものです。英語力のある受験生にとっては選択肢が広がるものともいえます。

文科省が重視しようとしている「学力の３要素」のひとつに、「知識・技能を活用して課題を解決するために必要な思考力・判断力・表現力」がありますが、私立中学校の入試問題が、思考力・判断力・表現力の評価に移ってきていることはまちがいがありません。

中学受験を知ろう For Beginners

さあ、中学受験に向かおうと、この本を開いたみなさんは、前項でいきなり「大学受験」の話題がでてきて、びっくりされたのではないでしょうか。いま私立中学受験が置かれている立ち位置を知っておいてほしかったのです。さて、ここからは、これから首都圏の私立中高一貫校をめざす受験生と、その保護者のみなさんが、よりよい「学校選び」をしていただくためのページとなります。まずは「中学受験」とはどんな受験なのかを見ていきましょう

スタートをする前に 中学受験とはなにかを知ろう

中学受験を知るための 4つの視点

中学受験を推し進めていくためには、まず中学受験とはいったいどんなものなのかを知る必要があります。その大事な視点として、①中学受験の現状を知ること、②学校を知ること、③「学校選び」を知ること、④「入試問題」を知ることの4点があげられます。この4つの角度から中学受験全体を知って、そのご家庭なりのスタンスが決まってくれば、6年生の夏以降に課題として浮かびあがる「学校選択」についての迷いが少なくなり、中学受験をスムースに展開できます。

では、まず中学入試の成り立ちについて探っていきましょう。

現在の小学6年生の卒業時の選択肢は、保護者のみなさんの「そのころ」とは様変わりし、多様になっています。

昔は、「①そのまま地元の公立中学校に進学」というコースが一般的でした。そのほかには、少数ですが「②国立の中高一貫校を受検して進学」というコースもありました。

しかし、国立の中学校に入ったからといって、そのさきはなかなか見通せません。たとえば東京学芸大附属には多くの中学校がありますが、高校は1校のみで、簡単に進めるわけではありません。まして、大学進学は附属中高といいながら、どの国立大学附属中高も系列の国立大学への優先権があるわけではありません。これは現在も同じです。

国立大附属は数が少ないこともあって、「②国立の中高一貫校への進学」というコースは、近隣の「①公立中学校に進学」というコースを脅かすような存在にはなりませんでした。

一方、大学受験が激化していた1960年代では、東京大合格者数のトップに都立日比谷、都立西などが並んでいました。50年以上前の話です。

ですから、中学校は通学圏が定められている近隣の公立中学校に進み、そこから、優秀な大学への合格実績をしめしている公立高校をねらうというのが一般的でした。

このため、公立中学校でも都立日比谷などに進む生徒が多い中学校近くに引っ越したり、越境入学する生徒もいて、高校進学について競争が高まり、高校受験段階で「受験地獄」という言葉も生まれました。

しかし、東京大合格実績で強かった都立高校が一気に後退します。これは1967年（昭和42年）から実施された東京都の「学校群制度」という入試制度改革が原因でした。偏った高校への進学熱の沈静化がねらいでしたが、「（学校群内の学校に機械的に振り分けられたため）学校群に合格しても、行きたい高校に進めない」という不満が噴出しました。これを嫌い、合格すればその学校に進学できる国立や私立に人気が集まるようになったのです。

これが、「③私立中高一貫校を受験して進学」という3つ目のコー

スの人気を生むことになります。

都立の日比谷や西が、東京大合格実績で1、2位だったころ、3位は私立の灘（兵庫）でした。ベスト10には都立新宿、戸山などにまざって私立の麻布（東京）、つぎに開成（東京）も入っていました。

この灘、麻布、開成が、私立の「中高一貫校」だったのです。

灘や麻布、開成は、中学から6年間というタームで学習計画を考え、公立中高が3年間＋3年間で学ぶ内容を、重複部分を削減するなどして5年間で学び、6年目の1年間は、ほぼ大学受験の演習にあてることで進学実績を伸ばしてきたのです。とはいうものの、各校とも「勉強一辺倒」というイメージではなく、自由にあふれた校風で知られていました。

これらに追随するように、もともとからの私立中学校が高校との連携を一層深めたり、私立高校が中学校を併設して中高一貫校化する例が増え、灘や麻布、開成の教育システムを研究し、取り入れるにつれ、私立中高一貫校の人気が高まりました。

その時代から「中学受験」という言葉は、私立中高一貫校を受験する選択肢をさすようになりました。

現在の保護者のかたが小学生のころには、「中学受験」をするご家庭がどんどん増えていきました。

さて、東京大合格者数で、東京都立は1977年（昭和52年）に西が10位に入って以降、トップ10から姿を消しました。これではいけない、と気づいた東京都は学校群制度や学区を撤廃しました。

そして、首都圏の公立側は2002年（平成14年）、東京都がまず、高校のなかから「進学指導重点校」という名称で上位校数校を指定、大学進学指導をバックアップしはじめます。首都圏各県が、同様の指定校をつくり、これにつづきました。

小6の選択肢は広がっている

もうひとつの動きが、公立の中高一貫校の出現です。

保護者のみなさんの中学受験時代には、現在のような難関大学進学を視野に入れた公立の中高一貫校はありませんでした。なぜかというと、文部科学省は中学段階で高校の学習内容に手をつけることを禁じていたからです。

ところが、文科省は2004年（平成16年）、その制限を撤廃します。やはり、私立に押される公立の状況をおもんぱかったものと考えられています。

難関大学進学を意識した公立中高一貫校設置も東京から始まりました。

東京では、前年の文科省通達に呼応するように、2005年（平成17年）に白鷗高等学校附属中が開校され、首都圏ではその後つぎつぎと同様の公立中高一貫校が誕生していきます。

もうひとつの選択肢、「④公立中高一貫校を受検して進学」の誕生です。

このように、現在の小学6年生の卒業時の選択肢は、保護者の時代よりチャンネルが多くなり、広がっています。

①そのまま地元の公立中学校に進学、②国立の中高一貫校を受検して進学、③私立の中高一貫校に進学、④公立の中高一貫校に進学、という4コースです。

そして、この4コースのうち、近隣の公立中学校を選ばずに他の3コースを選ぶご家庭が増えてきました。

そのなかでも最も受験者総数が多く、とりわけ人気が高いのが私立の中高一貫校です。

確かに、公立の中高一貫校も難関大学への合格実績を伸ばしてきています。しかし、伸びているとはいっても、私立中高一貫校１位校や２位校の実績には束になってかかっても届いてはいません。

また公立中高一貫校の数は、私立の中高一貫校に比べてあまりにも少なく、開校時の人気は収まったとはいえ、いまでも高倍率ですので、公立中高一貫校を受ける場合でも私立を併願しておくご家庭がほとんどです。

学校も入試も変化しつづけている

さて、「中学入試」は、つねに変化しつづけています。

首都圏における私立中学受験状況の変化は、その動きを専門に追っている教育関係者の予想をも上まわるスピードで変貌してきました。10年、20年という単位で比較するなら、信じられないような変わりようとなっています。

いま、受験生のご両親のなかには、ご自身が「中学受験を経験した」というかたが非常に多くなってきました。お父さま、お母さまの中学受験経験は、お子さまとの日常での会話にしろ、勉強の相談にしろ、家庭のなかで、その経験が役に立ち、プラスの面が多いことは確かです。

しかし、学校選びの段階で「自分たちのころ､あの学校はこうだった」という先入観が、ときとして悪影響をおよぼすこともあります。

この10年、20年の間に大きく変容を遂げ、ランクアップした学校もあります。

親の先入観、まして祖父母に先入観があると、それが学校選びに立ちはだかる「壁」となることもありますので注意が必要です。学習内容についても、父母が自らの中学受験経験を背景にして子どもを導こうとすると、とまどうことにもなるでしょう。

それは、小学生全体の学力レベルの変化もあり、中学入試で求められる学力も難化しています。すなわち入試問題傾向の変化はかなり大きいものがあるのです。今後はますます､前述した2021年度（平成33年度）大学入試を意識した出題ともなっていくでしょう。

小学生人口と中学受験者数の変化

「ゆとり教育」による学力低下への懸念が高まり、首都圏の中学受験者数は2001年（平成13年）以降、増えつづけていました。

小学校卒業者の数を見ると、全国的には少子化と言いながら、首都１都３県では大幅に減ることはなく､増減を繰り返してきました。この春の小学校卒業生も29万人強が卒業しています。

ただ、いわゆるリーマンショックが起き、世の中に不況感が漂いだしてからは、中学受験者数の大幅な増加は見られなくなりました。さらに、つづいた東日本大震災のショックの影響もあって、中学受験者数は減少しました。

しかし、難関校、上位校に応募が集まる傾向は衰えず、このクラスでは非常に厳しい入試がつづいています。

これに関連して近年、首都圏の私立中学の志望状況の特徴のひとつにあげられているのが｢二極化｣です。人気があり受験生を多く集める学校と、志望者も少なく入学者数も定員を充足できていない学校に分かれてきたという傾向です。

全体の約３割の、人気が高い上位校に受験生全体の約７割が集中し、そして、残りの７割の学校に受験生の３割が分散しているという数字もあり、なにがなんでも上位校にという意識がどうしても働き、強気に受験していく傾向が見てとれます。

第１志望校は強気で受ける、という傾向です。しかし一方で、受験の厳しさが認識されてきたためか、強気一辺倒ではなく、確実に合格を確保するという併願パターンを組むご家庭が、ここ数年増えています。いわゆる「強気＋堅実志向」といわれる考え方です。

「強気と堅実」……志望校をしぼりながらも、確実に合格を確保しておき、そして、第１志望校は譲らず強気で受けていく、という受験パターンです。

私立中学受験は親にとっても醍醐味がある

中学受験は小学６年生が挑んでいく受験ですが、保護者からみれば、まだまだ12歳の小さな「わが子」の奮闘です。ですからご心配がさきに立ち、なんでも親がやってあげようとしがちですが、結局は、本人だけが立ち向かう受験なのです。保護者が代わって受験することはできません。

お子さまにとって「自覚して学習する」初めての経験が中学受験です。

しかも、相当に高い壁に挑んでいきます。大変だからこそ、この受験をとおして自立していくところに、中学受験の意義と醍醐味があるのです。

実際の受験本番、その日に本人がいかに力を発揮できるかが最大の焦点です。

ですから親は「本人が力を発揮するために」、すべての力をそそいでサポートしましょう。

親ができることはなにか、なにをしなければならないか、さまざまな壁を克服していくことの「お手伝い」が、保護者にできるサポートです。

最終的に「やるだけやった」という達成感を本人が持つことができたとき、ゆったりとした目でお子さまを見てみてください。この厳しかった「中学受験」をつうじて、雄々しく成長したわが子に出会うことができるでしょう。

学校を知って わが子に最高の青春を

私立中高一貫校には さまざまな学校がある

私立の中高一貫校とは、どのような学校なのでしょうか。

多くのご家庭が、学費無料の公立中学校ではなく、私立中高一貫校を選ぼうとするからには、私立中高一貫校にはそれだけの魅力があると考えられます。

そうでなければ、毎年毎年これほど多くのかたが私立中高一貫校を選択していくわけがありません。

首都圏にかぎらず私立中高一貫校は、近隣の公立中学校にはないよさをアピールし、どのように独自色をだすのか、さらに、教育費用がかかるぶんだけ公立以上の魅力をだしうるか。

また、隣接の私立中高一貫校とどう対抗できるか、加えて近年では、公立中高一貫校との差別化を絶えず模索し、変化・進化をつづけていこうとしています。

近年の私立中高一貫校の傾向ですが、来春から共学化という学校も含め、男子校、女子校から共学校に衣替えする学校が多くあります。前述したように、そのような側面からもご両親の「あのころ」とは、学校も入試傾向も大きく変わっています。

千葉私立には男女共学校が多い、という特徴があります。女子校は3校、男子校はありません。公立志向（共学）の強い土地柄であることから、比較・選択しやすいようにと私立校も共学が多くなった、というわけでしょう。

同じく公立志向の強い埼玉でも私立には共学校が多いのですが、埼玉の公立校は難関上位高校が別学です。千葉とはあり方が対照的なためか、私立校にも男子校、女子校があります。

東京・神奈川では、昔から私立中学、私立高校が公立と同じように選択されてきた土壌があり、私立中高一貫校にも共学校、男子校、女子校、さらに別学校というスタイルの学校があります。それだけに差別化がむずかしいともいえ、各校の学校ピーアールには工夫が見られます。各都県とも改革に後れをとった学校は生徒募集に苦労する実情となっています。

大学進学実績だけではない 私立中高一貫校の魅力

約20年前から進み始めた、学校改革の目玉は、大学合格実績を伸長させることでした。

また、「公立中→公立高に進むのとはちがう青春があります」と、大学受験をしなくてすむ魅力をアピールする私立の大学附属校も人気を維持しています。大学系列に属さない進学校は、よほどの特徴を持っているか、並はずれた大学合格実績をしめすことを学校の存続にかけてきました。

これら、学校改革を早めに進めた学校は、どこをとっても公立中・高校に劣るものではなく、お子さまのために選びとって損はない学校と言っていいでしょう。

残された比較は、実質無料という公立の学費との費用格差があげられます。しかし、各都県とも私立への就学支援制度が充実してきたうえ、国の支援も私立生に手厚くなってきました。

また、スーパーサイエンスハイスクール（SSH）や、スーパーグローバルハイスクール（SGH）に指定される学校は国費から大きな

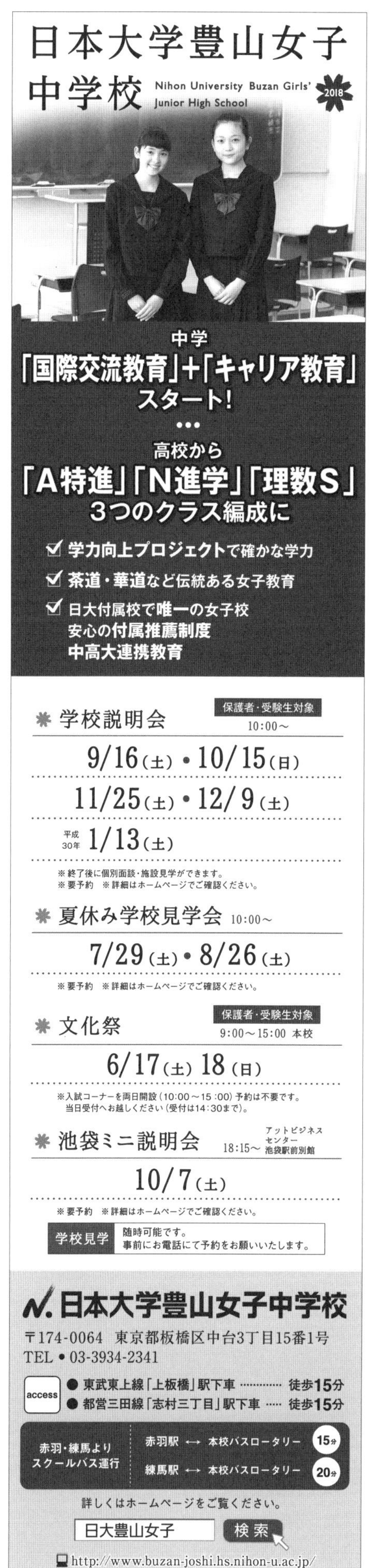

金額が支援されます。これらの指定では、国公立高校に負けじと私立高校が選ばれています。そのほとんどが中高一貫校の高校部です。

もともと理数教育や国際理解教育に力を入れ、海外大学進学などにも強い学校が選ばれて指定されます。いま、指定されている学校は、すでに実績をだしている学校が多く、「選ばれるべくして選ばれた」感があるわけで、私立の中高一貫校が多くなっているのもうなづけます。

私学のよさって
どういうところにある?

私立の学校が持っている最も大きな柱は、しっかりとした「教育理念」があるということでしょう。

私立の各校は創立者が掲げた「教育理念」を、連綿とつながる歴史のなかで守りぬいてきました。教育理念とは、わが校の生徒は「こんな人間に育ってもらいたい」「こういうことが考えられる人間に育てたい」という確固たる考えです。

卒業し、大学や社会にでてから、「ああ、この気持ちの持ちよう、がんばる精神は、学校でつくられたものだ」と感じる卒業生がたくさんいます。

その教育理念に基づいて、各校の教育カリキュラムがつくられ、そのカリキュラムが有効に浸透するよう教育メソッドがつくられ、異動のない教員たちによって継続されてきました。

施設は、教室、図書館、実験室、音楽室、調理室、グラウンド、校外施設、その他の設備にしても、各校それぞれ工夫をこらし、青春を過ごす環境としてすばらしいものがあります。

授業は進路教育、進学教育を柱に、国際理解教育、情操教育などが充実しています。授業の理解のために少人数制習熟度別授業や補習などにも積極的です。

また、教育は授業だけではありません。学校行事、クラブ活動、生活指導も、初めにあげた教育理念のもと、生徒たちの学校生活を輝かせる一端となっています。

さて、この本には、首都圏を中心に私立中高一貫校が268校並んでいます。

各校の輝き、特筆すべき長所・よさを、偏差値というメガネからは離れてご紹介していますので、学校を選択する一助としていただければ幸いです。

高校から進学できる
私学はどんどん減っている

私立中高一貫校のよさはわかった。「でも、それなら高校から私学に入ってもいいんじゃないか」というお気持ちもあるのではないでしょうか。

でも、ちょっと待ってください。じつは、首都圏の私立中高一貫校では、高校からの募集は行わない学校がどんどん増えています。とくに女子校にはほとんどない、といっても過言ではありません。

そういう学校を「完全中高一貫校」と呼んでいますが、これからも増えていきそうですし、高校募集を行っている学校では高校の定員を減らしていく方向です。

これは、中高一貫校のよさは6年間の教育が行われてこそ発揮される、と各校が考えていることの現れです。また、公立中学校から入学してくる高校募集生の学力に不安がある、と学校側が考えていることも事実なのです。

「学校を選ぶこと」は
子どもの未来を選ぶこと

子どもに合った学校を
選び取るのが中学受験

さて、ご近所の公立中学校に進む道もあったはずなのに、そうはしないで「受験」をして、そのご家庭とお子さまに最も合うと思われる中学校を選び取っていく、それが「中学受験」です。

端的に言えば、「中学受験」は、ご家庭がお子さまの未来をどう選び取っていくかという視点であり、わが子には「こういう教育を授けたい」というポリシーがあってこその選択なのです。保護者の役割がいかに大きくなっているかおわかりいただけるでしょう。

では、私立の中高一貫校は、公立とはどこがちがうのか見ていきましょう。

公立中学校には学区というものがあり、原則的に近隣の学校にしか通学できません。いくら子どもにピタリの学校があっても、学区がちがえば進学することはできません。

一方、私立の中高一貫校には学区はありません。どこの学校でも自分に合った学校を選べます(一部、通学時間の制限を設けている学校もあります)。

つぎに中高一貫校は、6年間という長い目で教育を考え、計画的に継続した教育カリキュラムを組むことができます。そこが、中学3年生と高校1年生の接続部分でムダや無理のある公立とはちがいます。

そのなかで生まれる時間的余裕を、授業を基本としたさまざまな教育活動にあてているのが私立の中高一貫校です。情操教育や国際理解教育、高度な理数教育など、それぞれの教育理念に照らして「その学校らしい」教育を展開しています。

いま急増している公立の中高一貫校も、これら私学が推し進めてきた「一貫教育のよさ」に「公立の側」も着目したからにほかなりません。

繰り返しますが、私立の中高一貫校のよさ、大きな魅力は、それぞれ独自の教育理念を持った学校のなかから、各家庭に合った学校を選ぶことができる「選択の自由」にあるといえます。

受験する学校は「通いたい学校」であること

これまで、多くのご家庭のお話を聞いてきていますが、中学受験をめざすことになったきっかけはさまざまです。初めから「行きたい学校」が決まっていて、それが契機となって中学受験をする、という場合もあります。

好きなスポーツがあり、その部活動への憧れからのスタートや、ご父母の出身校にしぼっている場合がこれにあたります。

ただ、このほかの多くのご家庭は、受験準備をしながら同時進行で受験する学校を選んでいく、というスタイルだと思います。

学校選択は、「目標設定」でもあります。目標が定まればモチベーションも高まり、成績の向上につながります。ですから、目標校の設定は早めにするに越したことはありません。

早めの目標設定が学習意欲を喚起することになるのです。

では、実際の志望校選びですが、最も大切なことは、「受験する学校は通いたい学校」でなければならないということです。

偏差値をはじめとする学力指標が重要な要素であることは事実ですが、偏差値や知名度、大学の合格実績だけに左右されるような志望校選びは絶対に避けましょう。

お子さまの学習姿勢や志向、性格や志望、相性に合わせ、入学してからの６年間でかならず伸ばしてもらえる学校を探し、選んでいただきたいのです。

その意味でも、実際に学校を訪れることができる機会を最大限にいかし、教育理念や方針、周囲の環境、先生がたの情熱、在校生のようすに触れ、各学校のいわゆる「学校文化」を肌で感じ取ることが大切です。

かならず見つかるわが子に合った学校

この本に登場する多くの学校のなかに、お子さまにあった学校が、かならず見つかるはずです。

お子さまに「どのような教育を受けさせるのか」という家庭の方針を大切に、家族の将来設計をも左右する大切な決断として学校選びを進めていただきたいと思います。

他人の評判や情報に惑わされることなく、受験生本人や家庭の教育方針に合う学校はどこかという目的に立ち返り、本質的な学校選びの視点を見失わないようにしましょう。

「わが子のために」「わが子に合った」学校を選ぶことを、まず主眼にしてください。

学校を選ぶには、まず「伸びのびとした学校生活のなかで育ってほしい」のか、「ある程度規律ある生活をとおして子どもの自我を築きあげてほしい」のか、あるいは「大学までつづく、ゆったりとした時間を過ごしてほしい」のかなど、ご家庭の方針を固めるところから始めましょう。

私立校とその教育のよさを考えると、そこにはさまざまなタイプの学校があり、教育内容も多岐にわたりますので、学校を選んでいくなかで、よりよい教育をそれだけ「自由に選択できる」というプラス面に気づくことでしょう。

268校あれば、268の個性があるといってよい学校のなかから、わが子に合った学校を選び取ることで、青春という最も多感な時期に、「高校入試」に分断されることのない6年間を手に入れることができます。

6年間一貫した学習指導と生活指導で、貴重な時間を保証されるのが、私立の中高一貫校なのです。

さて、私立の中高一貫校の多くは、6年間を2年単位に分けて考え、その成長段階に応じた教育を集中させます。たとえば、基礎期（中1・中2）→発展期（中3・高1）→応用・受験期（高2・高3）など、2年ごとのステージを設けて階段をのぼるように生徒個々を心身ともに高めようとしてくれます。

このような、それぞれの学校教育の特徴や強み、よさを知るのは、なんといっても学校に足を運ぶことです。

これから始まる各校の「学校説明会」にでかけていくことが学校を知ることの第1歩となります。

学校は生きている 早めの情報収集がカギ

学校選びは、やはりご自身の目と耳で実際の学校を見ることから始まります。足を運び肌で感じることが第1歩です。

そこで、学校にでかける前の「学校基礎情報」として、本書をお読みいただければ幸いです。

「学校」も1日として歩みを止めることはなく、日々進化しています。そのため「中学受験」そのものも、つぎつぎと変化しています。まさに「中学受験」は〝生きている〟と言っても過言ではないでしょう。

これから中学受験に挑まれるみなさんは、学校の変化、進化、中学受験の変容に対応するためにも、早め早めの情報収集がカギとなります。

学校の改革、受験動向の変化に敏感に対応しながら受験の春までつづく「これから」を過ごされることを願ってやみません。

前述しましたが、ここ20年、首都圏における私立中学受験状況は信じられないようなスピードで変貌してきました。

学校の変化にかぎらず、小学生全体の学力レベルの進化も見逃せません。また、中学入試で求められる学力の変化、すなわち入試問題傾向の大きな変化もあります（後述）ので、注意が必要です。

冷静で合理的な併願作戦で 併願校数は減る傾向に

すでに述べた「堅実志向」の傾向を受けて、受験校のしぼりこみが進み、ここ数年、併願校数が減ってきました。

ひとりあたりの受験校数（受験回数）は、2007年の6・1校（回）がピークとなり、ここ数年は4～5校といわれています。

東京・神奈川の受験生は、以前なら、千葉・埼玉の1月入試を受け、2月に入ってからは、午後入試も含めて連日受験していくパターンが普通でした。

しかし、冷静に出願校を見極め、「進学してもよい」学校のみを受ける併願作戦がめだつようになりました（※ここでいう併願校数には、同じ学校を複数回受験する場合もその数に加えています）。

受験校数を減らすことによって、受験費用の面でも、また受験生の時間的、体力的な面でもムダがなくなり、第1志望校の受験に、より集中した対策や準備を行うことができるようになっているともいえます。

「目的」と「適性」を考え ふたつの視点から学校を探す

志望校を選ぶとき、ふたつの視点から考えてみると整理しやすくなります。

ひとつは「目的」、もうひとつは「適性」からの視点です。

「目的」からの視点とは、その学校に入ってなにをしたいのか、どのような中学・高校生活を送りたいのかという面から見た「学校選び」です。

「心身ともに健全な人間に成長したい」、「豊かな感受性を身につけたい」、「国際感覚を身につけたい」、「めざしている大学に入学したい」など、それぞれの夢に沿ったものとなるわけで、個性の数だけ「目的」があるといってもいいでしょう。

これら「目的」をはっきりとさせることで、「行きたい学校」が見えてきます。

「適性」からの視点は、その学校が自分に合っているのかという「学校選び」です。

私立の学校はそれぞれ、建学の精神や理念、教育方針を持っています。

そこから培われた先生や生徒の持つ雰囲気のことを校風と呼びます。校風がその学校の個性ということになります。

「適性」からのアプローチでは、

① 進学校か大学附属校か

② 男子校か女子校か共学校（別学校・併学校）か

③ 宗教系の学校かどうか

④ 自主性を重視するか、面倒見を重視するか、などがあげられます。

しかし、「適性」といえば偏差値などの学力適性が、まず思い浮かぶのではないでしょうか。

確かに学力適性は重要な要素ではありますが、志望校を選択するとき、偏差値表の数値から学校を見て、どの学校なら入れるかということから学校選択を考えるのは、適性判断のひとつに過ぎない「入学試験時の学力レベル」を優先させるということになり、これでは本末転倒です。入学してから本人と学校のミスマッチに気づくことほど不幸なことはありません。

実際に学校に足を運び 学校に触れることの意義

学校選びではこれまでの実績や偏差値よりも、実際に学校を訪れ、教育方針や環境、先生がたの熱意など学校文化を知ることが大切だとお話ししてきました。

つぎに、そのための方策を考えてみます。まず、学校のようすを概要として知るためには、この本もそのひとつなのですが、各種の出版物が有効です。

所在地、生徒数、男女の別といった基本情報から、校風、教育の特徴、大学合格実績などがまとめられていて、おおまかに各校をとらえることができます。

さらに、最寄り駅や通学のための交通の便などを考えていくうえでも、各校の状況が書籍化された「受験案内」「学校ガイド」などが役立つでしょう。

各校が作成する「学校案内」という冊子も手に入れておきたいものです。毎年7月ごろから、各校の窓口で手に入れることができます。進学塾においている学校もあります。

また、いまでは、各校のホームページが例外なく充実しています。学校内容について、学校案内冊子より詳しく知ることができる学校さえあります。

さて、最も重要なのが、学校の情報公開の一環として催される「学校説明会」です。

これは、各校の教育内容や教育方針が説明される機会です。

数ある情報のなかでも、学校を訪問して得られる情報は、「自ら足を運び」「自ら目で見て」「聞いて」得られるという点で、きわめて重要な情報です。

第1志望校には、ほとんどのかたが学校説明会に参加されると思いますが、併願校についても、入学の可能性があるわけですから、時間をつくって、ぜひ参加しておきたいものです。

前述したケース、入学後に「こんなはずではなかった」という学校とのミスマッチの状態となるのは、入学試験日に初めて学校を訪れたというような場合が多いものです。

なお、学校によっては事前の参加予約を必要とする場合がありますので注意してください。

生徒の「目の輝き」は? 交通の便もチェック

学校説明会に参加する目的は、言うまでもなくその学校を実際に見て、どのような教育をする学校なのか、また、わが子が通うにふさわしい学校なのかなど、その学校を知ることにあります。

まずは、生徒のようすに注目しましょう。学校の主役は、なにをおいても生徒たちだからです。

授業見学、クラブ活動の見学などをつうじて、個々の生徒たちの「目の輝き」を見てください。瞳を輝かせて、学校生活を送っているのならば、その学校は、それぞれの生徒の個性がいかされている学校だということです。

また、生徒と先生の距離感にも注目してください。生徒と先生のやりとりを観察してみることをおすすめします。そのなかから生徒と先生の信頼関係や、生活指導のようすを見てとることができます。

先生がたのようすも大事なポイントです。表面的な印象だけで判断するのではなく、短い時間でも、しっかりと質問やお話をし、先生がたの人となりや学校への姿勢を感じとることが大切です。

施設見学も、欠かせない情報です。いくつかの学校を見て比較することで、見る目が養われます。職員室のようす、とくに職員室前を訪れている生徒と先生のやりとりは、許されるかぎり見ておきたいことのひとつです。

生徒が積極的に質問にきているのか、先生がたの対応はどうかなど、生の師弟の姿が見られるかもしれません。

図書館の充実度、トイレの清潔さ、食堂の有無なども確認したいところてす。

学校への交通の便についても、学校見学の際に確認しましょう。最寄り駅から学校までの環境もチェックしましょう。

複数校で行う 合同説明会もある

複数の学校が集まって説明会を開く催しもあります。「合同学校説明会」と呼ばれるものです。

大規模なものでは、東京私立学校展（東京都私立中学高等学校協会の主催）など、都県の中高協会が主催しているものがあります。

また、「○○地域の学校」「△△地区の大学系列校グループ」「女子校」「キリスト教系学校」といった特徴によって限定された規模のものもありますし、2～3校が集って行う小規模なものもあります。

こうした合同説明会は、他校との比較がしやすく、情報収集にはよい機会といえるでしょう。

一度に多くの学校の資料を手に入れることができるのも利点といえます。各校に足を運ぶ時間を短縮できることにもなります。

しかし、ねらいとする学校をよく知るには、やはりその学校に直接足を運んで、自分の目で学校を見ることが大切です。

合同説明会は補足程度に考えておいた方がよいでしょう。

実際に学校を訪れて得られる情報は、自分が見て感じて判断することのできる情報という点で、他の情報とは決定的にちがいます。

繰り返しになりますが、併願校を含めて、受験しようとする学校には、少なくとも１回は足を運んでおくべきです。

データ収集は大切ですが 数字に惑わされないで

学校説明会を中心に、「学校を選ぶ」ための方策を、お話ししてきましたが、つぎに、ねらいとする学校について、個別の「入試状況を知る」ことについてです。

まず大切なのが、ねらいとする学校の志望動向を探ることです。進学塾の先生がたと相談しながら進めてください。

ひとつ気をつけたいのは、「数字」を見ると、それは「客観的な事実」だと思いこみがちな人間の習性です。つまり、数字には惑わされることもあるので注意が必要だということです。

とくに、入試の結果から導きだされる学校の偏差値などで、「その学校のレベル」を判断した気になってしまうのは考えものです。

「大学合格者数」もよくでてきますが、それは「大学進学者数」とは異なります。私立大学はひとりの受験生が多くの大学を受けることが可能ですので、少数の受験生がたくさんの大学で合格を得ているのかもしれません。また、在校生がたくさんいる学校と、少人数の小規模校とでは、「大学合格者“数”」は大きくちがいます。

数字に惑わされてしまうと、数字には現われにくい「学校のよさ」を見逃しかねません。

また、入試時期について、試験日、発表日などの日程も調べ、一覧カレンダーをつくると併願校が選びやすくなります。

しっかりとした情報を得て 学校を見定めましょう

近年開校された学校もあれば、既存の学校も学校改革に熱心です。入試方式も大きく変えた学校があります。

受験生の志望動向や学校の評判は、学校選びを進めていくうえで重要な要素です。しっかりとした情報源のものを選択するようにしましょう。

有益な情報と、そうではない情報をしっかりと見極めることが大切です。

インターネットの掲示板などには、ねつ造された情報もあるといいます。悪意のある、いい加減な情報に惑わされることなく、本質的な学校選びの視点を見失わないようにしてほしいものです。

「入試問題」を知ることは 合格へのアドバンテージ

自分で考える力を追求する 私立中学の入試問題

一部の私立高校入試や現行の大学入試センター試験のように、多くの受験生がいる入試ではマークシート方式で解答する場合が多いのですが、中学入試でマークシート方式という学校は、まず、ありません。中学入試では記述式解答が多く、決まった解答がなく、自らの考えを述べる形式が多くみられます。

たとえば算数では、「数学」で解くときに使う方程式では答えにたどりつけない問題さえあります。ふだん算数や数学から離れてしまっている保護者では、とても歯が立たないにちがいありません。

ほかの科目でも、解法パターンを覚えれば解けるという問題はほとんどありません。

子どもたちは、問題に隠された情報のなかから、答えにたどりつく情報を取捨選択して解答への方向性を見いだし、自ら考え、解答にたどりついていきます。そのなかで、自分の考えを表現する力も要求されています。

つまり、これらの出題には、各校の「こんな生徒に入学してほしい」というメッセージがこめられているのです。そのベースには各校の教育理念である「おとなになったとき、こんな人間に育ってほしい」という思いがあります。

自ら問題を発見し、調べ、考え、問題を解決する方法を探し、発表していく。そんな人を育てたい、その思いが入試問題に凝縮されています。中学入試に必要なものは解答テクニックではありません。もちろん基礎となる知識は必要ですが、これらの問題を解くための能力は、中学進学後、また、社会にでてからも役に立つ潜在能力となっていくのです。

4科入試と2科入試 増えてきた英語入試

では、どんな入試問題が、中学入試の特徴なのでしょうか。

首都圏の中学入試で試される教科を分類すると、「4科型」、「2科・4科選択型」、「2科型」の3タイプに分けられます。さらに、ここ数年「英語入試」を取り入れる学校が一気に増えてきました。

「4科」とは国語、算数、社会、理科。「2科」とは、このうちの国語と算数です。「2科・4科選択型」とは、受験生が、4科すべてを受けるか、そのうちの2科だけを受けるかを選べる入試です。どちらを選んでも有利不利はないのが建前ですが、4科を受けた場合、4科での評価と、そのうちの2科でも評価してもらえるアドバンテージがあるとされています。

現在、上位校、難関校は「4科型」が主流です。これは、より学力のある受験者の確保に力を入れる学校側の思惑から、大学入試の動向に対応した入試を実施しているからです。大学入試で試される教科を幅広く学べる素養のある生徒がほしい、という学校側のアピールだともいえます。

ただ、受験生の負担が少ない「2科・4科選択型」、「2科型」の学校も未だあります。女子校に、その傾向が多く見られます。

英語入試は、これまで帰国生を対象にしていた英語入試を一般枠でも実施する動きです。これも、2020年度(平成32年度)の大学入試改革や、同年度から順次実施される新学習指導要領に基づき、小学校高学年で英語が教科化され、3、4年生でも、楽しみながら学ぶ「外国語活動」が取り入れられることに端を発しています。

冒頭記事のとおり、2020年度には現行の大学入試センター試験に代わり大学共通テストが始まります(2021年度大学入試)。英語は従来の「読む・聞く」の2技能に加え「話す・書く」の4技能で学力を測ることになります。

それらの動きを見据えて、中学入試では、英語を入試に取り入れる学校が急増しています。この春、首都圏では95校が英語入試を導入しました。

過去問は学校の顔であり その対策は合格への近道

さて、ねらいとする学校の入試問題の傾向を知るには、過去問を研究することに尽きます。

過去問を研究すると、その学校の入試問題は、「どんな形式なのか」「どんな問題がだされるのか」「かならず出題される学習範囲はないか」「解答のための時間配分は」「何点取れば合格できるのか」などがわかります。

ですから「過去問」対策なしで

は、合格はありえない、といっても過言ではないのです。

じつは、入試問題は、それぞれの「学校の顔」だといってもよいものです。

逆に言えば、受験生が初めてであう「学校の顔」は入試問題だといってよく、それぞれの学校が望む生徒像が反映されています。つまり、その学校が、どのような学力と生活観を持った受験生に入学してほしいのか、どのような家庭文化に育まれた子どもたちに入学してほしいのかが、的確に表れているのが入試問題なのです。

過去問には、その学校、その学校によって特徴がでてきます。

入試問題の特徴をつかむことは、合格を勝ち取るための大切な要素です。

学校説明会のなかで「わが校の過去問題をしっかりやっておいてほしい」という話をされる学校が多くあります。

つまり「過去問で演習していれば合格の可能性が高くなりますよ」と言っているのです。

模擬試験で芳しい結果がでていなかったとしても、ねらいとする学校の過去問対策をしっかりやっておけば、合格できる可能性が広がるといっても過言ではありません。

過去問を研究すると家庭生活まで変わる

過去問に取り組むときは、「解答用紙を、実際の入試のときと同じ大きさにコピーしなおして」とか、「入試本番と同じ時間で終えるようにし、時計を見ながら解答の時間配分を身につける」「自己採点は厳しめに」などの具体的な過去問対策は、別の機会に譲りますが、ここでは、もっと大局的な過去問の見方に触れておきます。

ひとつは、「①志望校と併願校に共通した入試問題の傾向を見据える」こと、もうひとつは「②最近の入試問題の傾向を探りだすこと」です。

①の、「志望校と併願校に共通した入試問題」とは、問題の中身よりも、出題全体の配分や偏り、出題の多い分野などを見定めることです。

計算問題はどれぐらいでるのか、空間図形はでるのか、熟語は読みが多いのか、長文問題の字数はどれぐらいか、といったことを考えながら見ていくのです。

すると共通して、多くだされる問題が見えてきますので、そこを強化した方が得策ですし、逆に言えば、受験生の得手不得手を考えて、得意なところをいかせる志望校、併願校選びが大切なことに気づきます。

②の「最近の入試問題の傾向」については、志望校の昨春の問題研究から始めましょう。いま、大学入試の改革に合わせて、中学入試は変化しています。

たとえば算数では、「数遊び」に材を取った問題も多くなっていますし、国語でだされる長文では、社会のニュースに敏感に反応しているかまでを問う文章(SNSとのつきあい方など)、文学的文章でも「心の内面」を語ったものなど、小学生では踏みこんだことのないような題材がだされています。

これらについては、そのような文章を多く読みこむ時間はありませんので、家庭生活のなかで、食事のとき、「おはしって、長い円錐や四角錐だね。どんなのが食べやすいかな」とか、新聞記事の話題、お父さまが読んだ本の話題など、ご家庭みんなで、いつも「考える」姿勢をつくりだすことが大切になります。

なぜ、過去問対策が必要なのか、と問われれば、それは「合格への近道だから」ということになります。そんな視点で過去問と対峙して、家庭生活も考えてみましょう。

駒込中学校

KOMAGOME Junior High School

「本科（AGS）コース」と「国際先進コース」誕生！

―6ヶ年中高一貫の長所を活かす２つの新コース―

駒込の「入試改革」は驚くべき進化を遂げている。高校入試偏差値が理系先進コース71、国際教養コース70、スーパーアドバンス69とトップランクに上梓され、しかも、120名募集に1700名が応募しているのである。さらに今年、ジュニアコースとして「本科コースAGS（アカデミック・グローバル・スタデイ）コース」と「国際先進コース」が駒込中学に立ち上がる。目の離せない駒込の進化を取材した。

入学式挨拶はペッパー！

今年の駒込中学の校長挨拶にはペッパーが登場した。その意図を河合孝允校長は次のように語る。

「本校は新入生全員がタブレットを持ちます。そして、電子黒板、プロジェクターを用いたICT授業をアクティブラーニングとして展開しています。すでに全館Wi－Fi環境はできあがっており、Internetは光ファイバーで世界につながっています。理系先進コースにはアメリカが国家戦略として行っている『STEM教育』を国立大学の大学院と提携して導入しました。イギリスやシンガポールなどの先進諸国はこのSTEM教育をいち早く導入していますが、本邦ではまだまだの様です。これは数学をベースにサイエンス、テクノロジー、エンジニアリングを上乗せした情報工学授業です。

当然そこには人工知能を学ぶプログラミングも入ってきます。入学式のペッパーの挨拶はその先取り性を象徴するものであったのです。駒中にはペッパーがいて友人になってくれます。楽しみながら新時代のスキルを身に着けて行ってもらうためです」

本格的な21世紀型進学校に舵を切る駒込！

これからの教育は「知るとはできる事」という能動的学習がポイントになる。では、これまでの偏差値教育とどこが異なるのかを次に尋ねた。

「これからの教育は、学んだ知識を『思考力、判断力、表現力』を用いて『主体的』に展開していくことが強く求められます。記憶量や計算能力では、人類はすでにAI（人工知能）に勝てません。人類に残されている最後の領域は『智の編集能力』です。AIが生み出す膨大な情報をどのように編集して人々の豊かな明日のために活かしていけるのかが問われています。偏差値教育が縦軸の知識の総量獲得競争であったとしたら、それはAIに任せて、今後は横軸の『ディープラーニング』の学びを展開しなくてはなりません。それがこれまでと決定的に異なるところです。本校は心の教育を大切にしていきます。アカデミックな教育をベースに国際性を加味したグローバル教育に舵を切ります」

駒込改革は入試改革では終わらず、次世代教育を見据えた改革を始めている。本格的な進学校にウィングを切りながら進むその先進性に注目したい！

School Data

Address
〒113-0022
東京都文京区千駄木5-6-25

Access
地下鉄南北線「本駒込駅」徒歩5分、地下鉄千代田線「千駄木駅」・都営三田線「白山駅」徒歩7分

TEL 03-3828-4141

URL http://www.komagome.ed.jp/

学校説明会 要予約

7月16日㊐	10:00～12:00
7月30日㊐	9:30～ 13:30～
8月27日㊐	10:00～12:30
9月16日㊏	10:00～12:00
10月28日㊏	10:00～12:30
11月18日㊏	10:00～12:00
12月17日㊐	10:00～ 14:00～
1月14日㊐	10:00～12:00

個別相談会 ☆のみ要予約

11月 4日㊏	9:00～11:00☆
11月11日㊏	9:00～15:00
11月23日㊍㊗	9:00～15:00
11月25日㊏	9:00～15:00
12月 2日㊏	9:00～11:00☆
12月 9日㊏	9:00～15:00

玉蘭祭（文化祭）

9月30日㊏	10:30～15:00
10月 1日㊐	9:00～15:00

※同時に入試個別相談会実施

中学合唱コンクール

11月27日㊊	川口リリアホール

※個別相談実施

国立・私立中学校プロフィール

東　京

東京 神奈川 千葉 埼玉 茨城 寮制

青山学院中等部

東京 渋谷区 共学校

2017年4月 新しい本校舎スタート

新しい本校舎には、教科教育のさらなる充実をはかるための「教科センター方式」が導入されました。「教科センター方式」とは、各教科が専用のゾーンを持ち、専用の教室、教科の発表や作業のためのメディアスペース、教科の先生の研究室をそれぞれ隣接させることです。それにより、従来型の教室に比べ、より充実した教科教育が可能になります。

教科を媒体とする学習コミュニケーションの場は、クラスや学年を越えた生徒同士、生徒と教職員をつなぐ空間として機能し、学校全体が新たなコミュニケーションを生みだしていきます。

小クラス制によるゆとりある学校生活

青山学院では、基礎学力の徹底と、自ら考える力を身につけることを重視し、1クラス32名、1学年8クラスの少人数制を実施しています。外国人教師による英会話、数学の習熟度別授業、各教科での多彩な選択授業などにより、一人ひとりの個性を引きだす教育を推し進めています。

国際交流もさかんです。中等部では、オーストラリア、フィリピン、韓国の中学校との交流プログラムが用意されており、いろいろな国の人との交流をとおして、海外へ目を向けるとともに、日本についての認識も深まっていきます。また、青山学院大に通う留学生と交流するチャットルームも自由に参加できます。

幼稚園から大学までを併設している青山学院では、高等部からは卒業生の約8割が青山学院大および青山女子短期大へ進学しています。他大学を受験する生徒も増えており、高等部では、各自の進路に応じた多様な選択科目が準備されているので、他大学受験への対応も万全です。

伝統のキリスト教教育で人間性を養い、世界を舞台に活躍できる人材を育成する青山学院中等部です。

SCHOOL DATA

東京都渋谷区渋谷4-4-25

JR線ほか「渋谷」徒歩15分、地下鉄銀座線・半蔵門線・千代田線「表参道」徒歩10分

男子377名、女子379名

03-3407-7463

http://www.jh.aoyama.ed.jp/

あ行 か行 さ行 た行 な行 は行 ま行 や行 ら行 わ行

麻布中学校

東京 港区 男子校

「自由闊達」の校風が自主自立を育む

毎年多くの難関大へ進学者を輩出する、麻布中学校・高等学校。1895年（明治28年）創立という伝統校です。

創立者江原素六先生の教育姿勢のもと、創立以来、ものごとを自主的に考え、判断し、自立した行動のとれる人物の育成をめざし、自由闊達な校風を伝統としてきました。

こうした伝統を持つ麻布では、明文化された校則はなく、標準服はありますが服装も自由です。

また、文化祭や運動会、学年旅行といった学校行事もすべて生徒の自主運営に委ねられていることも特徴です。

豊かな人間形成をめざす

麻布では、幅広く深い教養を身につけ、豊かな人間形成をはかることを教育の主眼としています。

全人教育の観点から、感性・感覚・情操を涵養するため、音楽・美術・工芸・書道などにもじっくりと時間をかけています。体育では柔道・剣道の選択必修授業もあります。

各教科ごとに、中高6年間の連続性が考慮された独自のカリキュラムを編成し、生徒の自発的な学習意欲を引きだし、思考力・創造力・感受性を育てることに努めています。中学段階では、基本的な知識を幅広く身につけるとともに、柔軟な思考力を養うことに力点をおいた教育がなされています。

授業はどの教科も質・量ともに相当な密度となっており、各教科で独自に編集したプリントや教科書以外の副読本を多用しながらきめ細かく進めていきます。

また、高1・高2では、土曜日に2時間の教養総合授業を行っています。これは少人数ゼミ形式で、約40講座から希望するものを選択します。

自由の意味を理解し、それに応えられる自主・自立の精神を深く学び、未来をめざす青年を育む場が麻布中学校・高等学校です。

SCHOOL DATA

東京都港区元麻布2-3-29

地下鉄日比谷線「広尾」徒歩10分、都営大江戸線・地下鉄南北線「麻布十番」徒歩15分

男子のみ917名

03-3446-6541

http://www.azabu-jh.ed.jp/

足立(あだち)学園(がくえん)中学校

東京 足立区 男子校

品格あるたくましい男子の育成

国際社会で活躍できる人材の育成

「自ら学び　心ゆたかに　たくましく」を教育目標に掲げる足立学園中学校・高等学校。寺内幹雄校長先生は、「授業や学校行事をとおして、生徒が主体的に考え、行動し、問題を発見、解決していく能力を育むだけでなく、人としての品格を身につけたたくましい男子を育成することをめざしている」とおっしゃいます。

中２、中３、高１の授業でタブレット、電子黒板を用いて効率の高い授業が展開され、生徒が主体的に取り組むアクティブラーニング型の授業が実践されています。

中学には特別クラスと一般クラスがあり、特別クラスは難関国公立大学・難関私立大学をめざし、一般クラスはきめ細かい指導で基礎学力の定着をはかり、中３では数学・英語を少人数グレード別授業で指導しています。

高校では来年度から文理科・普通科を統合し、普通科のなかに探究・文理・総合の３つのコースを設置します。自ら課題を発見し、解決していく能力を身につけ、活躍の場を世界へと広げていく人材を育成します。

全人教育をめざす多彩な行事

足立学園には中高をつうじて多くの行事があります。30㎞の強歩大会は中学３学年を縦割りにし、上級生が下級生の面倒を見ながら歩くことで、心身の鍛錬や学年を超えた「きずな」が生まれます。そのほかにも、命の誕生・尊さを学ぶ性教育講演会や高校でのデートDV（交際相手からの暴力）講話で男女のあり方を学びます。高１では喜多方市での農業・農泊体験をつうじて、日本の農業が抱える問題や、東日本大震災からの復興について考え、意見をまとめて発表できるようにします。こうした行事をとおして生徒の主体性を引き出し、社会性、協調性を備えた「品格あるたくましい男子」へと成長させています。

SCHOOL DATA

東京都足立区千住旭町40-24

JR線ほか「北千住」徒歩１分、京成線「京成関屋」徒歩７分

男子のみ455名

03-3888-5331

http://www.adachigakuen-jh.ed.jp/

跡見(あとみ)学園(がくえん)中学校

東京 文京区 女子校

創立142年を迎え新たな歴史を歩み始める

高い学力と人間力を育む２コース制

新しい大学入試制度に向けた学力と国際社会で生きる人間力を身につける跡見の中高一貫教育。難関大学合格をめざすⅠクラス（難関進学クラス）・G-MARCHクラス以上の大学合格をめざすＰクラス（総合進学クラス）の２コース制で、実践的な学力指導を行っています。

いずれのコースでも、140年を超える伝統の女子教育をつうじて、豊かな教養としなやかな心を持って国際社会で生きる人間力を磨きます。「放課後プログラム」では、茶道・華道・箏曲のおけいこや英検の実力養成講座、補習授業などを実施。きめ細やかな指導を行っています。

本物に触れ豊かな感性を養う

「本物に触れる」ことを大切にしている跡見学園では、世界の一流演奏家やオーケストラによるコンサート、能・狂言などの古典芸能鑑賞を行うとともに、放課後プログラムとして、茶道・華道・箏曲を習える場を用意しています。

校外学習も体験を重視しており、浅草寺の散策や江戸東京博物館での学習をつうじて江戸・東京の歴史を学んだり、東京地方裁判所で裁判を傍聴し、裁判官の話を聞くことで、司法の現場を身をもって体験します。さらに、中１・中２では自然教室を実施。ふだんの生活では味わえない、自然とのふれあいを満喫します。

さて、いまではほかの女子校にも広がっている「ごきげんよう」のあいさつ。これは跡見学園発祥で、学校側が強制しているものではなく、生徒の間から自然に生まれ、継承されてきたものだといいます。

このように、長い歴史のなかで生徒の自主性が重んじられ、それが伸びやかな校風に結びついている跡見学園中学校です。

SCHOOL DATA

東京都文京区大塚1-5-9

地下鉄丸ノ内線「茗荷谷」徒歩２分、地下鉄有楽町線「護国寺」徒歩８分

女子のみ657名

03-3941-8167

http://www.atomi.ac.jp/jh/

郁文館中学校

東京 文京区 共学校

「夢を持たせ、夢を追わせ、夢を叶えさせる」

郁文館中学校は1889年（明治22年）に創立された歴史ある学校です。「夢」をテーマとした「夢教育」を実施しているのが特徴で、「子どもたちに人生の夢を持たせ、夢を追わせ、夢を叶えさせる」ことを目的に、独自のプログラムを実施しています。

夢の実現に必要な3つの力

郁文館では、夢をかなえるためには「学力の向上」「グローバル力の向上」「人間力の向上」の3つの力が必要だと考えられています。

「学力の向上」に向けては、中1から「特進クラス」「進学クラス」「グローバルリーダー特進クラス」の3つを用意し、将来の進路に応じてていねいに指導しています。また、日々の勉強の計画や結果を書く「家庭学習ノート」を活用するなど、学習習慣を身につけられるように配慮されているのも特徴です。

「グローバル力の向上」としては、毎朝、英語のリスニングをしたり、ネイティブスピーカーの教員と昼食をとるスペースを用意したりと、日常的に英語に触れる機会をつくっています。また、ニュージーランドや台湾、カンボジアなど、さまざまな国を訪れられる研修があるのも魅力です。

さらに、グローバル社会に対応できる人物を育成することを目標とする「グローバルリーダー特進クラス」では、ネイティブスピーカーの教員が朝礼や授業をすべて英語で行うといった取り組みも実施されています。

そして「人間力の向上」をめざすプログラムも他校にはない特色が光ります。農業などを体験する「夢合宿」、MVD（生徒のなかで最も郁文館生らしい生徒＝モースト・バリアブル・ドリーマー）を決める「郁文夢の日」、各界で活躍している「夢」をかなえた「夢達人」の講演会「夢達人ライブ」などです。

こうした多彩な取り組みをつうじて夢をかなえるための力を育み、社会で輝ける人材へと生徒を成長させる郁文館中学校です。

SCHOOL DATA

東京都文京区向丘2-19-1

地下鉄南北線「東大前」徒歩5分、都営三田線「白山」・地下鉄千代田線「根津」「千駄木」徒歩10分

男子157名、女子96名

03-3828-2206

http://www.ikubunkan.ed.jp/

上野学園中学校

東京 台東区 共学校

グローバルな視野の育成、芸術の学びのある進学校

1904年（明治37年）に創立された上野学園中学校・高等学校は、「自覚」を建学の精神として、自己の真の価値を求め、個々の持つ才能と個性を伸張させます。自らの世界を豊かにすると同時に、グローバル化が進む社会にあって、自立し、貢献できる人材の育成をめざします。

中学では、「アドヴァンスト・コース」と「プログレス・コース」があり、6年後の大学進学をめざし、学力の向上をはかります。主要5教科の学力を強化し、学び、考える生徒を育てるとともに、英語音声教育の充実や異文化への理解など、次世代の担い手となるグローバル教育に力をそそぎます。伝統ある音楽教育の環境のなかで、「ひとり一つの楽器演奏」や、さまざまな演奏会をとおして、豊かな感性を育てます。

とくに、新たな教育プログラムとして、「上野公園フィールドワーク」を実施します。中1では、「サイエンスプログラム」を、中2では、「ソーシャルプログラム」をとおして課題発見や情報収集、レポート作成、プレゼンテーション力を磨きます。

「アドヴァンスト・コース」では、中3で高等学校の授業内容にふみこみ、国公立大や、難関私立大をめざします。「プログレス・コース」では、基礎的学力を強化し、高等学校での学習につなげ、大学進学をめざします。少人数制の特色をいかし、個々の進路目標に沿って、生徒と教員が近い距離で、徹底指導をはかります。

音楽専門をめざす学び

高等学校で音楽科をめざす生徒には、音楽基礎科目のソルフェージュの授業や、大学の教授や演奏家として第一線で活躍している指導者による専門実技のレッスン、校内にて行われる多くの演奏会での発表など、恵まれた音楽教育の環境のなかで、豊かな音楽性を育んでいきます。

SCHOOL DATA

東京都台東区東上野4-24-12

JR線・地下鉄銀座線・地下鉄日比谷線「上野」徒歩8分、京成線「上野」徒歩10分、つくばエクスプレス「浅草」徒歩12分

男子43名、女子65名

03-3847-2201

http://www.uenogakuen.ed.jp/

穎明館中学校

東京 八王子市 共学校

生徒の可能性を最大限に伸ばす

「多方面で活躍できる魅力あるグローバルな人材」の育成をめざす穎明館中学校は、1985年（昭和60年）に東京・八王子の緑豊かな丘陵に設立されました。キャンパスの広さは4万坪にもおよび、6年間を過ごす理想的な環境と言えます。

カリキュラムは、中高一貫の特性をいかしたゆとりのあるつくりになっています。高2で文系・理系に分かれますが、どちらに進んでも、5教科は必修でじゅうぶんな授業時間があります。安易に科目をしぼらずバランスよく学び、均整の取れた学力をつけることで、国公立大も無理なくめざすことができます。

また、日々の学習の積み重ねを大切にしており、小テストや提出課題などの平常点を定期テストと同程度に評価しています。目標点に満たない生徒には再テストや再提出をうながし、個々の学習状況を細かく把握します。

そんな穎明館のキャリア教育は、学年ごとに段階をふんで進んでいきます。

一歩ずつ進む充実のキャリア教育

中1・中2では、穎明館をよく理解し、6年間ここで学んでいくという意識を持って学習と生活のリズムをつくります。中3・高1では、卒業論文作成や、保護者・卒業生などによる職業ガイダンス、大学の学部学科説明会など、自己の適性を見極め、関心を広げるプログラムを実施。全員参加のUSA・カナダ研修を経験して国際交流に目覚める生徒もいます。また、医療系を志望する生徒には医師・看護体験が用意されています。

最終段階では、具体的に進路をしぼるため、各大学のオープンキャンパスなどに積極的に参加するとともに、穎明館を卒業した大学生の先輩による進学懇談会などを行います。

このような充実したキャリア教育で、多方面で活躍する卒業生を輩出している穎明館中学校。創立30周年を迎え、伸びざかりの学校として注目を浴びる1校です。

SCHOOL DATA

東京都八王子市館町2600
JR線・京王線「高尾」バス、JR線・京王線「橋本」スクールバス
男子346名、女子238名
042-664-6000
http://www.emk.ac.jp/

江戸川女子中学校

東京 江戸川区 女子校

豊かな情操と教養を持つ自立した女性を育成

ステンドグラスや大理石の柱など、優雅な雰囲気の校舎を持つ江戸川女子中学校・高等学校。創立以来、建学の精神として「教養ある堅実な女性の育成」を掲げ、きめ細かな学習指導と伝統の情操教育を重視し、幅広い知識を持つ自立した女性を育てています。

学習面では、国語・数学・英語・理科で、中学から高校の学習内容に入る先取り教育が取り入れられ、数学ではさらに習熟度別少人数授業も行われています。ていねいな指導に加え、朝テストや補習・講習も定期的に実施されるので、確実に学力を身につけることができます。高2からは個々の希望進路によって「普通科Ⅱ類」、「普通科Ⅲ類」、「英語科」に分かれ学びを深めていきます。

一生役立つ英語力を養う

6年間をとおして英語教育に重点がおかれているのも特徴です。中1から「Progress21」を使用し、中3までに高校で学ぶ基本的な文法事項のほとんどを学習します。中学で2500語以上の語彙（ごい）を習得し、例年70%前後の生徒が中3で英検準2級を取得しています。外国人教師と日本人教師によるチームティーチングの英会話授業も実施されています。

高校では海外研修として、カナダまたはフィリピン修学旅行、4カ国から行き先を選べる語学研修や1年留学があります。

こうした教育により、大学受験に必要な英語と一生使える英語の両方をしっかりと身につけることができるのです。

そして、英語教育に加え、日本文化に触れることも大切にされています。週に1時間設けられている「特別教育活動」では、茶道、箏曲（そうきょく）、華道を学びます。芸術への造詣（ぞうけい）を深め、感性や品格を磨くことで、生徒は凛とした女性へと成長していくのでしょう。

「生徒の夢をかなえる」を合い言葉に、教育に惜しみない情熱をそそぐ江戸川女子中学校・高等学校です。

SCHOOL DATA

東京都江戸川区東小岩5-22-1
JR線「小岩」徒歩10分、京成線「江戸川」徒歩15分
女子のみ469名
03-3659-1241
http://www.edojo.jp/

桜蔭(おういん)中学校

東京 文京区 女子校

学びて人を愛す―伝統の心

文京区本郷の高台、閑静な住宅街に中高一貫の女子校、桜蔭中学校・高等学校があります。

中学校では、時代に適応した学習と道徳の指導をつうじて建学の精神である「礼と学び」の心を養い、高等学校進学にふさわしい品性と学識を備えた人間形成をめざしています。高等学校では、中学校の教育を基礎として、豊かな愛情と自主の精神を持って広く学び、正義の念に基づいて行動する女性の育成を目標とします。

校訓となっている「勤勉・温雅・聡明であれ」「責任を重んじ、礼儀を厚くし、よき社会人であれ」の言葉どおり優秀な生徒が多く、卒業後はさまざまな分野で活躍する有能な女性を送りだしています。

また、「学びて人を愛す」という桜蔭の伝統の心を学ぶため、中学校では礼法の時間が設けられています。礼法は、高2の「総合学習」のなかでも指導されています。

独自カリキュラムとていねいな指導

桜蔭では、中高一貫のメリットと女子校の特性をいかした独自のカリキュラムを編成しています。中学では、主要教科の授業進度を早くし、親身な指導により基礎学力を育むとともに、高い学習能力を身につけます。

授業では独自教材などを使用しながら、教科書の範囲を超えた高度な内容を展開しています。数学では中3から高校の内容に入り、国語では中2から古典文法を学びます。

中学校の総仕上げとして、中3全員に「自由研究」の課題が与えられます。各自が自分の興味や関心のあるテーマを選び、4月から1学期間を費やして資料・文献を集めて分析・研究し、論文のかたちにまとめて提出します。研究テーマは幅広い分野におよび、充実した内容となっています。

女子教育への熱い情熱が現在も受け継がれている桜蔭中学校・高等学校です。

SCHOOL DATA

- 東京都文京区本郷1-5-25
- 都営三田線「水道橋」徒歩3分、JR線「水道橋」徒歩5分、地下鉄丸ノ内線・都営大江戸線「本郷三丁目」徒歩7分
- 女子のみ720名
- 03-3811-0147
- http://www.oin.ed.jp/

桜美林(おうびりん)中学校

東京 町田市 共学校

キリスト教に基づく国際人の育成

「英語の桜美林」の伝統を発揮

1946年（昭和21年）、国際教育・国際ボランティアのパイオニア、清水安三・郁子夫妻により創立された桜美林学園。「自分を愛するように隣人を愛する」というキリスト教の精神を大切にし、他者の心の痛みに共感でき、国際社会に目を向け、国際社会に貢献・奉仕する人材の育成をめざしています。

桜美林では、文化のちがいを認めて理解しあうためのコミュニケーションツールとして英語は欠かせないものと考えています。「Express Yourself in English（英語で自分を表現しよう）」を合言葉に、『New Treasure』を使用して、独自の英語プログラムを展開します。週6時間の英語の授業のうち2時間を外国人専任教員が担当し、生徒による発言・発表の機会がふんだんに盛りこまれ、英語が身体にしみこむような工夫がなされています。

英語学習の成果を発表する「English Presentation」や、国内での英会話合宿「イングリッシュスタディツアー」、中3のオーストラリア研修旅行など、英語学習への意欲を高める機会が多いことも特徴です。中3から自由選択科目として学習できる中国語・コリア語講座、アメリカ・イギリス・オーストラリア・ニュージーランド・中国・韓国で展開される短期留学制度など国際交流システムも充実しています。

桜美林の進路指導

桜美林では、希望者は桜美林大へ進学できます。実際に桜美林大へ進学する生徒は例年約数%程度です。進路指導では、担任以外にも進路指導専任教員による特化した指導が特徴で、生徒一人ひとりのニーズに対応しながらサポートします。こうしたきめ細かな対応の結果、大学進学実績は顕著な伸びをみせています。桜美林は、6カ年一貫教育で生徒の力を確実に伸ばしています。

SCHOOL DATA

- 東京都町田市常盤町3758
- JR線「淵野辺」徒歩20分・スクールバス8分、小田急線・京王線・多摩都市モノレール「多摩センター」スクールバス20分
- 男子206名、女子228名
- 042-797-2668
- http://www.obirin.ed.jp/

鷗友学園女子中学校

東京 世田谷区　女子校

グローバル社会で活躍する女性リーダーの育成

校訓は「慈愛と誠実と創造」。人と人との関係のなかで相手も自分も尊重し、社会のなかでともに成長しようとする力。自らの可能性を発見し、意欲を持って学べる力。自由な発想を大切にし、新しいものを創造できる力。これらの力を大切に、グローバル化の進む社会で多様な価値観をひとつにまとめ、リーダーシップを発揮できる女性を育てます。

互いを認めあいながら、自己肯定感を育む

中1はクラスを30人の少人数編成にし、3日に1回席替えを行うなど、生徒一人ひとりがありのままの自分でいられるような居心地のよい集団づくりに取り組んでいます。また、エンカウンターやアサーショントレーニングを取り入れるなど、互いに自由に発言しあいながらも、他者も自分も尊重できるような人間関係づくりを大切にしています。

学校行事や生徒会活動、部活動もとてもさかんです。とくに学園祭や運動会は、実行委員の生徒を中心に1年がかりで準備し、すべて生徒主体で運営しています。生徒が自らの責任で決定、実行するなかで、達成感を得る体験を積み重ね、自己肯定感を育みます。

本物の学びに出会える6年間

鷗友の授業では、自ら学び、自ら発信する主体的な学習をとおして、学びのおもしろさ、学ぶ感動を体験することができます。

理科では、多くの実験に取り組みながら、自分たちで課題を見つけ探求できる力を育みます。英語では、中1から日本語を使わないオールイングリッシュの授業を展開し、大量の英語に触れる環境のなかで英語を英語のままで理解できる力を身につけます。

各教室に設置された最新のプロジェクターやICT機器も利用しながら、幅広い学びを土台に、ディスカッションする力やプレゼンテーション力を高め、どのような社会の変化にも対応できる力を育てます。

SCHOOL DATA

- 東京都世田谷区宮坂1-5-30
- 小田急線「経堂」徒歩8分、東急世田谷線「宮の坂」徒歩4分
- 女子のみ707名
- 03-3420-0136
- http://www.ohyu.jp/

大妻中学校

東京 千代田区　女子校

校訓「恥を知れ」を基盤に人材を育成

社会に貢献できる自立した女性の育成

1908年（明治41年）の創立以来、知性と品性を備えるよき社会人を育ててきた大妻中学高等学校では、校訓「恥を知れ」のもと、時代の要請に応える教育を実践しています。

生徒一人ひとりが確かな学力を身につけるとともに、社会に向かって視野を広げ、自分の将来を着実に考えていく環境が、大妻には整っています。充実した学校生活をつうじて、生徒たちは、つぎの4項目の資質を身につけ、6年間で大きく成長していきます。

- 自律と自立の精神（自分で考えて行動し、主体的に物事に取り組む）
- 協働の心（目標に向かって、ともに助け合いながら活動する）
- 確かな学力（自ら学び、高い知識や技能を着実に身につける）
- 社会とつながる（現代社会とどう関わるか、自己の夢と将来像を描く）

すべての普通教室への電子黒板、理科室へのタブレット設置により、生徒が能動的に学習に取り組むアクティブラーニング型授業も促進されています。「中学研究論文」と合わせて、基礎知識の活用法や表現方法を学んでいます。英語教育では5人のネイティブ教員による少人数英会話授業に加えて、課外の発展的講座や個別レッスンが充実しています。

優秀な大学合格実績

「進路学習」と「進学指導」の両輪が大妻の持ち味です。中3から始まる「進路学習」は「キャリア・レインボー」の理解に始まり、OGによる進路講演会、大学模擬講義などをとおして、従来の職業逆算型の進路学習だけでなく、「社会のかかわり方」から進路を考える「探求型学習」を取り入れています。長期休暇中の講習、小論文、面談など、進学指導も充実し、国公立大や早稲田大、慶應義塾大など難関大学合格に結びついています。

SCHOOL DATA

- 東京都千代田区三番町12
- 地下鉄半蔵門線「半蔵門」徒歩5分、JR線・都営新宿線・地下鉄有楽町線・南北線「市ヶ谷」徒歩10分
- 女子のみ898名
- 03-5275-6002
- http://www.otsuma.ed.jp/

大妻多摩中学校

東京
多摩市

女子校

未来を見据えてふたつのプロジェクトを開始

創立80周年を迎えた大妻学院が、先進的な教育を行う目的で1988年（昭和63年）に設置した学校です。豊かな自然と広大なキャンパス、整った教育環境が魅力。100年以上つづく伝統の女子教育を大切にしながらも、３つのCALL教室での少人数制英語の授業や５つの実験室を活用した理科の授業など、グローバル化や2020年の新大学入試に対応する教育改革をはかっています。

オーストラリア、ハワイ、イギリス計４校へのターム留学制度もあり、英語教育には高い評価を受けていますが、今年度よりさらに「人間関係スキル・キャリア教育」と「英語・国際教育」で６年間を見通すプロジェクトも開始。人間力と英語力を拡充し「世界を視野に活躍できる女性」の育成をめざしています。

伝統の中高一貫女子進学校

大妻多摩では、ほとんどの生徒が系列の大妻女子大学以外の大学を受験・進学することから、進学校であるといってよいでしょう。学校では、生徒全員を受験生ととらえ、一人ひとりに実力をつけさせ、さまざまなかたちで受験補習を行うなど、意欲のある生徒をバックアップする体制があります。毎年多くの進学実績をだし、昨年度は東京外大をはじめとする国公立大に13名、私立大は早稲田大18名、慶應義塾大９名、上智大15名、東京理科大２名など多数が現役合格しています。

小規模校ならではのていねいな指導

毎年、半数以上の生徒が国公立、早慶上理、G-MARCHのいずれかに合格していますが、猛スピードの先取り型つめこみ教育や上位者だけに特化したクラス編成はとらず、１学年160名の規模をいかし、全員をていねいに指導するのが教育方針です。勉強の仕方や楽しさを最初に時間をかけて教え、高３の中盤では各自の進路探しを支え、最終的には自立した勉強ができることを目標としています。

SCHOOL DATA

東京都多摩市唐木田2-7-1
小田急多摩線「唐木田」徒歩７分
女子のみ481名
042-372-9113
http://www.otsuma-tama.ed.jp

大妻中野中学校

東京
中野区

女子校

「変わる」から「変える」を学ぶ６年間。

「グローバル社会で輝く女性」を育てるためにはなにが必要でしょうか？　大妻中野中学校は、「積極的に多様性を受け入れるグローバル感覚」「話す・聴く・読む・書く～４技能すべてに優れた語学力」「自ら他者に働きかけ、分かりあおうとするコミュニケーション力」が必要だと考えています。

大妻中野で過ごす６年間は、グローバル化する未来を見据えたプランに基づくものです。「大妻中野Frontier」「妻中Success」をスローガンに学校全体で活気に満ちて前進する大妻中野。エネルギッシュに学びと向きあい、お互いに刺激しあって自分が「変わる」。自らの成長を実感し、世界を、だれかを「変える」ために一歩をふみだす。未来社会に力強く歩みだす女性が育つ充実の６年間が用意されています。

「私らしい」学びを実現する学習プラン

大学入試に直結する学力、ハイレベルな語学力。求められる多種多様な学びを理想的にサポートするには充実の設備も必要です。大妻中野は、全教室に電子黒板を完備し、ひとり１台のタブレット端末利用により最新のICT教育環境も実現しています。また、世界各国の提携校が利用できる２週間～１年間の留学プランを多彩に設定。ほしい学びにつながる方法がかならず見つかる学校です。

2018年度入試から２コース制に

大妻中野では、変化する大学入試に対応し、2018年度（平成30年度）入学生からは「アドバンストコース」「グローバルリーダーズコース」の２コース制で夢の実現を支えます。2017年度（平成29年度）に新しく加わった新思考力入試に加え、理数系の才能を見出す算数入試も新設。きたえられた英語力が試されるグローバル入試（英算国３科目）もあわせ、入学する生徒たちの多様性が織りなす知の相乗作用をいっそう高めています。

SCHOOL DATA

東京都中野区上高田2-3-7
西武新宿線「新井薬師前」徒歩８分、JR線・地下鉄東西線「中野」徒歩10分
女子のみ763名
03-3389-7211
http://www.otsumanakano.ac.jp/

小野学園女子中学校

東京 品川区 女子校

次代を担う実力と志を持った「自立した女性」を育てる

人はだれでも、なんらかの使命と存在意義を携えてこの世に生まれてきた奇跡の存在です。そして、科学技術の驚異的な進歩とその力によって日々変化していく世界にあって、女性がどのように生き、社会にかかわっていくのかということは、人類的課題でもあります。こうした状況のなかにあって、小野学園女子は80年有余の「女性教育の伝統」の上に、次代を支え、切り拓いていく実力と志を持った女性を育てるための取り組みをつづけてきました。また、自然と環境の調和・共生などを視野におき、生徒たちの自主的な活動をうながしながら「理数教育」、さらには「英語教育」にも力をそそいでいます。

「国数英」を核に「できる生徒をさらに伸ばす」

その成果はいまやゆるぎないものとして定着していますが、これにとどまることなく、自らが主体的に考え、決断し、実行する力の養成を日々の教育活動の中心に据えて挑戦しています。たとえば実験や実習によって「なぜだろう」を大切にする理科教育とともに自然環境を身近な問題として考えるなかから、大井町自然再生観察園での先進的な取り組み「ホタルプロジェクト」を行っています。

2015年度（平成27年度）からはさらに一歩進めて、中学校からコース制を採用し、Pコースでは「国語・数学・英語」を核にした学習で、国公立大、GMARCH以上の私立大への進学をめざします。英語はネイティヴ教員を活用して、耳と口の徹底的な訓練を実施。1年次はネイティヴ週4回、日本人週3回です。

「わかる」が主体性を育てる

Mコースでは、生徒の理解度を優先した授業を進めています。シラバス中心の進度重視の授業ではなく、生徒の「わかる、できる」に重点をおいた授業によって、自分の特性や適性に気づき、やがて自主的な学習へと向かう「完熟主義」学習を行っています。

SCHOOL DATA

- 東京都品川区西大井1-6-13
- JR線「西大井」徒歩6分、JR線ほか「大井町」徒歩12分
- 女子のみ45名
- 03-3774-1151
- http://onogakuen-jyoshi.jp/

海城中学校

東京 新宿区 男子校

「新しい紳士（ジェントルマン）」を育成する

海城では、「国家・社会に有為な人材の育成」という建学の精神のもと、「リベラルでフェアな精神をもった新しい紳士」の育成に取り組んでいます。

海城が求める理想の人物像は、人間力と学力がバランスよく身に備わった人間です。しかもそれらは、その時代その時代が要請する「新しい人間力」と「新しい学力」をそれぞれ含み持っていなければなりません。

では、グローバル化が進み、価値観が多様化している現代社会において求められる「新しい人間力」・「新しい学力」とはなんでしょうか。海城では、異質な人間同士が深くかかわって生きていき、お互いのよいところを引き出しあって創発を生み出す、「共生」と「協働」の能力が「新しい人間力」の中心であると見定め、仲間と協力して課題を克服する「プロジェクト・アドベンチャー」や演劇的手法を用いた「ドラマエデュケーション」といった体験学習をとおして、これらの能力を育成しています。また、「新しい学力」である「課題設定・解決型の学力」を、探求型の社会科総合学習や実験・観察に重きを置いた理科の授業をとおして育てています。

国際理解教育

2011年度（平成23年）から帰国生の受け入れを本格的に開始したことにともない、2012年度（平成24年度）よりグローバル教育部が発足しました。同教育部では、①帰国生の支援のほか、②高い英語力を備えている生徒の英語力保持・増強、③在学中の海外研修・留学支援、④海外大学進学支援（SAT・TOEFL対策講座／海外大学進学カウンセリング等）を積極的に行っています。

現在、中学3年の春休みと高校1・2年の夏休みに各30人の海外語学研修を実施しています。また、昨年度からは高校1年の3学期の1学期間、数名の生徒がカナダの公立高校に短期留学できるようになりました。

SCHOOL DATA

- 東京都新宿区大久保3-6-1
- JR線「新大久保」徒歩5分、地下鉄副都心線「西早稲田」徒歩8分、JR線「大久保」徒歩10分
- 男子のみ990名
- 03-3209-5880
- https://www.kaijo.ed.jp/

開成中学校

東京 荒川区 男子校

東大合格者第１位を誇る難関校

日本を代表する私学、「開成」。毎年、３桁におよぶ東大合格者を輩出し、その数は他校を圧倒しています。

1871年（明治４年）、幕末の進歩的知識人であった佐野鼎（かなえ）によってつくられ、日本で最も長い歴史を持つ名門私立学校でもあります。創立以来、社会のあらゆる分野に多くのリーダーを輩出してきました。

学校名は中国の古典「易経」にある「開物成務」に由来し、ものごとの道理と人間性の啓発培養に努めることを意味しています。また、校章は有名な格言「ペンは剣よりも強し」を図案化したもので、いずれも開成の校風を象徴するものになっています。

校風は自由かつ質実剛健

「進取の気性・自由の精神」という建学の精神は、初代校長高橋是清のもとで確立され、自由、質実剛健の気風のなかで現在にいたるまで連綿と継承されています。

開成では、そうした校風のもと、生徒の自主性を尊重した教育が行われています。勉強においても、生徒が自ら学び取っていく「自学自習」の学習態度が要求されます。生徒は、質問があれば積極的に先生のところへ出向き、自学自習の精神を発揮して勉学に励んでいます。

授業のカリキュラムには独自のものが用意され、進み方は早く、内容も濃くハイレベルなものばかりです。工夫された自主教材をもとに進められる授業も多く、教員作成のプリントが中心となっていることも特徴です。

さらに、「知・心・体」のバランスを重視する学園の理念に基づいて、音楽、美術、技術・家庭科などにもしっかりと取り組むことができ、実技を中心とした活発な授業が展開されています。

また、開成では、９割以上の生徒が部活動に参加し活躍しています。文武両道は当たり前という開成教育の表れといえるでしょう。

SCHOOL DATA

- 東京都荒川区西日暮里4-2-4
- JR線・地下鉄千代田線・日暮里・舎人ライナー「西日暮里」徒歩１分
- 男子のみ903名
- 03-3822-0741
- http://www.kaiseigakuen.jp/

開智日本橋学園中学校

東京 中央区 共学校

夢を実現するための学力と人間力を養う

「６年あるから夢じゃない!!」を合言葉に2015年（平成27年）に誕生した開智日本橋学園中学校。

「世界中の人々や文化を理解、尊敬し、平和で豊かな国際社会の実現に貢献するリーダー」の育成をめざしています。

開智日本橋学園では、中１から４つのクラスに分かれて学んでいきます。

「グローバル・リーディングクラス（国際先端クラス）」は、すでに英語力がじゅうぶんにある生徒のクラスで、海外大学をめざします。「デュアルランゲージクラス（多重言語クラス）」は、英語を中学から本格的に勉強し、国内・海外の大学を目標とします。どちらも世界トップレベルの学力を育むために、世界標準の大学進学プログラムである国際中等教育と国際大学進学教育が導入されています。こうした教育により、開智日本橋学園は、国際的に通用する大学入学資格（国際バカロレア資格）を取得できる国際バカロレア中等教育プログラムの候補校となっています。

日本のトップレベルの大学をめざす「リーディングクラス（最先端クラス）」と国内難関大学が目標の「アドバンストクラス（先進クラス）」では、アクティブ・ラーニングを主体に探究型・協働型授業が実施されています。

さまざまな力を伸ばす探究学習

どのクラスにも共通する特徴的な学びとして探究学習があげられます。フィールドワークを行いながら課題に対する結論を導きだす取り組みで、中学生はグループで、高校生は個人で探究を進め、高２は海外で現地の大学生にそれまでの成果を発表します。探究学習で大切なのは結論ではなく、どのように考え、調査、実験、検証したのかという過程です。こうした経験が主体性や創造性、発信力、課題解決能力といった力を伸ばすのです。

６年間の「創造的な学び」により、学力と人間力を育てる開智日本橋学園中学校です。

SCHOOL DATA

- 東京都中央区日本橋馬喰町2-7-6
- JR線・都営浅草線「浅草橋」徒歩３分、JR線「馬喰町」徒歩３分、都営新宿線「馬喰横山」徒歩7分
- 男子241名、女子252名
- 03-3662-2507
- http://www.kng.ed.jp/

かえつ有明中学校

東京 江東区 共学校

21世紀型グローバル人材を育成

かえつ有明は、東京大に3年連続で現役合格を果たし、京都大・東京工大などを含め国公立大に11名・早慶上理へ43名が合格、G-MARCH以上の大学に177名が合格するなど、進学実績を着実に伸ばしています。しかし、だからといってたんなる進学校・受験校というスタイルではなく、帰国生が4、5人にひとりの割合で在籍するなど、その教育スタイルは世界的に認められています。なかでも、思考力を育むオリジナル教科「サイエンス」科は、毎週のように他校の先生が視察に訪れるなどきわめて質の高い授業が展開されます。思考力は「才能ではなくスキル」というのがかえつ有明のモットー。その思考力は他の一般の教科にもいかされています。

中高大の教育連携が充実

かえつ有明は、昨年、東京理科大とインターンシップ協定を締結しました。かえつ有明の教員が東京理科大で授業を行う場面もあり、教員をめざす熱い学生に向け、最先端の中高教育を伝えています。今後さらに連携の強化が予定されています。また、法政大には20枠以上の推薦枠があり、大学訪問を含め、法政大の教育に触れる機会がさまざまあります。北里大特別栄誉教授で、ノーベル生理学・医学賞を受賞された大村智博士の奥様は、かえつ有明の元教員です。そのご縁があり、生徒に向けた講演会も実施されています。

共学だけど授業は別学

12～15歳の時期は、男女の差が最も大きな時期であり、目標の持ち方やそれに取り組む姿勢は男女それぞれに特徴があります。その男女の成長の差をふまえ、中1から中3までは男女別クラスを設定し、授業は別学教育が展開されています。ただし、校舎は同じで、学年単位で動く行事や部活動などは共学としての日常が広がります。別学と共学のよさを両立させているユニークな学校です。

SCHOOL DATA

東京都江東区東雲2-16-1

りんかい線「東雲」徒歩8分、地下鉄有楽町線「豊洲」バス、地下鉄有楽町線「辰巳」徒歩18分

男子311名、女子222名

03-5564-2161

http://www.ariake.kaetsu.ac.jp/

学習院中等科

東京 豊島区 男子校

個性と可能性を伸ばすきめ細かな指導が魅力

学習院の創建は1847年、公家の学問所としての開講でした。多くの支持者を持つ、そのつねに変わらぬ教育風土は、「自由と倫理」の精神によって特徴づけられています。自由を尊ぶ気持ちは独立性、創造性へとつながり、倫理性は、その自由を放縦に走らせず、個性ある人材を育てます。教育目標は「ひろい視野、たくましい創造力、ゆたかな感受性の実現」です。学習院では中学時代を、自分がどのような人間であるのかを自覚し、自分のなかに可能性を見つけ、個性を育むための準備をする時期であるととらえ、そのあと押しをする教育を行っています。

将来のいしずえとなる力を育む

各教科の授業内容や指導は、中高で綿密に連絡を取ることで、合理的かつ効果的なカリキュラム編成になっています。授業では独自のテキストやプリント、資料集、問題集などを使い、少人数制や習熟度別の授業を取り入れたきめ細かな指導が行われています。

そして、長距離歩行や沼津游泳、東北自然体験などの行事や、運動部・文化部合わせて20以上あるクラブ活動をとおして生徒はたくましく成長していきます。

高等科では中等科で芽生えた個性や可能性をさらに伸ばしていきます。高等科に進むと、教科書にとらわれない、さらに高度な内容の授業が実施され、高2・高3では多彩な選択科目が設けられます。協定留学制度や公認留学制度もあり、これからの国際社会へ羽ばたく生徒を支援しています。

学習院大へは毎年約50%の生徒が推薦により進学していきます。その一方で他大学受験を応援する体制も整えられています。

生徒の興味・関心に応え、学ぶ心、探究する心を育てる魅力的な教育を行っている学習院中等科・高等科。個性や可能性を伸ばしながら、大学進学だけでなく、将来のいしずえとなる力を養うことができる学校です。

SCHOOL DATA

東京都豊島区目白1-5-1

JR線「目白」・地下鉄副都心線「雑司が谷」徒歩5分、都電荒川線「学習院下」徒歩7分

男子のみ608名

03-5992-1032

http://www.gakushuin.ac.jp/bjh/

学習院女子中等科

東京 新宿区 女子校

未来を切り拓く力を育てる

ダイヤモンドの原石を磨きあげる

都心にありながらも緑豊かなキャンパスを持つ学習院女子中・高等科。学習院女子というと、その前身が1885年（明治18年）に設立された「華族女学校」であることから、特別なイメージを抱くかたもいらっしゃるかもしれません。しかし、現在の学習院女子は伝統を大切にしつつも、ごくふつうの私学として、また優秀な大学進学実績が表すように、女子進学校として着実にその名を高めている学校です。

ダイヤモンドの原石である生徒の能力を磨きあげるとともに、生徒一人ひとりの個性を引きだし、伸ばす教育を実践しています。

中高一貫の学習院女子は、6年間をひとつの流れとして、中1・中2は基礎課程、中3・高1は応用課程、高2・高3は発展課程と位置づけ、無理なく高い教育効果をあげています。

国語・数学・英語は基準時間数より多く、体育や芸術などについてもバランスよく配分されています。高2・高3では、文理コースを設定し、生徒一人ひとりの進路に応じた科目を学習することが可能です。

中1・中2では教科によって少人数制授業を採用しています。英語は6年間一貫して分割授業を行い、口頭練習や口頭発表の機会も多く設けています。

異文化理解への積極的姿勢

早くから国際理解教育に取り組んできた学習院女子では、留学や海外研修旅行もさかんです。帰国生の受け入れにも熱心で、海外生活経験者の数は中等科全体の約1割にもおよびます。異文化体験豊かな生徒と一般生徒が、それぞれの考え方を認めあうプロセスをとおして、異文化理解への前向きな姿勢を養っています。

「その時代に生きる女性にふさわしい知性と品性を身につける」女子教育を行います。

SCHOOL DATA

- 東京都新宿区戸山3-20-1
- 地下鉄副都心線「西早稲田」徒歩3分、地下鉄東西線「早稲田」徒歩10分、JR線・西武新宿線「高田馬場」徒歩20分
- 女子のみ615名
- 03-3203-1901
- http://www.gakushuin.ac.jp/girl/

川村中学校

東京 豊島区 女子校

21世紀に輝く女性をめざして

1924年(大正13年)創立の川村学園。「感謝の心」「女性の自覚」「社会への奉仕」を教育理念として掲げ、生徒一人ひとりを大切に見守りつづけています。教育目標は「豊かな感性と品格」「自覚と責任」「優しさと思いやり」。感謝の心を基盤として、知・徳・体の調和がとれた学びを実践し、豊かな感性と品格を兼ね備えた女性の育成をめざしています。

川村では、学ぶことの楽しさや知的好奇心を喚起し、個々の潜在能力を引き出して自分らしい生き方を発見できるさまざまな教育プログラムが用意されています。

川村の特色ある教育

①未来を創る力の育成…「考える力」「伝える力」を徹底的に身につける学習カリキュラムが整っています。

②「感謝の心」を基盤に豊かな人間性を育てる学習…自分自身の「生きる力」を養うため、「総合的な学習の時間」を活用し各学年でテーマを設けて、体験・思考・発表のサイクルで学習を進めています。

③豊かな心と健康な身体を育成…行事などをとおして情操・健康教育に取り組み、日々の会食（給食）でマナー指導も行います。

④6年間育んだ「力」で夢の実現…しっかりと自分の将来と向き合うキャリア教育（職業探究プログラム等）を実践しています。

⑤スクールライフ（明るく、元気で、伸びやかに！）の充実…安心・安全な教育環境のなか、学校生活を送ることができます。

⑥豊かに、美しく、清らかに…さまざまな行事に全力で取り組み、自らの成長をめざします。

⑦かけがえのない時間の大切さ…クラブ活動では、授業とはちがった充実感を味わえます。

⑧安全・安心に徹した教育環境…校舎は高い防災対策と木のぬくもりのある明るい雰囲気を兼ね備えています。

川村には、女性として、自分らしく豊かに生きる学びが息づいています。

SCHOOL DATA

- 東京都豊島区目白2-22-3
- JR線「目白」徒歩1分、地下鉄副都心線「雑司が谷」徒歩7分
- 女子のみ245名
- 03-3984-8321
- http://www.kawamura.ac.jp/cyu-kou/

東京 神奈川 千葉 埼玉 茨城 寮制

あ行 か行 さ行 た行 な行 は行 ま行 や行 ら行 わ行

北豊島中学校

東京 荒川区 女子校

伸びしろは無限大！ ～確かな少人数制教育とは～

北豊島中学・高等学校は、1926年（大正15年）に創立した女子校です。一貫して社会で活躍できる女性の育成をめざし、女子教育の推進に努めてきました。生徒の個性を重視し、「個人として考える力」、「社会で自立できる女性」を育てるため、1クラスの人数を20名前後に設定し、きめ細かな教育プログラムを実践しています。中学入学時に下位であった生徒が、東京医科歯科大学大学院博士課程を修了し、ガン細胞の研究で博士号を取得したり、英国立ウェールズ大学大学院を修了しMBAを取得するなど、まさに「伸びしろは無限大！」といえます。

笑顔あふれるアットホームな進学校

国語・数学・英語の主要科目では、個々の学習状況や学力状況をふまえた習熟度別授業が行われます。きめ細かい対応のなか、「みなさんわかりますか」ではなく、「あなたはわかりますか」といったアットホームな雰囲気の授業、つまり「生徒一人ひとりが主役」としてのぞめるような授業になっています。

英語の授業は週８時間、そのうち３時間を専任の外国人教師が担当し、５時間は日本人教師による習熟度別授業で行われます。教科書を使わず、独自教材をふんだんに取り入れ、語学研修などとリンクしたインタラクティブな授業が進められます。

少人数制教育は進路指導にもいかされ、予備校に通わずに現役で大学へ進学します。語学系の強みをいかしながら、近年では理系進学者も全体の30%強となるなど増えています。

校内には厨房設備が整備され、季節の食材を現場調理し、食材からカロリー計算までしっかり管理された、温かくておいしい昼食を安価300円で提供しています。

さらに、2016年（平成28年）２月に新校舎が完成し、生徒が主体的に過ごせる環境が整いました。

SCHOOL DATA

- 東京都荒川区東尾久6-34-24
- 日暮里・舎人ライナー・都電荒川線「熊野前」徒歩5分、京成線・地下鉄千代田線「町屋」徒歩15分
- 女子のみ91名
- 03-3895-4490
- http://www.kitatoshima.ed.jp/

吉祥女子中学校

東京 武蔵野市 女子校

社会に貢献する自立した女性の育成

JR中央線に乗っていると、吉祥寺～西荻窪間で北側に、赤いレンガづくりの校舎が目印の吉祥女子中学・高等学校が見えてきます。創立は1938年（昭和13年）。卓越した独自カリキュラムにより、優秀な大学進学実績をあげる学校として知られています。

吉祥女子では、「社会に貢献する自立した女性の育成」を建学の精神に掲げ、自由ななかにも規律があり、互いの価値観を尊重しあう校風のもと、一人ひとりの個性や自主性が発揮されています。

学習意欲を引きだすカリキュラム

学習意欲を引きだす独自のカリキュラムに基づき、思考力や創造性、感受性を育成しています。授業では、生徒の知的好奇心を刺激する内容を数多く取り入れているのが特長です。主要科目は時間数を多くとり、ハイレベルな教材を使用しています。

国語では、調べ学習や小論文、レポート指導などを重視し、幅広く知識を身につけます。理科では実験を多く取り入れ、こちらもレポート指導に力を入れています。英会話では、クラスを２分割し、日本人とネイティブの先生による少人数授業を行っています。また、数学と英語では週１回の補習を実施します。

高２から文系・理系・芸術系と、進路別にクラスが分かれ、英語や理数系科目では習熟度別授業も行い、進路達成をはかります。

また、進学指導では、生徒が自分自身と向きあい、自分にふさわしい生き方を見出すことができるようなプログラムが組まれていることも特長です。

中学では、「進路・生き方に関するプログラム」を組み、人間としてどう生きるかを見つめ、将来像を掘り起こす指導をしています。

高校では、各学年ごとに綿密な進路指導を実施。目標とする職業の設定から学部・学科の選択、そして第１志望の決定まで、進路ガイダンスを中心に指導します。

SCHOOL DATA

- 東京都武蔵野市吉祥寺東町4-12-20
- JR線「西荻窪」徒歩8分
- 女子のみ812名
- 0422-22-8117
- http://www.kichijo-joshi.jp/

東京
京

神奈川
千葉
埼玉
茨城
寮制

共栄(きょうえい)学園(がくえん)中学校

東京 葛飾区 共学校

文武両道 ～2020年度教育改革に対応し、世界のリーダーを育てる～

1947年（昭和22年）、学識の高揚と礼節・徳操の滋養をめざし、知・徳・体が調和した全人的な人間の育成を基本理念として設立された、共栄学園中学校・高等学校。21世紀の国際社会で活躍する人材育成をめざし、自発性・創造性を大切にしながら新しい時代に即した教養と実践力で、豊かな人間性と困難な課題をやりぬく力を育成しています。

3ランクアップの進路実現

共栄学園では、「特進クラス」と「進学クラス」の2コースで募集が行われます。中3までは、「特進クラス」は発展的な問題の研究を積極的に取り入れ、「進学クラス」は基礎学力の徹底を主眼に授業を進めます。2016年度（平成28年度）からは、全クラスで夏休み授業を実施しています。

中2・中3・高校課程進級時には、本人の希望と学力適性により、クラスを変わることもできます。

入学時の学力から6年間で「3ランク」上の大学へ現役合格することを目標に、6年間継続して外部模試を受け、それにより蓄積したデータをもとに進学指導を行っています。

高3では、入試科目を中心にした授業を展開し、受験へ備えます。

また、「特進コース」の高1・高2は夏休みに2泊3日の勉強合宿を実施し、大学入試に向けて集中学習を行っています。

多彩なプログラムで生徒をサポート

外国人教師と学習時間だけでなく3食ともに過ごす国内滞在型のイングリッシュキャンプ、「共栄スペシャルイングリッシュプログラム」をはじめ、長期休暇中に行われる「特訓講習」、朝学習で実施される「数・英のスキマ学習」、希望者対象の「カナダへの海外研修」など、授業以外にも生徒をサポートする独自のプログラムが多数用意されているのも、共栄学園中学校・高等学校の魅力です。

SCHOOL DATA

東京都葛飾区お花茶屋2-6-1
京成本線「お花茶屋」徒歩3分
男子109名、女子177名
03-3601-7136
http://www.kyoei-g.ed.jp/

あ行
か行
さ行
た行
な行
は行
ま行
や行
ら行
わ行

暁星(ぎょうせい)中学校

東京 千代田区 男子校

教育理念は「キリスト教の愛の理念」

1888年（明治21年）、カトリックの男子修道会マリア会によって創立された暁星中学校。その教育理念は「キリスト教の愛の理念」そのものです。

暁星では、生活指導をとおして、①厳しさに耐えられる人間、②けじめのある生活のできる人間、③他人を愛することのできる人間、④つねに感謝の気持ちを持つことのできる人間づくりをめざしています。

英語とフランス語が必修

中高6カ年一貫教育を行う暁星では、一貫したカリキュラムに則って授業を展開しています。中学では基礎学力の充実をめざし、習熟度別授業や先取り授業も実施しています。

高2からは文系・理系に分かれ、さらに高3では志望コース別に分かれます。

教育効果をあげる習熟度別授業や、それぞれの進路に応じたクラス編成を実施しているだけでなく、中・高一貫教育の利点を最大限にいかすため、学校独自の教材を数多く用意し、カリキュラムに基づいた授業が行われています。

少人数による授業や、課外指導、添削指導は確実に効果をあげています。また、定期試験のみならず、中1から高3までの学力の推移を相対的にはかるため実力試験を実施し、中だるみや苦手科目の発見、克服に役立てています。

暁星は、語学教育にも特色があり、中1から英語とフランス語の2カ国語を履修します。もちろん、外国人教師による生きた言葉を直接学ぶことが可能です。また、英語とフランス語ともに、ホームステイを含む海外での語学研修の機会が高1で設けられ、語学力を大きく伸ばす体制が整っています。

きめ細かな進学指導にも定評があり、毎年東京大をはじめとした国公立大や、早稲田大、慶應義塾大などの難関私立大へ多くの卒業生を送りだしています。

SCHOOL DATA

東京都千代田区富士見1-2-5
地下鉄東西線ほか「九段下」徒歩5分、JR線・地下鉄有楽町線ほか「飯田橋」徒歩8分
男子のみ525名
03-3262-3291
http://www.gyosei-h.ed.jp/

共立(きょうりつ)女子(じょし)中学校

東京 千代田区 女子校

時代を超えて“輝き、翔(は)ばたく女性”を育成

共立女子は、創立以来、自立して社会で活躍できる女性の育成をめざしてきました。「誠実・勤勉・友愛」を校訓とした教育は、長年培った伝統をしっかりと継承しながら、高貴なリベラリズムへと昇華されてきたのです。

4＋2体制によるカリキュラム

共立女子の中高一貫カリキュラムでは、どの教科にも相当の時間数を割き、学習の幅を広げることにより、発展性のある確かな基礎学力をつくりあげます。

国数英では中学段階から少人数制や習熟度クラスを採用し、きめ細やかな指導がなされています。また、アクティブラーニングも積極的に取り入れ、能動的な学びの姿勢を育んでいます。実技系科目は本格的な内容に取り組むことで技術習得と同時に教養も深めます。

また、時代の要請に合わせてグローバル教育プログラムも続々と用意されています。生徒全員が英語に親しめるよう、語学や異文化を学べるランゲージスクエアの開設、ネイティブスピーカーとのオンライン英会話課題（中学）やブリティッシュヒルズ研修（高１）があります。さらに希望者を対象に、イングリッシュシャワー（中２・中３）や夏季海外研修（高１・高２）、ニュージーランド姉妹校交換留学（高１）など、世界への飛躍をめざせる環境も整えられています。

気品ある女性を育む

日本文化の精神を理解し、自然で美しい振る舞いを身につけることを大切にする共立女子。隔週で３年間、正式な小笠原流礼法を学びます。

中１では基本動作、中２では日常生活での作法、中３では伝統的なしきたりとしての作法というように、日本女性として身につけておきたい作法を学びます。美しい礼のかたちを学ぶことをつうじて、思いやりのある豊かな心を育んでいきます。

SCHOOL DATA

- 東京都千代田区一ツ橋2-2-1
- 都営三田線・新宿線・地下鉄半蔵門線「神保町」徒歩3分、地下鉄東西線「竹橋」徒歩5分
- 女子のみ1002名
- 03-3237-2744
- http://www.kyoritsu-wu.ac.jp/chukou/

共立(きょうりつ)女子(じょし)第二(だいに)中学校

東京 八王子市 女子校

10年後、20年後に活躍できる女性を育てる

めざす3つの女性像

八王子の丘陵「月夜峰」に東京ドーム５個ぶんのキャンパスを構える共立女子第二中高。共立女子学園の建学の精神は「女性の自立」、校訓は「誠実・勤勉・友愛」です。

共立女子第二では、校訓から導きだされた３つの女性像「真の美しさを身につけた女性」「自ら考え、発信できる女性」「他者を理解し、共生できる女性」を掲げ、大学附属校の利点である進学システムを土台に、充実した施設・設備と豊かな自然環境をいかし、社会で活躍できる自立した女性を育てます。

新カリキュラム・新校舎・新制服

中学校では、多様な体験を重視したリベラルアーツ教育をとおして思考力や表現力・健全な判断力を育み「人間の根幹」をしっかりきたえることを重視しています。一方、2011年度（平成23年度）にはカリキュラムや教育制度を改革。中高一貫教育による先取り学習導入と進学指導の充実、主要教科の単位数と年間授業日数の増加をとおして基礎学力の習得と深くきめ細かい学びが可能になりました。

中３からは外部難関大受験をめざすAPクラスも置かれ、高校２年以降のコース制に効果的につなげる体制を整えました。

2011年には新校舎が完成し、５万1000冊の蔵書を持つ図書館をはじめ、少人数授業に対応する多数の小教室、生徒の憩いの場となるオープンスペース、食育の場となる食堂など、伸びのびと学べる環境が整備されました。翌年には制服も一新。デザイナーズブランド「ELLE」とのコラボレートによるおしゃれでかわいらしい制服となりました。

社会のニーズに応えさまざまな改革を行い、豊かな感性と情操を育む共立女子第二。恵まれた環境のもとで送る中高６年間の学園生活は、明るく優しい生徒を育てています。

SCHOOL DATA

- 東京都八王子市元八王子町1-710
- JR線「八王子」、JR線・京王線「高尾」、JR線「八王子みなみ野」、京王線「めじろ台」スクールバス
- 女子のみ169名
- 042-661-9952
- http://www.kyoritsu-wu.ac.jp/nichukou/

国本女子中学校

東京
世田谷区
女子校

人に愛される、社会に必要とされる女性を育成

1942年（昭和17年）、高等女学校として設立。建学の精神は、創立者の著書『おむすび』に記され、校名の由来は中国の『礼記』の「重礼所以為国本也」（礼を重んずるは国の本を為す所以なり）にあります。「礼」の心を大切にし、「真心の発揮・自然に対する素直さの涵養・恩を知り恩に報ゆる心の育成」の校訓を柱に、教育活動を行っています。

英語教育と情操教育に注力

笑顔で交わされる明るい「挨拶」と美しい「礼」は、国本女子の宝です。国際化社会を見据えて英語教育にも力を入れています。ネイティブの先生は3人。コミュニケーションの機会も多く、自然に身につく、確かでわかりやすく、そして楽しい学習活動が魅力です。語学研修も充実し、5月には、中3と高1が留学生と交流。6月には、中1・中2がブリティッシュヒルズで2泊3日の研修を行います。夏には、2週間のホームステイができるカナダ語学研修旅行もあり、中3と高校生の希望者が参加します。情操教育にも力を入れ、授業で「茶道」「華道」「百人一首」等を行い、幅広く日本文化とそれらの美を学びます。

放課後補習・校外での学習も充実

生徒個々の課題に応じた放課後補習（主要3教科）を実施しています。進路指導室では、現役女子東大生による学習支援を実施。また、近隣商店街での職業インタビューや職業体験を行い、主体的に学ぶ姿勢や意欲を育てます。事後学習としてパワーポイントを用いた報告会を実施しています。

高校生とともに学ぶ楽しい部活動

吹奏楽・ラクロス・美術・英語・茶道・軽音楽部などは、高校生とともに活動しています。吹奏楽部は「東日本大会」など、多くの大会で金賞を受賞。先輩たちといっしょに活動することで、多くのことを学んでいます。

SCHOOL DATA

- 東京都世田谷区喜多見8-15-33
- 小田急線「喜多見」徒歩2分
- 女子のみ22名
- 03-3416-4722
- http://www.kunimoto.ed.jp/

慶應義塾中等部

東京
港区
共学校

「独立自尊」の思想を重視

慶應義塾大学三田キャンパスの西隣に、慶應義塾中等部はあります。1947年（昭和22年）に設立、福澤諭吉が提唱した「独立自尊」「気品の泉源」「智徳の模範」の建学の精神に則って、誇り高き校風を形成してきました。とくに重視されるのが独立自尊の思想です。「自ら考え、自ら判断し、自ら行動する」と現代風に言いかえられ、教育理念の要ともなっています。

それを端的に表すのが、禁止事項の少なさです。服装は、基準服は定められていますが、制服はありません。中学生にふさわしい服装とはどんなものかを自ら判断する自発性と主体性が求められます。

校則でしばらず、生徒の自主的な判断にまかせるという教育により、伸びやかでしなやかな自立の精神を学んでいきます。

私学の雄へのパスポート

慶應義塾大学を頂点とする進学コースのなかで、中等部を卒業すればほぼ全員が慶應義塾内の高等学校に推薦により進学し、さらに大学へと道が開かれています。慶應義塾内でのきずなは強く、六大学野球の慶早戦の応援など、多彩な行事が用意されています。

創立以来の伝統ある共学教育により、数多くの人材の輩出をもたらしています。幼稚舎（小学校）からの進学者を合わせ、1学年は約250名。男女比は2対1となっていますが、人数の少ない女子の元気さもめだちます。

オールラウンドに学ぶ姿勢が強調され、学科や科目に偏りをなくし、さまざまな学問の基礎を身につけることが求められます。そこには、自らの可能性を発見するために、多くの経験を積ませたいという学校の想いもうかがえるのです。

学校行事やクラブ活動もさかんで、生徒たちも熱心に取り組んでいます。慶應義塾中等部での体験は、きっと人生の財産となっていくことでしょう。

SCHOOL DATA

- 東京都港区三田2-17-10
- JR線「田町」、都営浅草線・三田線「三田」、地下鉄南北線「麻布十番」徒歩10分、都営大江戸線「赤羽橋」徒歩15分
- 男子468名、女子287名
- 03-5427-1677
- http://www.kgc.keio.ac.jp/

京華(けいか)中学校

東京 文京区 男子校

ネバーダイの精神で未来をたくましく

120年の歴史と伝統をいしずえに、「今を超える」教育を展開し、建学の精神「英才教育」と校訓「ネバーダイ」「ヤングジェントルマン」の精神に基づく教育を実践する京華中学校・高等学校。教育のテーマにつぎの3つを掲げています。

ひとつ目は「自立と自律の心を持ち、自らを見つめる力を持つ豊かな人間性を形成する」こと。ふたつ目は「将来の夢や進路希望の実現に向け、勉学の意欲を高める徹底した進路教育を実践する」こと。3つ目は「多様化する社会に対応する、自己表現力とコミュニケーション能力を育成する」ことです。

無限大の未来を実現する教育

進学校として、個々の志望に応じた指導を行う京華。生徒の可能性を引き出し、育てるさまざまな教育システムが整っています。

中学ではタブレットを導入し主要教科を徹底指導。標準単位よりも多くの授業時間を設定し、じっくりと学べる環境を整えています。

効率のよい学習を支援するコース制プログラムでは、入学時より「特別選抜クラス」と「中高一貫クラス」のふたつのコースに分かれ、中2より「国際先進クラス」を加え、高1からは「S特進コース」「特進コース」「進学コース」へ分かれます。

学力・志望に応じたきめ細かい指導は、数学と英語の2分割授業でもみられます。

数学では、実践的な問題演習の数学ゼミを実施し、授業の内容をさらに深め、基本的な計算問題から発展問題へと無理なく演習を進めています。英語では、「イングリッシュ・コミュニケーション」として、2名の外国人講師と英語教員による少人数の英会話・リスニング・ライティングの演習を行います。

そのほかにも、「放課後キャッチアップ講座」や「検定試験対策講座」「ティーチングサポート」「Z会添削＋東大生学習サポーター制度」など、京華独自の教育が光ります。

SCHOOL DATA

- 東京都文京区白山5-6-6
- 都営三田線「白山」徒歩3分、地下鉄南北線「本駒込」徒歩8分
- 男子のみ302名
- 03-3946-4451
- http://www.keika.ed.jp/

京華女子(けいかじょし)中学校

東京 文京区 女子校

Women of Wisdom ～深い知識と豊かな心を育む～

東京の文教地区・白山に位置する京華女子中学校・高等学校は、1909年（明治42年）に現在の地に誕生しました。

京華女子では、「自ら考える力の基礎となる学習の充実、コミュニケーション能力を高める積極的なクラブ活動、人間尊重の規律ある生活態度」を教育理念とし、生徒一人ひとりの無限の可能性を引き出す教育を推進しています。創立当時の理念は、120年を経た現在も継承されつづけています。

きめ細やかな手づくりの教育

京華女子では、つぎの3つを教育方針として掲げています。

「EHD（Education for Human Development）」は、体験学習を中心とした独自の教育プログラムです。毎朝10分間の朝読書をはじめ、中学では土曜日を「EHDの日」と定め、ボランティア体験学習、箏曲(そうきょく)、茶道・華道・礼法などを学ぶ伝統文化学習、国際・情報・環境を考える総合学習などを行っています。

ふたつ目は「英語と国際理解教育」で、英語を重視したカリキュラムが組まれています。英語の授業は週6日行い、英会話はネイティブスピーカーが担当します。中1の「八ヶ岳英会話基礎教室」、中3の「カナダ海外修学旅行」、高1の「語学研修疑似留学体験」など、異文化体験プログラムも豊富に用意されています。

3つ目は「ICT」です。マルチメディアラボには最新のパソコンを設置し、自由に使うことができます。全教室に電子黒板を設置、中学生にはひとり1台ずつタブレットPCを渡し、アクティブラーニングにも役立てています。

京華女子でのこうした学びは、国際感覚や人間愛を身につけた、自ら考える力を持つ21世紀を支える真に賢い女性を育てています。

小規模校であるからこそできるきめ細やかな授業と、一人ひとりに目を向けた進路指導・教育相談などを実践している注目校です。

SCHOOL DATA

- 東京都文京区白山5-13-5
- 都営三田線「千石」徒歩5分、都営三田線「白山」徒歩7分、地下鉄南北線「本駒込」徒歩8分
- 女子のみ107名
- 03-3946-4434
- http://www.keika-g.ed.jp/

恵泉(けいせん)女(じょ)学(がく)園(えん)中学校

東京　世田谷区　女子校

自ら考え、発信する力を養う

恵泉女学園は、キリスト教信仰に基づき、自立した女性、自然を慈しむ女性、広く世界に心を開き、平和の実現のために尽力する女性を育てたいという願いのもとに、河井道が創立しました。

その実現のために恵泉女学園では、思考力と発信力の育成に力をそそいでいます。

中高一貫のカリキュラムを編成し、中学では一部先取り学習を行っています。週5日制で、7時間授業の日が週3日あり、土曜日はクラブ、特別講座、補習などがあります。高2からは豊富な選択科目があり、自分の進路に合ったカリキュラムを組んでいきます。

「考える恵泉」を支える施設設備と「英語の恵泉」

メディアセンターは生徒の自立的学習を支える情報センターです。図書館の機能のほかに、コンピュータ教室、学習室などを含み、蔵書数は9万冊を超えます。理科では6つの理科教室を使い、実験を重視した授業で、レポートの添削をていねいに行っています。

英語では直しノート添削や補習などのきめ細かい指導により、まず基礎力を固めます。その後、学年を追って増えるプレゼンテーションの機会や英文エッセイの添削推敲(すいこう)などをつうじて、生徒は発信力を身につけていきます。その結果、高2の冬までに52%が英検2級以上に合格、31%がGTECの海外進学を視野に入れることができるレベルに到達しています。とくにリスニングとライティングのスコアが高いのが特徴で、2020年の大学入試改革にもすでに対応しています。

校内スピーチコンテストは42年目を迎え、本選に進んだ生徒は外部のコンテストでも毎年上位に入賞。アメリカとオーストラリアへの短期留学、オーストラリアへの3カ月留学・1年留学のほか、夏休みにはアメリカの女子大生を招いて行うコミュニケーション力向上プログラムなど、英語を実際に使う機会も数多く設けられています。

SCHOOL DATA

東京都世田谷区船橋5-8-1

小田急線「経堂」・「千歳船橋」徒歩12分

女子のみ603名

03-3303-2115

http://www.keisen.jp/

啓明(けいめい)学(がく)園(えん)中学校

東京　昭島市　共学校

「真の世界市民」を育てます。

啓明学園の歴史は1940年（昭和15年）から始まります。三井高維が港区赤坂台町の私邸を開放して、帰国子女のための学校として創立したのです。

1947年（昭和22年）に、3万坪におよぶ三井家の別邸を寄贈されて、現在地に移転。現在も帰国生、外国籍の生徒、留学生が3割以上を占め、世界を感受できる教育環境があります。

学校の特色

キリストの教えである4つの標語「正直・純潔・無私・敬愛」に基づく人格形成をめざし、「広い視野のもと豊かな人間性と独自の見識を持ち、世界を心に入れた人を育てる」ことを学園の理念としています。

心を育む教育：キリスト教の教えに基づき、自己の大切さや共生の重要性について学びます。

知性を磨く教育：基礎学力の定着を基盤に、個の持つ力を最大限に「伸ばす教育」を行っています。世界市民として自立した人間となるために、自らの意見を持ち表現できるように知性を磨きます。

世界をつなぐ教育：啓明学園では、さまざまな国の文化に触れる機会が豊富にあります。世界について学び、世界のために行動する「Peacemaker（世界平和を創り出す人）」を育てる教育を大切にしています。

授業の特色

始業前の「朝学習」のほか、毎週漢字・英単語テストを実施し、日々のノートチェックや教科担任による放課後補習など、基礎学力をつけるサポートが充実。そして中3からは5教科横断型の授業を展開して、理解力や思考力を育てる「リベラルアーツクラス」を新設します。

さらに、夏季・冬季休暇中には、「特別学習」を実施して、高校での進路実現をめざした基礎学力を養成しています。

SCHOOL DATA

東京都昭島市拝島町5-11-15

JR線・西武拝島線「拝島」徒歩20分・スクールバス6分、JR線・京王線「八王子」・スクールバス30分、JR線「立川」バス25分

男子83名、女子73名

042-541-1003

http://www.keimei.ac.jp/

光塩(こうえん)女子学院(じょしがくいん)中等科

東京 杉並区　女子校

「キリスト教の人間観・世界観」を基盤に

光塩女子学院中等科・高等科の「光塩」とは、聖書の「あなたがたは世の光、あなたがたは地の塩」という「人は誰でも、ありのままで神さまから愛されており、一人ひとりはそのままで世を照らす光であり、地に味をつける塩である」ことを表す言葉から生まれました。光塩ではこの精神のもと、日々の教育が行われています。

一人ひとりを温かく見守る

生徒は、学校生活をとおしてさまざまな人とのかかわりを経験し、自分自身も他者もともにかけがえのない存在であること、多様な人との共存が相互の豊かさとなることを体験的に学んでいます。

一人ひとりを大切にする光塩では、1学年4クラス全体を6人ほどの先生で受け持つ、独自の「共同担任制」を取り入れています。多角的な視点で生徒一人ひとりを指導し、個性を伸ばすなかで、生徒も多くの教師とかかわる豊かさを体験します。

生徒や保護者との個人面談が学期ごとに行われるなど、生徒と教師のかかわりを大切にしているのも光塩の大きな魅力です。

理解度に応じた教科指導

例年多くの生徒が難関大へ進学している光塩では、教師がそれぞれの生徒の現状に合わせてきめ細かく学習指導を行っています。

また、中等科では数・英、高校では数・英・理・選択国語などで習熟度別授業を取り入れ、手づくりの教材を活用し、生徒の理解度に合わせた指導が効果をあげています。

全学年で週1時間の「倫理」の授業があるのも特色です。中等科では、「人間、そしてあらゆる生命」をテーマに、他者も自分も同様にかけがえのない存在であることを認め、共生していくことの大切さを学んでいきます。人間として成長することを重視し、生徒を温かく見守る光塩女子学院中等科・高等科です。

SCHOOL DATA

- 東京都杉並区高円寺南2-33-28
- 地下鉄丸ノ内線「東高円寺」徒歩7分、地下鉄丸ノ内線「新高円寺」徒歩10分、JR線「高円寺」徒歩12分
- 女子のみ455名
- 03-3315-1911
- http://www.koen-ejh.ed.jp/

晃華学園(こうかがくえん)中学校

東京 調布市　女子校

カトリック精神に基づく全人教育

1949年（昭和24年）、フランスの「汚れなきマリア修道会」を母体として設立された晃華学園。カトリック精神に基づく全人格教育、ならびに、語学教育重視の教育方針のもと、学力、品格、および豊かな国際性を備え、世界に貢献できる女性の育成をめざした教育を実践しています。

学校生活では多くの学年行事を設け、リーダーシップと協調性を育み、コミュニケーション能力を高める工夫を行っています。

世界に通用する英語力を育成

晃華学園では、生きた英語の習得をめざした語学教育をとくに重視しています。

授業は週6時間、高い教授力の外国人専任教師3名による実践的な英語の授業を数多く設置しています。とくに中3のリーディングは週2時間を使ってさまざまな文章をあつかうレベルの高いもの。高1ではクラスを分割した少人数制でリスニングとスピーキングの授業を行っています。高2・高3はハイレベルのライティングが週2時間行われています。

進路別選択で進路対策も万全

晃華学園では、中1～高1までは、高1の芸術を除いてすべて必修科目です。内容は、基礎学力の上に、思考力を築く難度の高いものになっています。

高2では進路に応じた授業選択が可能となり、高3では全授業時間数の半分以上が受験選択となります。一人ひとりにていねいに対応する進路対策指導が特長で、毎年多くの生徒が、国公立大学や難関私立大学へ進学しています。

とくに近年めだつのが理系の進路をめざす生徒の増加で、学年の文理の比率は6：4、医療系を志す生徒も増えています。晃華学園の理科教育は6年間で140以上の実験を行う実践的なもので、文理を問わず理科好きな生徒が多くなっています。

SCHOOL DATA

- 東京都調布市佐須町5-28-1
- 京王線「つつじヶ丘」・「調布」・JR線「三鷹」バス、京王線「国領」・JR線「武蔵境」スクールバス
- 女子のみ476名
- 042-482-8952
- http://www.kokagakuen.ac.jp/

工学院大学附属中学校

東京 八王子市 共学校

国際社会に羽ばたく人材を育成する

「世界から必要とされる若者になるための教育」を理念とする工学院大学附属中学校。①「グローバル教育により語学力と表現力を向上させること」、②「21世紀型の授業で自ら考え解決する力を養うこと」、③「iPadやPCを用いてITリテラシーの養成」の3つを教育方針として掲げています。

2015年（平成27年）からは、特色ある3クラス制がスタート。「ハイブリッド特進理数クラス」は数学と理科教育に重点をおき、実験レポートや科学論文の書き方など、専門分野で必要とされる能力を養います。

「ハイブリッド特進クラス」では、幅広く学ぶリベラルアーツで、多様な進路に対応できる学力を育みます。時事問題について議論や発表を行う対話型の授業が多く実施され、幅広い教養を身につけると同時に、深い思考力も培うことが可能です。

「ハイブリッドインターナショナルクラス」では、数学、英語、理科を英語で学ぶイマージョン教育を実施。ネイティブ教員と日本人教員のチームティーチングで、日本語と英語の両方で討論できる力を身につけます。

工学院大附属ならではの国際交流プログラム

原則中3全員が参加する「異文化体験研修」（3週間）は、オーストラリアでホームステイをしながら、英語のレッスンや現地校での授業、アクティビティを体験します。高校では、アジア新興諸国で社会事業家が抱えている経営課題の解決に挑む、実践型の教育プロジェクト「MoG（Mission on the Ground）」に挑戦できます。2015年には、インドネシアの村を訪れ、ごみ問題の解決に取り組みました。今後はベトナムやカンボジアなどを訪れ、さまざまな課題を解決していく予定です。

ほかにも希望者を対象に、中学校ではアメリカへの海外研修とフィリピンへの語学研修、高校では3カ月間の短期海外留学（昨年度はオーストラリア）が用意されています。

SCHOOL DATA

- 東京都八王子市中野町2647-2
- JR線ほか「新宿」「八王子」「拝島」、京王線「北野」「南大沢」スクールバス
- 男子62名、女子32名
- 042-628-4914
- http://www.js.kogakuin.ac.jp/junior/

攻玉社中学校

東京 品川区 男子校

創立154年を迎えた男子名門進学校

難関大へ毎年多くの合格者を輩出し、創立154年の歴史と伝統を持つ名門進学校、攻玉社中学校・高等学校。校名「攻玉」は、詩経の「他山の石以って玉を攻（みが）くべし」から取られ、攻玉社の建学の精神となっています。大きな志を持ち、明日の日本や世界に飛躍する人材を育成しています。

6年一貫の英才教育

攻玉社では、つぎの4点の教育目標を掲げて教育を実践しています。

①［6年間一貫英才開発教育を推進］

6年間を2年ごとにステージ1、ステージ2、ステージ3に分けています。ステージ1では学習の習慣づけに努めて基礎学力を養い、ステージ2では自主的学習態度の確立と基礎学力の充実強化をはかり、ステージ3では進学目標の確立と学力の向上強化によって進学目標を達成させることをめざしています。

②［道徳教育を教育の基礎と考え、その充実のために努力する］

あらゆる教育活動をとおして「誠意・礼譲・質実剛健」の校訓の具体的実践をはかり、徳性を養います。

③［生徒の自主性を尊重し、自由な創造活動を重視して、これを促進する］

学習活動や部活動等で生徒の自主性と創造的活動を重んじています。

④［強健の体力、旺盛な気力を養う］

体育的諸行事、授業、保健活動を中心にあらゆる活動をとおしてこれを養います。

また、国際教育にも力が入れられています。中1から外国人教師による英会話の授業を展開、中3では希望者によるオーストラリアでのホームステイも実施しています。

さらに、ふだんの授業のほかに、特別授業や補習授業を実施。学習意欲を持たせ、より高いレベルの大学をめざせる学力と気力を育むことで、合格への道を築く攻玉社中学校・高等学校です。

SCHOOL DATA

- 東京都品川区西五反田5-14-2
- 東急目黒線「不動前」徒歩2分
- 男子のみ783名
- 03-3493-0331
- http://www.kogyokusha.ed.jp/

麹町学園女子中学校

東京　千代田区　女子校

国際社会に貢献できる自立した女性を育成

都心にありながら緑が多く落ちついた環境に、麹町学園女子中学校高等学校はあります。「聡明・端正」の校訓のもと、豊かな人生を自らデザインでき、かつ国際社会に貢献できる自立した女性の育成をめざし、中高一貫校として、きめ細かな教育を行っています。

学習面では、思考型の授業を積極的に行い、目まぐるしく変革する社会においても持続・発展可能な学力「みらい型学力」を育成しています。なお、一生役立つ本物の英語力を確立するために、6年間毎朝行う音声活動や徹底した4技能向上プログラム「アクティブイングリッシュ」（英語科特別顧問・安河内哲也氏監修）で、モチベーションをあげる体験を重ね、将来への展望をひらいていきます。

中1・中2の基礎期では、数学・英語において習熟度別授業を行い、中3・高1の充実期では、生徒それぞれの目標に合わせたコース制（中3次にGA・SAプレコースを設置）を導入しています。難関大学国際系学部・海外大学進学を視野に入れたGAコース、難関大学進学を視野に入れたSAコース、GMARCHなどの私立大学進学で多様な分野に対応するAコースを設けることで、明確な目標を持つための準備を進めます。なお、高1から併設の高校に設置されている「東洋大学グローバルコース」への転コースも可能。高2・高3の発展期では文系・理系に分かれ、志望する大学に現役合格するための突破力を養います。

独自の「みらい科」プログラム

麹町学園女子オリジナルのキャリア教育として、「みらい科」があります。6年間かけてしなやかにたくましく生きる力を身につけ、自立した女性の育成をめざします。

中3・高1で作成する研究論文「みらい論文」（原稿用紙25枚）をはじめとしたキャリアプログラムに加え、異文化理解を深める「みらいセミナー」で自らの将来に必要となる総合力に磨きをかけます。

SCHOOL DATA

- 東京都千代田区麹町3-8
- 地下鉄有楽町線「麹町」徒歩1分、地下鉄半蔵門線「半蔵門」徒歩2分、JR線ほか「市ケ谷」・JR線ほか「四ツ谷」徒歩10分
- 女子のみ203名
- 03-3263-3011
- http://www.kojimachi.ed.jp/

佼成学園中学校

東京　杉並区　男子校

大切なのは"心"の成長！　社会で活躍する人物を育成

1954年（昭和29年）の創立以来、佼成学園では、生徒と教師のコミュニケーションを大切にしながら、感謝の心、思いやりの心を持った生徒の育成を行っています。

新たな教育へ向けた改革

新たな教育へ向けて、全生徒にひとり1台iPadを導入し、全教室に電子黒板プロジェクターを完備。この環境により、生徒が主体的・積極的に学び、21世紀型能力を涵養する教育が実現しました。大学入試改革への対応をはじめ、自信を持って自己の目標を実現できる人物の育成を行っています。また、クラウドを利用することによって学校・生徒・家庭間での情報の共有や連絡がスムーズとなり、いままで以上に信頼と安心を高めた教育活動を推進しています。

さらに、国際化に対応するため導入したグローバルリーダープロジェクト（GLP）では、地球の手触りを実感しながら高い英語力を身につけます。海外での異文化体験プログラムを取り入れ、寛容な心と知性豊かな行動力のある人物を育てます。GLPは、庭野国際交流スカラシップ制度を設けており、費用面でも生徒を支えています。

高校では「学内only」の学習支援体制を整備。朝7時から夜8時までほぼ年中無休で開室している自習室。難関大学で学ぶ佼成学園の卒業生が生徒の学習を親身にサポートするチューター制度。通常の講習からトップレベル講習まで取りそろえ、生徒の多様なニーズに応える進学指導を実現しています。

やりたいことができる環境整備

「実践」と「学問」の二道を重視する佼成学園では、部活動も活発。男子だからこそ、6年間夢中になれるものと向きあってもらいたい。そんな願いから、勉強との両立がはかれるよう配慮した環境を用意し、生徒を応援しています。

SCHOOL DATA

- 東京都杉並区和田2-6-29
- 地下鉄丸ノ内線「方南町」徒歩5分
- 男子のみ383名
- 03-3381-7227
- http://www.kosei.ac.jp/kosei_danshi/

佼成学園女子中学校

東京 世田谷区 女子校

グローバル・リーダー育成の礎となる充実の英語教育

佼成学園女子中学校は、英語教育に力を入れています。春と秋の年２回の英検に生徒全員が挑戦しますが、これを学校行事として取り組むなかで生徒のやり抜く力を育んでいます。2014年度（平成26年度）に文部科学省のスーパーグローバルハイスクール（SGH）に指定され、地球規模で広くものごとを考えることができるグローバル人材の育成に努めています。

豊かな英語学習環境

英語教育では、音楽や美術の指導を外国人教員が行う「KALIP」という、一歩進んだイマージョンプログラムが実施されています。英語の授業では習熟度別クラスを展開し、親身な指導がなされます。さらに、ハロウィンなどのイベントや、英語漬けの２日間を過ごすキャンプなども用意され、豊かな英語学習環境が魅力です。また、英検まつりの取り組みにより英検上位級合格をめざしています。

KALIPの集大成としては、中３でニュージーランド修学旅行を体験。希望者は旅行後も現地に残り、ホームステイをしながら学校に約３カ月間通う中期留学プログラムがあります。

中学の学びを伸ばす３つのコース制

高校に進むと３つのコースに分かれます。「特進留学コース」は、高１～高２の１年間、全員がニュージーランドで留学生活を送り、英語力と国際感覚を磨きます。「特進文理コース」は、国公立・難関私立大をめざすコースで、文理クラス、メディカルクラス、スーパーグローバルクラスに分かれます。「進学コース」は、生徒会活動やクラブ活動と学習を両立させながら主要３教科を中心に学び、希望進路の実現をめざします。

ていねいな指導により身についた英語力が自信につながり、他教科の学力も向上、近年難関大学への合格実績も伸びるなど、SGH指定により、さらなる活躍が期待されます。

SCHOOL DATA

- 東京都世田谷区給田2-1-1
- 京王線「千歳烏山」徒歩6分、小田急線「千歳船橋」「成城学園前」バス
- 女子のみ90名
- 03-3300-2351
- http://www.girls.kosei.ac.jp/

香蘭女学校中等科

東京 品川区 女子校

ミッションスクールとしての「心の教育」

1888年（明治21年）、英国国教会の伝道団が、弱い者小さい者に寄り添おうとするさまざまな活動のひとつとして、香蘭女学校を創立しました。日本の婦人が持っている凛としたしなやかさと「日本文化」のすばらしさをさらにキリスト教の信仰によって高めようと考え、「キリスト教による全人教育」を目標に教育にあたってきました。

現在も礼法が必修科目であり、茶道・華道・箏曲なども中等科のSE学習という自己啓発学習の授業に取り入れられています。

香蘭女学校には、キリスト教の他者に対する「愛」の教えと、礼法の「もてなしの心」に共通する謙虚な心で他者のために働こうとする精神が流れているのです。

一人ひとりを大切にする教育

香蘭女学校では「生徒一人ひとりを大切にする教育」を重んじ、生徒の人格を尊重し、各々の資質を学業と人格の両面で伸ばすことをめざしています。2016年度（平成28年度）から生徒がひとり１台タブレット端末を持つのも、個々に合わせた学習プログラムを実現するためです。生徒の主体性と自主性を重んじる生活指導、宗教教育、情操教育を６年間一貫して行うことで、人を愛する優しい思いやりの心を育て、人生を真実に生き、他者と協働することのできる女性を育成します。

創立以来最も重視してきた英語教育は、現在も香蘭女学校のカリキュラムの柱です。ハーフクラスの少人数授業が効果的に取り入れられ、ネイティブによる英会話は中１から高３まで行われています。

また、イギリス伝統のパブリックスクールでの語学研修や、アメリカのキリスト教学校との交換留学、カナダのプリンス・エドワード島大学での語学研修などに参加することもできます。さらに、韓国の女子校との交流や立教英国学院への長期留学など、国際理解教育が活発に行われています。

SCHOOL DATA

- 東京都品川区旗の台6-22-21
- 東急池上線・大井町線「旗の台」徒歩5分
- 女子のみ530名
- 03-3786-1136
- http://www.koran.ed.jp/

国学院大学久我山中学校

東京 杉並区　別学校

明日の日本を担う青少年の育成

国学院大学久我山中学校・高等学校では、毎年東京大、一橋大をはじめとする国公立大や、早稲田大、慶應義塾大、上智大などの難関私立大へ多数の合格者をだしています。

教育理念の根幹をなすのは、「忠君孝親」「明朗剛健」「研学練能」の3つです。それらを基に、「規律を守り誇りと勇気を持って責任を果たそう」、「たがいに感謝の心をいだき明るいきずなを作ろう」、「たゆまざる努力に自らを鍛えたくましく生きよう」を実践目標に据え、教育を発展させています。

男女別学教育の魅力

国学院久我山は成長期の中高時代だからこそ、男女それぞれの特性をいかした学校生活を営むべきという方針から、男女別学制を採用しています。校舎と授業は男女別々ですが、そのほかの行事、部活動、校外学習などはいっしょに行います。

特徴的な取り組みとして、男子部では中学の3年間をとおして柔道や剣道などの武道に親しみ、精神をきたえます。女子部では華道・茶道や能楽講座・日本舞踊などをとおして日本人としての教養と精神を身につけます。

また、男子と女子では将来の職業観にもそれぞれ特性があることから、女子は中2から、男子は中3からキャリア教育を行います。

それぞれの個性と男女の特性をいかした、互いが尊重しあう環境が整っています。

カリキュラムは国公立大に対応して組まれており、6年間を3つの時期に分けています。前期過程の中1・中2では、先取り学習により基礎を固めます。中期過程となる中3からは少人数制授業も実施され、個に応じた指導が光ります。個々の特性を発見し、具体的な職業意識を持ち、後期課程の高2から文理にコース分けが行われます。

また高2からは、正規の授業に加え「選択演習」の講座を多く設け、大学入試センター試験に万全の態勢でのぞむことができます。

SCHOOL DATA

- 東京都杉並区久我山1-9-1
- 京王井の頭線「久我山」徒歩12分、京王線「千歳烏山」バス
- 男子608名、女子393名
- 03-3334-1151
- http://www.kugayama-h.ed.jp/

国士舘中学校

東京 世田谷区　共学校

「これからの力」を養う6年間

国士舘中学校は、東急世田谷線「松陰神社前」駅から歩いてすぐのところに、大学に隣接し、高等学校と同一の校舎にあります。

国士舘中が大切にしているのは「数値ではかることのできない力」です。

人として大切な思いやり・リーダーシップ・行動力などは数値で表すことはできません。しかし、その力はだれもが期待し、存在を実感しているはず。

考え、計画し、行動する。そのような総合的な力を、学校生活における多彩な経験と学習機会をつうじて身につける。それが国士舘中学校の教育です。

学習面では、生徒一人ひとりの学習能力に応じ、その個性・可能性に配慮した多様な対応を行います。

部活動や学外での活動は、学習の両立を徹底するため、放課後の「全員学習」を日課として取り組みます。また、コミュニケーション英語を体感する「英語村」も開設。自由に利用できます。

社会で「期待される人」になる！

国士舘中学校では、職場でも、組織でも共通して期待される力を学校で身につけさせます。返事・あいさつは当然のこと、礼節を重んじ、適切な敬語の使い方も学びます。必修の武道（柔道・剣道）と国語の書写（書道）を中心に、日常生活で徹底指導します。

さらに、グローバル化に対応するコミュニケーション英語の体得をめざし、人と人との直接的なふれあいと会話を大切に、「英語村」など、校内に文化の交流の場を設けています。

国士舘の生徒なら、行事をつうじて協力・協調性の大切さは十二分に理解することができます。なぜなら、多種多様な行事が年間をつうじて盛りだくさん！　学習も、部活や習いごとも、多くの経験も、国士舘中学校は「all in one」！　社会で期待される人を育む、工夫された教育が魅力の学校です。

SCHOOL DATA

- 東京都世田谷区若林4-32-1
- 東急世田谷線「松陰神社前」徒歩6分、小田急線「梅ヶ丘」徒歩13分
- 男子89名、女子25名
- 03-5481-3114
- http://jhs.kokushikan.ed.jp/

駒込中学校

東京 文京区 共学校

子どもたちの未来を支える教育理念「一隅を照らす」

グローバル化など社会構造の大きな変化により、大卒の肩書きや終身雇用による安心、安定がなくなってしまった現代社会で、生徒たちが希望を持って力強く生きていけることはだれもが願うところです。

したがって駒込では、中学校・高等学校はたんに将来の大学進学に備えるためではなく、そのさきにある真の目的、安心して望んだ社会生活が送れるために選ばれるべきだと考えています。

駒込は「一隅を照らす」人材の輩出を建学の精神に掲げて330年あまり、つねにさきの時代を見つめながら、仏教的人間教育を行っています。

考える力、行動できる高度な学力、他者のために貢献できる心力、そして多彩なプログラムによる国際感覚力のそれぞれを高いレベルで結実させて、付加価値の高い、駒込ならではの独自性のある教育を行っているのが魅力です。

国際化教育を環太平洋地域におく

駒込では、自国の風土をよく知り、その文化思想をしっかり学んだうえで世界貢献すべきだと考えています。

駒込の併設型中高一貫のグローバル教育が、アジアを含む環太平洋地域で展開している点もここにあります。海外への語学研修、留学制度、修学旅行などのすばらしい経験をとおして、さまざまな人びとと触れあうことで、共通語である英語の習得がたんなる語学を超えて、コミュニケーションの道具のひとつであるという認識を強く持つことができます。

学習面では、本科コースと国際先進コースの2本柱で、6年というじゅうぶんな時間を利用して、シラバスに則り、ICT教育も取り入れた最先端の学びを実践しています。

また「英語入試」を実施し、英語力を早期に伸ばす「イングリッシュコース」を設定しています。

SCHOOL DATA

東京都文京区千駄木5-6-25

地下鉄南北線「本駒込」徒歩5分、地下鉄千代田線「千駄木」・都営三田線「白山」徒歩7分

男子206名、女子101名

03-3828-4141

http://www.komagome.ed.jp/

駒場東邦中学校

東京 世田谷区 男子校

自主独立の気概と科学的精神で次代のリーダーを育てる

都内屈指の大学進学実績を誇る駒場東邦中学校・高等学校。例年、東京大をはじめとする超難関大学へ多くの卒業生を送る学校として知られています。

創立は1957年（昭和32年）、東邦大学によって設立されました。中高6年間を一体化した中等教育の必要性を唱え、「資源のない日本では、頭脳の資源化こそが急務である」という理念から、「科学的精神に支えられた合理的な考え方を培うこと」そして「自主独立の精神を養うこと」を重視しています。

「自分で考え、答えを出す」

駒場東邦の学習方針として、すべての教科において「自分で考え、答えを出す」習慣をつけること、そして早い時期に「文・理」に偏ることなく各教科間でバランスの取れた能力を身につけることを第一に掲げています。

中学時では、自分でつくるレポート提出が多いのが特徴となっています。中1の霧ケ峰林間学校、中2の志賀高原林間学校、中3の奈良・京都研究旅行でも、事前・事後にレポートを作成します。

英語・数学・理科実験などには分割授業を取り入れ、少数教育による理解と実習の充実がはかられています。また、英・数・国は高2までで高校課程を修了しますが、「文・理」分けは高3からです。

自分の行動に責任を持つ

駒場東邦では、生活指導の基本を生徒による自主的な判断に委ねていることが特色です。それは、「自らの行動に自らが責任を持つことを基本とする」と駒場東邦では考えられているからです。自分の判断に基づき、責任をしっかりと持って行動することが求められています。

生徒会やクラブ活動、文化祭、体育祭なども生徒が主体となり、上級生が下級生を導くよき伝統が受け継がれています。

SCHOOL DATA

東京都世田谷区池尻4-5-1

京王井の頭線「駒場東大前」・東急田園都市線「池尻大橋」徒歩10分

男子のみ714名

03-3466-8221

http://www.komabajh.toho-u.ac.jp/

さくら が おか
桜丘中学校

東京 北区 共学校

未来にはばたく「翼」と「コンパス」

創立から90余年。桜丘中学・高等学校は、大学進学のための学力に加え、生涯学習につながる深い教養と知識、論理的な思考や繊細で豊かな表現力を身につけた真の「自立した個人」の育成をめざしています。

校訓である「勤労」と「創造」のもとに、「たゆまぬ努力と創意・工夫が新しい自分を作る」と考え、さまざまな特色ある取り組みを行っています。

教育の3つの柱

桜丘では、進学教育・英語教育・情報教育を柱として教育を行っています。

独自に考案された「家庭学習帳」と「SSノート（Self-study notes）」は、生徒自身が自分に必要な学習を判断し、与えられた課題にしっかりと取り組む姿勢を身につけるために重要な役割を果たします。また、定期考査前には指名自習が実施され、学校全体で見守ってくれているという安心感があります。

ふたつ目の柱である英語教育では、ネイティブ教員による授業や放課後に行われるアフタースクール・レッスンなどが充実し、3年次にはオーストラリア研修旅行が実施されます。このような取り組みをとおして「本当に使える英語」の習得をめざしています。

そして、最後の柱である情報教育をつうじて、生徒は、情報の収集・取捨選択、論理的な思考力、効果的なプレゼンテーション能力を身につけていきます。書籍・マルチメディア資料・インターネットからの情報収集が可能なSLC(Sakuragaoka Learning Commons)、プレゼンテーションに必要な機器が完備されているSMART Lab.などの施設も充実しています。さらに全校生徒がiPadを学校生活で活用しています。

創意工夫を積み重ねることによって養われる判断力を「コンパス」に、たんなる知識ではない教養を「翼」として、生徒は未来へとはばたいていきます。

SCHOOL DATA

東京都北区滝野川1-51-12
都電荒川線「滝野川一丁目」徒歩1分、JR線・地下鉄南北線「王子」・都営三田線「西巣鴨」徒歩8分
男子87名、女子73名
03-3910-6161
http://www.sakuragaoka.ac.jp/

じっ せん がく えん
実践学園中学校

東京 中野区 共学校

さらなる飛躍をめざし、大きな一歩をふみだす

実践学園の教育理念は「豊かな人間味のある人材の育成」であり、「人間性に富み、志が高く倫理観の強い、国際社会でリーダーとして活躍できる人材を育成する」ことです。この理念のもと、「難関大学をめざす指導の徹底」をはかりながら「学習と部活動の支援」・「倫理観・道徳心を養う」ことを教育目標としています。

実践学園独自の教育プログラム

実践学園では、理科（生物分野）のカリキュラムを、学習効果を優先したかたちに編成しています。単元別ではなく一連の流れに沿った学習と、阿部宏喜東大名誉教授による特別授業や実習を組みあわせることにより、理科・環境教育において興味・関心を高める工夫をしています。

さらに英語力向上にも力を入れ、週7～8時間の英語の授業時間を設けています。授業をとおして身につけた英語力に加え、日本文化・歴史学習やブリティッシュヒルズ（中3春）での国内研修を行い、ニュージーランド語学研修（中3夏）につなげます。高校でもハワイへの修学研修旅行や希望者によるオーストラリア語学研修、アメリカ・ニュージーランドへの留学制度があり、生徒の多様な意欲に応えています。

また、明るく開放的な学習空間である自由学習館を「自学自習室」とし、図書室を「読書調べ学習室」、生徒ホールを「予習復習室」として細分化。生徒の学習スタイルに対応する機能的な学びの環境を創造しました。放課後と長期休業中には、授業と連動した進学講習「J・スクール」を実施し、大学現役合格に必要な力を身につけることができます。

このような取り組みとコミュニケーションデザイン科によるコミュニケーション力の育成を有機的に結合することにより、グローバル社会で活躍できる人材を育成する実践学園中学校・高等学校です。

SCHOOL DATA

東京都中野区中央2-34-2
地下鉄丸ノ内線・都営大江戸線「中野坂上」徒歩5分、JR線「東中野」徒歩10分
男子113名、女子90名
03-3371-5268
http://www.jissengakuen-h.ed.jp/

実践女子学園中学校

じっせんじょしがくえん

東京 渋谷区 女子校

グローバル時代を生きる真の人間力を育成する

明治の女子教育の先覚者下田歌子によって1899年（明治32年）に創立された実践女子学園中学校は、「女性が社会を変える、世界を変える」をスローガンに、「堅実にして質素、しかも品格ある女性の育成」を教育方針とする中高一貫の女子校です。

伝統の教育理念はそのままに、時代性をふまえ、「主体的に行動し創造することができる女性」「コミュニケーション能力に優れ自ら発信することができる女性」「身近な視点からグローバルな問題をとらえることができる女性」「社会に貢献しリーダーシップを発揮できる女性」「人を思いやる優しさと感謝の心を持ち共生できる女性」の5つの女性像を目標に掲げ、仕事と家庭を両立しうる高い社会的スキルと、グローバル時代を生きるしなやかな人間力の育成をめざしています。

この実現に向け、日々の教育は「探究女子教育」「ICT女子教育」「グローバル女子教育」「感性女子教育」の４要素を融合させたかたちで展開されます。グローバルな視点と豊かな感性を養いつつ、言語活動を重視し、習得、活用、探求のプロセスを繰り返しながら、思考力、表現力、判断力を育成しています。

きめ細かな学習指導

実践女子学園では、基礎学力の定着をはかりながら、ゆるやかな先取り学習を行っています。国語は読解力、表現力の育成に力を入れ、中２から古典文法を導入。数学は中３から高校の内容に入ります。英語は４技能を重視した習熟度別少人数授業で、中３までに英検準２級取得が目標です。早朝や放課後および長期休業中の補習、講座、ゼミ等が非常に充実しており、英語上級者向けの課外授業もあります。また、日本文化を重視し、中１で「礼法」の授業と「日本文化実習」が必修です。高１でキャリアプラン「25年後の世界と私」を完成させ、自らの道を主体的に切り拓いていく指導を徹底しています。

SCHOOL DATA

- 東京都渋谷区東1-1-11
- JR線ほか「渋谷」徒歩10分、地下鉄銀座線・千代田線・半蔵門線「表参道」徒歩12分
- 女子のみ751名
- 03-3409-1771
- http://hs.jissen.ac.jp/

品川女子学院中等部

しながわじょしがくいん

東京 品川区 女子校

社会で活躍する女性を育てる「28project」

女子中高一貫教育において「社会で活躍する女性の育成」を実践していることで知られ、文部科学省からスーパーグローバルハイスクールに指定されている品川女子学院。

「世界をこころに、能動的に人生を創る日本女性として教養を高め、才能を伸ばし、夢を育てる」ことを目標に、積極的な学校改革を推し進め、進学実績を伸ばしています。

品川女子学院では、中高一貫教育のメリットをいかし、精選したカリキュラムのなか、効果的な学習過程を実現しています。

きめ細かな学習指導

学習内容については、各学年ごとに詳細なシラバスを発行し、いつでも勉強について的確に把握できるようになっています。

これからの国際化時代に対応できる人材の育成をめざし、英語教育にも力が入れられています。中学では週７時間の英語授業を実施。中３の３月にはニュージーランドへの修学旅行も行っており、さまざまな経験をとおして英語力を育むことができます。

将来を見据えた「28project」

大学進学という18歳のゴールはもちろん大切ですが、品川女子学院では、卒業後の人生を視野に入れた進路指導が展開されています。それが、28歳をイメージし、社会で活躍できる女性を育てる「28project」です。

たとえば、中３の総合学習の時間には、企業や大学の協力を得た長期間のプログラムが組まれ、おとなといっしょに、企画・デザイン・営業・広告などの課題に学年全員が取り組みます。

高等部では起業体験プログラムや大学教授の出張講義、海外留学などが実施され、多様な人とのかかわりから視野を広げます。

品川女子学院では、こうした取り組みをとおして将来の夢を明確にし、卒業後の進路選択に役立てることができるのです。

SCHOOL DATA

- 東京都品川区北品川3-3-12
- 京浜急行「北品川」徒歩2分、JR線・都営浅草線・京浜急行「品川」徒歩12分
- 女子のみ660名
- 03-3474-4048
- http://www.shinagawajoshigakuin.jp/

芝(しば)中学校

東京 港区　男子校

伸びやかな校風のもと人間力を培う

芝中学校・高等学校は都心の芝公園を望み、校庭からは東京タワーが間近に見える交通至便の地にあります。そのため、東京、神奈川、千葉、埼玉など広い地域から生徒が通学しています。

芝中高は、2006年に創立100周年を迎えた伝統ある学校です。学校の基本理念に仏教の教えを有し、「遵法自治」を教訓として生徒の自主性を重んじた教育を行っています。

校舎は地上８階、地下１階の総合校舎と、地上２階、地下１階の芸術棟からなり、都心の学校らしい洗練された学習環境となっています。

ゆとりある独自のカリキュラム

男子の中高一貫校として高い進学実績を誇る芝中高は、伸びやかな校風のもと、しっかりとした学力をつけてくれる学校として定評があります。

進学校ではありますが、勉強一色といった雰囲気はありません。授業だけが学びの場ではないと考えられ、校外学習や学校行事なども大切にされています。また、全校生徒の約８割がいずれかのクラブに参加していることからもわかるように、クラブ活動もさかんに行われ、男子校らしい活発なようすが校内のいたるところで見られます。

こうした校風を生みだす芝中高独自のゆとりあるカリキュラムは、無理やムダを省いた精選されたもので、完全中高一貫教育のなかで効果的に学習できるように工夫されています。

注目される高い大学合格実績を支えているのは、すぐれたカリキュラムとともに、全校生徒約1700名に対して専任教員を94名もそろえているという充実した教諭陣の、熱心な指導です。各クラスともに正・副の担任ふたり体制をとり、きめ細かな指導を行っています。伸びやかな校風と親身な学習指導により、生徒の人間力を培う学校です。

SCHOOL DATA

- 東京都港区芝公園3-5-37
- 地下鉄日比谷線「神谷町」徒歩５分、都営三田線「御成門」徒歩７分
- 男子のみ891名
- 03-3431-2629
- http://www.shiba.ac.jp/

芝浦工業大学附属(しばうらこうぎょうだいがくふぞく)中学校

東京 江東区　男子校

世界で活躍するエンジニアへの夢

芝浦工業大学を併設大学とする、芝浦工業大学中学校・高等学校が、2017年（平成29年）４月より、芝浦工業大学附属中学校・高等学校と校名を変更し、芝浦工大のメインキャンパスがある東京・豊洲へ移転しました。

校訓には「敬愛の誠心を深めよう」「正義につく勇気を養おう」「自律の精神で貫こう」が掲げられ、世界と社会に貢献できる、心身ともに強くたくましい人材を育てています。

芝浦工大附属では、理系志望の生徒が多いことに配慮した特色あるカリキュラムが組まれており、６年間を２年ずつ前期・中期・後期の３段階に分け教育を展開しています。

前期は、理系分野への興味を喚起するとともに、ていねいな指導で基礎学力の育成に力をそそぎます。

中期では徹底した学習・進路指導を実施し、独自のプログラム「サイエンス・テクノロジーアワー」と「ランゲージアワー」で、科学とコミュニケーションの力を培います。

そして後期からは、一般理系コース（芝浦工大推薦希望者を含む）、特別理系コース（他大進学希望者）、文系コースに分かれ、大学進学に備えます。例年、芝浦工大へは、推薦出願者の約90%が進学しています。

魅力的な中高大連携教育

大学との連携教育も特色のひとつです。中学では「工学わくわく講座」「ロボット入門講座」などが開かれ、高校ではさらに専門性の高い講座が用意されます。なかでも、高２の理系選択者を対象とした「理系講座」は、芝浦工大の教授陣をはじめとする講師のかたがたから、最先端の研究内容を聞ける魅力的な講座です。また、高３の希望者が大学の講義を受けられたり、推薦進学者の最優秀者に無償で３カ月間の海外留学のチャンスが与えられるなど、併設校ならではの制度もあります。今後こうした連携教育が、キャンパス移転により、さらに充実していくことでしょう。

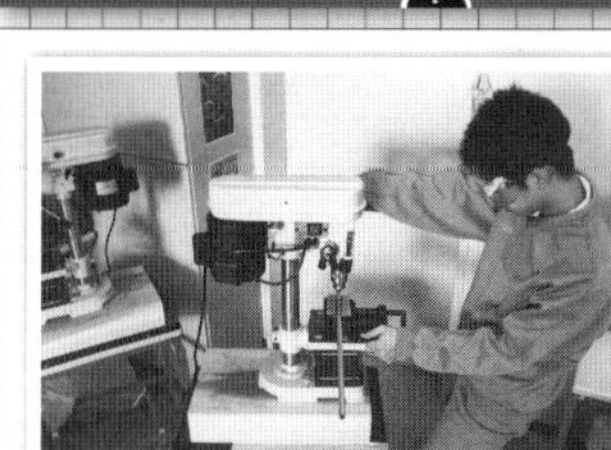

SCHOOL DATA

- 東京都江東区豊洲6-2-7
- ゆりかもめ「新豊洲」徒歩1分、地下鉄有楽町線「豊洲」徒歩７分
- 男子のみ501名
- 03-3520-8501
- http://www.ijh.shibaura-it.ac.jp/

渋谷教育学園渋谷中学校

またたく間に進学名門校の座を獲得

渋谷教育学園渋谷中学校は開校22年目の学校ですが、短期間のうちに進学校としての評価を高め、いまや受験生たちから憧憬を集める対象となっています。

「自調自考」の精神を教育理念とし、自分で課題を調べ、自分で解答をだしていく自主性と、自ら学ぶ姿勢が重視されます。

シラバスは渋谷教育学園渋谷で使用されている独自の学習設計図で、学年始めに1年間で学ぶ内容と計画を細かく記した冊子を生徒全員に配ります。特長は、「それぞれの教科の基礎からの学習をなんのために学び、覚えるのか、いま全体のどのあたりを勉強しているのか」をはっきり理解したうえで勉強を進めることができるという点にあります。

これは自分で目標を理解し、自分で取り組み方を決め、自分で自分の力を判断するというもので、渋谷教育学園渋谷の自調自考を授業のなかで実践していくための取り組みです。

効率のよい6年間

進学校として急速に評価を高めた要因には、渋谷教育学園渋谷のすぐれた授業システムがあります。

授業は6年間をA、B、Cの3つのブロックに分け、中1と中2をAブロックの「基礎基本」、中3と高1をBブロックの「自己理解」、そして高2と高3をCブロックの「自己実現」の各期とします。

これは6年間の長いレンジで起きやすい中だるみを防ぐ意味もありますが、3つに分割することで期間ごとのテーマが鮮明になり、生徒の自主性が喚起され、前向きに取り組む姿勢が明確になる利点を持っています。

さらに、効率的な教程を組み、教科内容を錬成工夫することで戦略的な先取り学習を推し進めています。カリキュラムや年間の教育目標も将来の難関大学をめざした主要教科重視型となっています。

SCHOOL DATA

- 東京都渋谷区渋谷1-21-18
- JR線・東急東横線ほか「渋谷」徒歩7分、地下鉄千代田線・副都心線「明治神宮前」徒歩8分
- 男子290名、女子327名
- 03-3400-6363
- https://www.shibushibu.jp/

修徳中学校

「君の熱意を必ず未来につなげます」

110年を超える歴史と伝統を持つ修徳学園。生徒の可能性や潜在能力を信じ、得意分野や個性的能力を最大限に発揮し、理想の実現に向かって努力できる教育を行います。2014年（平成26年）には第2新校舎、大学受験専用学習棟「プログレス学習センター」が完成しました。

三位一体教育

徳育、知育、休育の3つのバランスがとれた三位一体教育が特徴です。将来を築くにふさわしい体力と知性、それに個性豊かな人間形成「文武一体」を目標に、学校生活をとおして自律心を養う徳育指導を行い人間性を高め、勉学と部活動の一体化を果たしています。

学習プログラムも充実しています。授業は週6日制で、土曜日も正規授業を実施。さらに、「学力定着のためのプログレス学習センター」や「講習・補習制度」を設けています。

また、修徳では「特進クラス」と「普通クラス」を用意しています。「特進クラス」は、発展的な学習を取り入れ、大学受験への土台をつくるクラスです。「普通クラス」は、「文武一体」をモットーに、勉強とクラブ活動の一体化を果たし、総合的人間力を高める教育を実践しています。

プログレス学習

修徳では、「授業での集中力」「家庭での学習」を習慣づける独自のシステムとして「プログレス」を実施しています。毎週土曜に1週間のまとめテスト（土曜アウトプット）を配布し、翌週月～土の朝プログレスには集中ミニテストを実施。そして放課後は毎日60分以上プログレス学習センターで自律学習を行い学習習慣の定着をはかります。そのほか、基礎学力のフォロー講習（学力向上期待者講習）も設けられ、親身な指導がなされています。生徒の目標達成をめざすきめ細かな指導が注目される、修徳中学校です。

SCHOOL DATA

- 東京都葛飾区青戸8-10-1
- JR線・地下鉄千代田線「亀有」徒歩12分、京成線「青砥」徒歩17分
- 男子99名、女子76名
- 03-3601-0116
- http://www.shutoku.ac.jp/

十文字(じゅうもんじ)中学校

東京 豊島区　女子校

2020年を見据えた学校改革「Move on プロジェクト」

創立者・十文字こと先生の「これからの女性は、社会にでて、世の中の役に立つ人にならねばならない」という理念を、現在も受け継ぎつつ、多様化する社会でもしっかりと生きていける力を育んでいます。十文字の１日は、心と身体をリフレッシュする「自彊術(じきょうじゅつ)体操」から始まります。創立以来つづけられている伝統であり、「自彊」とは「自らを強くきたえる」という意味です。

2014年（平成26年）３月には新館が完成しました。カフェテリア・プールだけではなく、多目的教室や多目的ホールなども充実し、どんな課題にも柔軟に対応できるグローバルな人材を育むステージが整っています。

グローバル社会に対応した進路指導

中学では基礎学力の養成に力を入れ、少人数による授業も取り入れています。高校では、習熟度に合わせて総合的な学力を養成し、大学進学に向けた指導を行っています。

最難関国立・私立大、医歯薬学部現役合格をめざす生徒をはじめ、個に応じた進路指導を行っています。放課後講習などを活用し、一人ひとりに最もふさわしい大学・学部の選択をサポートする態勢も万全です。

また、ディベートなどのアクティブラーニングや電子黒板を活用したICT教育などをとおして、自ら考え発信できる力、相手の意見にも耳を傾けられる力を養い、グローバル世界でも通用する人間力を育成しています。

多彩な行事とクラブ活動

十文字では、さまざまな行事があります。演劇やコンサートなど、プロの芸術家の演奏や演技を鑑賞し、芸術に対する感性と教養を深めていきます。クラブ活動もさかんで、2014年にはマンドリン部が、2016年（平成28年）にはサッカー部が日本一を獲得しました。生徒たちは日々充実した学校生活を送り、豊かな感性と知性に磨きをかけています。

SCHOOL DATA

- 東京都豊島区北大塚1-10-33
- JR線・都営三田線「巣鴨」、JR線「大塚」、都電荒川線「大塚駅前」徒歩5分
- 女子のみ452名
- 03-3918-0511
- http://js.jumonji-u.ac.jp/

淑徳(しゅくとく)中学校

東京 板橋区　共学校

21世紀のリーディング校をめざして　～東大選抜(セレクト)コース～

淑徳中学高等学校は、1892年（明治25年）に創立された125年の歴史を誇る伝統校です。「進み行く世におくれるな、有為な人間になれ」という創立者である尼僧・輪島聞声(もんじょう)先生の掲げた理念は「淑徳フィロソフィ」として、現在においてもなお学校に息づいています。

淑徳では、高い知性と豊かな人間性を併せ持つ「カインド・リーダー」を育成しています。中学は「スーパー特進東大選抜(セレクト)コース」と「スーパー特進コース」の２コース制で、生徒一人ひとりの可能性を伸ばすきめ細かな学習指導が行われています。

国際教育も重視され、全員参加のオーストラリア語学研修や１年留学コースを展開しています。2016年（平成28年）より、MIT・ハーバード大学の講義やボストン美術館見学などが行われるハイレベルスプリングキャンプや、ワークショッププログラムなど、新たな取り組みも実施されています。

2013年（平成25年）には校舎のリニューアルが完了。地下アリーナ、映像設備、ガラス黒板、３つの実験室、自習スペース、図書館の洋書ライブラリーなど充実の環境が整いました。また、英会話の場として2015年（平成27年）９月にオープンしたイングリッシュスタジオでは、電子黒板やプロジェクターを完備。最先端で快適な総合ステーションとなっています。

さらに、タブレットを使用したICT教育やアクティブラーニングが加わり、21世紀のリーディング校をめざします。

スーパー特進東大選抜コース

2012年（平成24年）よりスタートした「スーパー特進東大選抜(セレクト)コース」は、１期生がいよいよ今年度卒業となります。このコースでは、東京大や医学部などの最難関大学の合格をめざし、ハイレベルな問題演習や論理的思考をきたえる学習、また世界で通用する語学力を育成します。

SCHOOL DATA

- 東京都板橋区前野町5-14-1
- 東武東上線「ときわ台」・都営三田線「志村三丁目」徒歩13分、東武東上線「ときわ台」・JR線「赤羽」・西部池袋線「練馬高野台」スクールバス
- 男子221名、女子319名
- 03-3969-7411
- http://www.shukutoku.ed.jp/

東京 神奈川 千葉 埼玉 茨城 寮制

淑徳ＳＣ中等部

東京 文京区 女子校

進行形の伝統の女子教育

淑徳ＳＣの歴史は、1892年（明治25年）東京小石川の傳通院に創設された「淑徳女学校」に始まります。校祖輪島聞声先生が説いた「進みゆく世におくれてはならない。おおいに勉強して有為な人間になってほしい」という考えは、女性も時代を先取る精神を備えた自立した存在であるべきという、当時としては大変進歩的なものでした。

「淑徳」を備えた女性の育成という創設以来の理念と伝統を受け継ぎながら社会の変容に対応し、2008年（平成20年）に新校舎が完成すると、校名を淑徳ＳＣとして新しく生まれ変わりました。校名にある「ＳＣ」とは、「サクセスフルキャリア」のことで「よりよく生きる」ことを意味します。学力、向上心、自立心、礼節などを養い、「よりよく生きる」ための地力を身につける教育を実践しています。

よく学び、よく考え、よく生きる

淑徳ＳＣでは、一人ひとりの個性に合ったていねいな教育が必要であると考えています。そのため、熱意あふれる教師陣が思いやりのある教育を行うことで、生徒が持つ人間性や特質を伸ばし、それぞれの能力を引き出します。

また、基礎学力を高めることはもちろんですが、自ら考え、思考する能力を養うことも重要だと考えています。「疑問を持ち」、それを「解決する」ことも学習であり、論理的な思考力を育てるために課題研究や段階的な小論文の指導を行っています。

独自のプログラムとして、DFL（Design the Future for Ladiesの頭文字をとったもの）で女性の特性を考慮して、女性ならではの人生設計を考えていく講座を６カ年をとおして実施しています。

淑徳ＳＣは、発展段階に応じた継続的・段階的な進路学習により、「理想の自分」を見つけ、その実現をめざしていける学校なのです。

SCHOOL DATA

東京都文京区小石川3-14-3
地下鉄丸ノ内線・南北線「後楽園」、都営三田線・大江戸線「春日」徒歩8分
女子のみ40名
03-3811-0237
http://ssc.ed.jp/

淑徳巣鴨中学校

東京 豊島区 共学校

「感恩奉仕」の心と未来を生き抜く力を育てる

淑徳巣鴨は、1919年（大正８年）に社会事業家で浄土宗僧侶の長谷川良信により創立されたのが始まりです。1992年（平成４年）に男女共学化、1996年（平成８年）には中高一貫校となりました。

教育方針として「感恩奉仕」を掲げ、自分が他の多くの恩を受けて生かされていることに感謝し、自分を他のために役立てていくことのできる人間を育てています。2020年度（平成32年度）の大学入試制度改革に向けて、新たなステージが始まっています。

フロンティアプログラムが進化

淑徳巣鴨のフロンティアプログラムの進化が始まっています。

フロンティアプログラムとは、生徒自身が潜在的に持っている能力を引き出すための、仏教情操教育を根幹とした教育活動です。

“誉める指導”による温かいまなざしに包まれた環境でやる気を育み、充実した学習支援と進学指導、夢や好奇心をふくらませる講座や“多彩な留学制度”などを展開しています。

また、部活動にも力を入れることで、学習活動との相乗効果を発揮させてきました。今後はさらに大学入試改革を見据え、総合的な理数教育をとおして「“感恩奉仕”思いやりの心の大切さ」への科学的理解をうながすことで、今後とくに重要となる主体的思考力の開発を進めています。

新コース「スーパー選抜コース」設置

2017年度（平成29年度）から「スーパー選抜コース」が設置されました。東京大をはじめとした難関国公立大への現役合格をめざし、大学入試を視野に入れた授業を日々展開し、中学３年間で大学入試に向けた「思考力・判断力・表現力」の基礎を培っていきます。

また、放課後や長期休暇中に行われる特別講座で個々の能力に合わせた学習指導を行います。

SCHOOL DATA

東京都豊島区西巣鴨2-22-16
都営三田線「西巣鴨」徒歩3分、都電荒川線「庚申塚」徒歩4分、JR線「板橋」徒歩10分、東武東上線「北池袋」徒歩15分、JR線ほか「池袋」よりバス
男子157名、女子146名
03-3918-6451
http://www.shukusu.ed.jp/

あ行 か行 さ行 た行 な行 は行 ま行 や行 ら行 わ行

順天(じゅんてん)中学校

東京 北区 共学校

理想の未来へと導く一貫教育

順天中学校は、「順天求合」という建学の精神のもと1834年（天保５年）に創立された順天堂塾に始まり、今年で182年の歴史を刻んできました。そんな伝統ある順天中学校の教育理念は「英知を持って国際社会で活躍できる人間を育成する」ことです。知識だけではない、思考力や表現力をそなえた創造的学力を養い、グローバルスタンダードな人間観や世界観を持った国際的な人間性を育てています。

独自の「系統」「探究」「総合」学習

そうした目標を実現するため、６年間を基礎期・養成期・完成期という３つの段階に分け、進路目標を掲げています。

教科学習においては、主要３教科（国語・数学・英語）の授業時間が公立中学校よりも700時間以上も多く設定された独自のプログラムが行われています。

これまで以上にじゅうぶんな時間をかけた「系統学習」として、体系的な学習を重視し、基礎から応用までらせん状に繰り返し、完全習得をめざします。中２以降は選抜クラスと特進クラスに分かれます。

社会・理科は、体系的な教科学習に加えて、問題を発見し解決していこうという「探究学習」が行われています。

そのほかの、芸術・技術家庭・保健体育・道徳の実践的な４教科は、合科（クロスカリキュラム）を展開する「総合学習」と位置づけています。

これらすべての教科に体験的な課外活動を組み入れ、豊かな表現力やコミュニケーション力を育て、フィールドワークやワークショップをとおして、自分の進路選択を考えていきます。

こうした取り組みにより、生徒たちは、「より高みの自分」へと意識をシフトしていき、それが進学校として確かな実績を残すことにつながっています。

SCHOOL DATA

- 東京都北区王子本町1-17-13
- JR線・地下鉄南北線「王子」、都電荒川線「王子駅前」徒歩3分
- 男子57名、女子37名
- 03-3908-2966
- http://www.junten.ed.jp/

頌栄女子学院(しょうえいじょしがくいん)中学校

東京 港区 女子校

キリスト教に基づき理想の女子教育を行う

頌栄女子学院中学校・高等学校は、キリスト教の学校で、聖書の教えを徳育の基礎においています。

校名「頌栄」は神の栄光をほめたたえるという意味で、学院の特色を表します。

また、土曜日を休日にして日曜日には教会の礼拝に参加することを奨励しているほか、入学式・卒業式などの学校行事は礼拝で始まり、週日にも毎朝礼拝があります。

頌栄女子学院の特徴は、聖書の時間があることと、数学・英語の授業時数が標準よりも多いことです。数学と英語（一部学年）の授業は、中・高とも少人数習熟度別の特別クラス編成で行います。

また、コース制を採用し、高２からは文科コースと理科コースに、さらに高３では理科コースがふたつに分けられます。高３では、コース別の授業のほかに主要科目を中心とした受験講習があり、進路に合わせて自由に選択することが可能です。

多彩な英語教育と高い進学実績

英語の授業は中１～高１では週６時間を配当し、各学級を２分割して少人数制による授業を行っています。高２・高３では、学年を習熟度別に７クラスに分け、個々の到達度に応じた効果的な学習指導を実施しています。また、高校卒業までに英検２級以上を取得することを目標としています。

そのほか、語学修養の機会として中学では軽井沢での英会話研修およびカナダ語学研修、高校ではイギリス語学研修を希望者のために設けています。

大学進学実績では、長期の計画に基づいて中３より進路指導を行っています。このほか説明会や卒業生の体験談を聞く会などを設けています。こうした取り組みの結果、難関大学進学者が着実に増加し、卒業生の半数程度が現役で国公立大や早稲田大・慶應義塾大・上智大など難関私立大へ進学しています。

SCHOOL DATA

- 東京都港区白金台2-26-5
- 都営浅草線「高輪台」徒歩1分、JR線・東急池上線「五反田」・地下鉄南北線・都営三田線「白金台」徒歩10分、JR線・京浜急行線「品川」徒歩12分
- 女子のみ672名
- 03-3441-2005
- http://www.shoei.ed.jp/

城西大学附属城西中学校

東京 豊島区

共学校

自由な校風のもと大切にする「報恩感謝」の心

さまざまな個性が共生する城西教育

城西大学附属城西中学・高等学校が所属する城西学園は、1918年（大正７年）、大正デモクラシーを背景とした自由主義教育の私学として誕生しました。そのため、創立当初からつづく自由な校風のもと「報恩感謝」を校訓とし、子どもたちの「豊かな人間性」「自主・自立の精神」の育成に努めてきました。

さまざまな個性が共生しあう環境が形成されるなかからすぐれた人間性を育むために、学校生活の基本となるホームルームを学力で分けることはしません。生徒たちは互いに学びあい、助けあうことで、ちがいを認め、自然と「共生」の感覚を身につけていきます。

カリキュラムは、中学では基礎基本の徹底と、先取り教育をあわせながら、学力差がでやすい数学と英語について習熟度別授業を実施し、個人の実力を養成していきます。高校では希望進路により、２年次より文理のクラス分けがされ、３年次より志望学部に合わせた学部系統別のクラス分けとなります。

国際理解教育の新たな展開

1982年（昭和57年）に始まった国際交流プログラムをさらに拡充しています。アメリカ、オーストラリア、ニュージーランド、台湾、韓国、中国に加え、新たにカナダの学校とも姉妹校協定が結ばれ、７カ国15校との連携が実現しました。長中短期交換留学はもちろん、修学旅行での相互訪問など、すべての生徒が日常的に海外に触れられる環境です。帰国生の受入れも引きつづき行われており、各々の帰国時期に合わせて入試を受けることが可能です。中高時代の留学経験をいかして国際系学部や外国語学部に進学する卒業生も増えています。薬学部、看護学部などの臨床医療系学部、理工学部への進学者に対しても語学教育や、海外の医療・産業の現場体験などを実施し「文理両道」の国際人を育成しています。

SCHOOL DATA

- 東京都豊島区千早1-10-26
- 地下鉄有楽町線・副都心線「要町」徒歩6分、西武池袋線「椎名町」徒歩7分
- 男子93名、女子76名
- 03-3973-6331
- http://josaigakuen.ac.jp/

聖徳学園中学校

東京 武蔵野市

共学校

強みを伸ばし、世界とつながり、新しい価値を生みだす

学校の特色

聖徳太子の「和」の教えをもとに、生徒の「個性」「創造性」「国際性」を育てる教育を行う聖徳学園。教師と生徒の距離が近いアットホームな校風のもと、中１・中２では２名担任制、また数学・英語では習熟度別分割授業を行い、一人ひとりの生徒に対するきめ細かな指導で学力を伸ばします。

グローバル教育では、６名のネイティブ教員による活きた英語の習得のみならず、思考力の育成にも力を入れています。また、多角的に脳を刺激して問題解決能力を養う中１・中２の知能開発から、高２のJICA国際協力授業で途上国の問題を考える課題解決型の国際貢献まで体系的な授業を行っています。中１では農家民泊体験、中２では関西文化研修などをとおして日本を知り、中３では希望制でニュージーランド・カナダ語学研修にでかけます。高校ではベトナム研修やセブ島語学研修などもあり、世界に視野を広げる機会が用意されています。また、ICTを活用した主体的・対話的な授業も魅力です。授業では調べ学習や情報の共有を積極的に行い、iPadや電子黒板を使った21世紀型授業を実践します。さらに、さまざまな機会において発表の場を設け、発信力を養います。

進学セミナーと進路指導

各学年に選抜クラスを設け、学習意欲の高い生徒には進度・深度に負荷をかけた授業を実施。中学では教養セミナー、高校では進学セミナーという放課後の課外授業を設け、大学進学に特化した講座を約50用意し、生徒のサポートをします。

今春の大学入試は、東京大１名含む国公立大学16名、早慶上理ICU33名、GMARCH 119名の合格者をだし、「入学時の偏差値に比べて卒業時の学力が伸びる学校」として評価を受けています。

SCHOOL DATA

- 東京都武蔵野市境南町2-11-8
- JR線・西武多摩川線「武蔵境」徒歩3分
- 男子169名、女子88名
- 0422-31-5121
- http://www.shotoku.ed.jp/

城北中学校

東京 板橋区 男子校

教育目標「人間形成と大学進学」を具現化

城北中学校・高等学校の教育目標は「人間形成と大学進学」です。創立者・深井鑑一郎先生は、儒学に裏づけされた規律正しい生活習慣や礼儀、厳しい態度で公正を守る「質実厳正」の教えを教育の根底にすえており、その精神は現在も受け継がれています。

城北の考える人間形成とは「社会に有為な人間を育成する」ということです。社会を支え導くリーダーを育てるために、クラブ活動や行事も大切に考え、コミュニケーション能力や統率力などの力を培っています。

発達段階に合わせた理想の「三期体制」

城北では、6年間を「基礎期」「錬成期」「習熟期」と2年ずつ3期に分け、生徒の発達・変化に応じた指導を行っています。

中1・中2の「基礎期」は、基本的な生活習慣、各教科の基礎を身につけます。小テストや個別指導、補習を行うことで、確実に基礎力を養っていきます。原則的に中学校の内容はこの基礎期で修了します。

中3・高1の「錬成期」は自立的・自主的な学習生活の確立をめざします。中2までの先取り教育によって中3以降は時間に余裕がうまれるので、高校の内容をていねいに学んでいくことができます。また、自分に合った進路を見つけていく期間でもあります。

そして、高2・高3の「習熟期」は、より高い学力と豊かな教養を身につけ、進学への意識を高めていきます。さらに、高2から進路別にコースに分かれます。

こうした教育の結果、毎年難関大に多くの合格者を輩出しています。2017年度（平成29年度）も難関4大学（東京大・京都大・東京工大・一橋大）に22名、その他の国公立大に43名、早稲田大・慶應義塾大・上智大は146名という実績をあげました。

城北中学校・高等学校は、建学の精神を具現化し、豊かな人間性と確かな学力を身につけるための教育を行っています。

SCHOOL DATA

東京都板橋区東新町2-28-1

東武東上線「上板橋」徒歩10分、地下鉄有楽町線・副都心線「小竹向原」徒歩20分

男子のみ856名

03-3956-3157

http://www.johoku.ac.jp/

昭和女子大学附属昭和中学校

東京 世田谷区 女子校

「世の光となろう」を目標としてグローバル社会で輝く

豊かな人間性としっかりとした学力を

創立者・人見圓吉、緑夫妻は、偉大な教育者でもあったロシアの文豪トルストイのヒューマニズムに満ちた教育観に共鳴し、1920年（大正9年）、学校を創立しました。その誠実で自立心に富み、自己実現をめざしながら社会に貢献できる人間を育成する姿勢は、学校目標「世の光となろう」という言葉にしめされています。

昭和女子大学附属昭和は、知識だけでなく、知育・徳育・体育の面でバランスのとれた人間を育む全人教育を実践してきました。そして2016年（平成28年）、次のステージへ進みました。2014年度（平成26年度）からスーパーグローバルハイスクール（SGH）に指定されたことを受けて、思考力、プレゼンテーション能力など「知識や技能を活用する能力」とグローバルマインドをバランスよく磨き、チャレンジ精神旺盛で、人のために尽くせる女性を育てる新しい中高一貫プログラムをスタートさせました。全コースで一歩進んだグローバル教育を実践し、充実した語学力と確かなグローバルマインドを身につけます。また1年間の海外留学が必修となり、高度な語学力とコミュニケーション力を養うグローバル留学コースも設置されました。

6年間を縦割りにした年齢の異なる集団活動「朋友班」は、伝統的に継承され、レクリエーションや環境美化などに取り組みます。上級生が責任を持ってグループをまとめ、下級生は上級生を見習うなど、校内にはたくさんの「姉妹」が誕生しています。まるで家族のような雰囲気のなか、協調性や自主性を身につけ、生徒の個性と人間性を育みます。

昭和女子大へは成績や人物などを総合的に判断し、学校長の推薦により進学します。この推薦を得ながら、他大学を受験することもできます。こうした制度で生徒の可能性への挑戦を応援しています。

SCHOOL DATA

東京都世田谷区太子堂1-7-57

東急田園都市線・世田谷線「三軒茶屋」徒歩7分

女子のみ630名

03-3411-5115

http://jhs.swu.ac.jp/

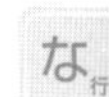

東京 神奈川 千葉 埼玉 茨城 寮制

<ruby>女子学院中学校<rt>じょしがくいん</rt></ruby>

東京 千代田区 女子校

自主性を尊重した明るく自由な校風

創立は1870年（明治３年）。140年以上という長い歴史に育まれた女子学院は、キリスト教主義を教育理念として、独特の校風を培ってきました。学校の規則はほとんどなく、制服もありません。

こうした自由な雰囲気のなかで、生徒たちは自主性を持った生活をしています。ほんとうの意味で自立した女性の育成をめざす女子学院の教育は、多くの保護者や生徒たちから高い支持を集めています。

完全中高一貫教育で洗練された授業

多くの生徒が難関大学への入学をめざしていますが、学校の授業はとくに大学入試だけを目的にしたものではありません。じっくり考え、ものごとへの興味と関心を養う授業が基本となっています。

前後期の２期制で、授業は週５日・30時間で行われます。中高６年間の一貫教育の利点をいかし、教科間の重なりを整理した効率のよいものになっています。科目によってはクラスを分割した授業も行われています。

また、実験・観察と考察、レポート、作文、作品制作なども多く、課題を着実にこなしながら学習の仕方を体得していきます。

女子学院独自の科目として、各学年に「聖書」の授業がおかれています。高校では「近現代史」、「キリスト教音楽」の授業があります。

また、高２までは文系と理系に分かれずに、基本的な学力の育成と心身のバランスのとれた成長をめざし、全科目を共通に学んでいます。高３では、一人ひとりの個性や可能性に応じた選択科目を用意しています。

総合的な学習の時間も６年間を見通した目標を立て、学校行事を中心にその準備活動やまとめを組みあわせて行うことで生徒の成長へとつなげています。

女子学院中学校では、こうした教育体制により、自主的に勉強に向かう姿勢が養われ、高い大学合格実績につながっています。

SCHOOL DATA

- 東京都千代田区一番町22-10
- 地下鉄有楽町線「麹町」徒歩３分、地下鉄半蔵門線「半蔵門」徒歩６分、JR線・都営新宿線「市ヶ谷」徒歩８分
- 女子のみ678名
- 03-3263-1711
- http://www.joshigakuin.ed.jp/

<ruby>女子聖学院中学校<rt>じょしせいがくいん</rt></ruby>

東京 北区 女子校

Be a Messenger ～語ることばをもつ人を育てます～

女子聖学院は1905年（明治38年）に創立されたミッションスクールです。初代院長バーサ・クローソンはアメリカのプロテスタント教会から派遣された宣教師でした。

教育の基盤はキリスト教に基づく人間教育です。毎朝行う15分の礼拝は、チャペルで心静かに祈る大切な時間です。そのほか「人間教育プログラム」として、中１で「いのち・賜物」を主題とする「翠の学校」、中２で「自己啓発」を目標に遠足や講習会を実施。中３では北海道修学旅行、ライフプランニングなどをとおし「社会の中の自分」を見つめます。

英語教育・進路教育

主要５教科の授業時間数をじゅうぶん確保して基礎学力の充実に力をそそいでいます。英語教育を重視し、中学では１クラスを３分割にしての英会話２時間のほか、既習者向けのSAクラスを設置。生徒のレベルに合わせて英語の運用能力を高めています。高校ではさまざまな選択科目も用意され、高２、高３ではクリエイティブ・ライティング（上級者向けの英作文）が選択でき、ネイティブ教師の指導で英文エッセイを書きます。

女子聖学院の国際理解教育は、文化や言語のちがいを越えて世界の人々とともに生きる力を養う土台をつくることを目的としています。中１から高２まで、すべての学年で必修の特別プログラムを実施しています。各学年とも３日間にわたって少人数グループで楽しく英語に浸ることができ、各プログラムの締めくくりには全員が英語でプレゼンテーションを行います。希望者にはホームステイ、ターム留学や年間留学などの海外プログラムも用意されています。卒業後の進路として、海外大学指定校推薦制度（アメリカ、イギリス、オーストラリア、カナダ）もあります。

また、難関大入試やセンター試験の対策から補習まで多彩な学習支援プログラムがあり、有名大へ多数の合格者をだしています。

SCHOOL DATA

- 東京都北区中里3-12-2
- JR線「駒込」徒歩７分、地下鉄南北線「駒込」徒歩８分、JR線「上中里」徒歩10分
- 女子のみ409名
- 03-3917-5377（広報室直通）
- http://www.joshiseigakuin.ed.jp/

あ行 か行 さ行 た行 な行 は行 ま行 や行 ら行 わ行

女子美術大学付属中学校
(じょしびじゅつだいがくふぞく)

東京 杉並区 女子校

美を柱とする教育で夢にあふれた人間を育成

昨年、創立100周年を迎えた女子美術大学付属中学校。母体の女子美術大は、1900年（明治33年）に設立許可を受けた古い歴史を有する大学です。その歴史のなかで、片岡珠子、三岸節子、堀文子など多くの優秀な美術家を世に送りだしてきました。建学の精神「我が国の文化に貢献する有能な女性の育成」のもと、「智の美、芸の美、心の美」という３つの美を柱に、将来、美術分野のみならず幅広い分野で活躍できる人材を育成しています。

美術を軸としたカリキュラム

中学では、美術の授業を週４時間確保するぶん朝学習と補習の機会を多く設けています。高校・大学への一貫性をふまえ、絵画・デザインのほかに彫刻・陶芸なども学び、美術の世界に触れる楽しさを理解することに重点をおいています。高校でも、普通科としての学習を重視しつつ、美術の授業を週７～10時間実施。高２からは絵画コースかデザインコースに進んでより専門的な技術を学び、高３では卒業制作に取り組みます。

各教科でも美術教育を取り入れた独自の授業を展開します。たとえば、中１の国語で故事成語カルタを、数学で独創性ある正多面体を作成。高１ではイラストを交えた元素カードや人体模型、科学おもちゃといった科学に親しめるものをつくったり、高３の英語では自分の美術作品を英語で紹介したりと、美術とのコラボレーション授業を行っています。

１年で１番盛りあがる女子美祭では、作品展示のほか、お化け屋敷などのクオリティの高いアトラクションも作製、校内が日常と異なる空間へと変貌を遂げます。さらに、中国やアメリカの学校と美術をとおして友好を深め、フランスやイタリアでの美術研修旅行も実施。女子美術大と連携したキャンパス見学会やアトリエ訪問、ワークショップ体験なども行い、生徒の美術が好きという気持ちを大切に夢の実現を支援します。

SCHOOL DATA

- 東京都杉並区和田1-49-8
- 地下鉄丸ノ内線「東高円寺」徒歩8分
- 女子のみ432名
- 03-5340-4541
- http://www.joshibi.ac.jp/fuzoku/

白梅学園清修中高一貫部
(しらうめがくえんせいしゅう)

東京 小平市 女子校

気品とフロンティア精神を備えた女性を育成

2006年（平成18年）に開校した白梅学園清修中高一貫部。同じ学園には、伝統ある白梅学園高等学校がありますが、席を異にする新たな女子の中高一貫教育を行っている学校です。

校名「清修」は、「厳冬にあっても凛と咲く白梅のような清々しい姿で学び修め、気品とフロンティア精神を兼ね備えた女性に育てる」という熱き思いがこめられています。

特長的な学習プログラム

白梅学園清修の教育は、大学進学をめざした、日々の授業を最も重視する教育が基本です。全教室に電子ボードを導入し、視覚により訴えかける授業を展開しています。建物中央に吹き抜けがある校舎は、開放的で明るい空間です。

毎日の授業前には、学年ごとに設定した課題に取り組む朝学習の時間があります。この積み重ねは、高校２年時に全員が行う5000字の論文で実を結ぶこととなります。

また、従来の部活動にかわるものとして「エリアコラボレーション」があります。これは、近隣の専門家を招き、指導してもらう取り組みです。ダンス、テニスなどの運動系はもちろん、弦楽器、茶道、演劇、鉄道模型などの文芸系もあります。曜日ごとに活動が異なり、複数の活動への参加も可能です。

さらに、国際感覚を持ち、社会の一線で活躍できる女性の育成をめざしている白梅学園清修では、海外研修を視野に入れた中学校課程の英語の授業の大半を、ネイティブ教員が担当しています。

また、英語宿泊研修も行っており、年に１度実施する「English Expo」にて、スピーチやプレゼンテーションといったかたちで成果発表を行っています。電子黒板を用いた双方向型授業と、少人数教育ならではのきめ細やかな指導によって、生徒はみずからすばらしい進路を切りひらいています。

SCHOOL DATA

- 東京都小平市小川町1-830
- 西武国分寺線「鷹の台」徒歩13分
- 女子のみ96名
- 042-346-5129
- http://seishu.shiraume.ac.jp/

白百合(しらゆり)学園(がくえん)中学校

東京 千代田区

女子校

キリストの愛の教えに基づく全人教育

白百合学園の設立母体は、17世紀に誕生したシャルトル聖パウロ修道女会です。1878年（明治11年）、函館に上陸した３人のフランス人修道女により日本での活動が始まりました。1881年（明治14年）に東京に学校が設立されて以来130年以上にわたって、誠実さと愛をもって社会に貢献できる女性の育成をめざし、「キリストの愛の教え」に基づく全人教育を行っています。

白百合学園では、週５日制のゆとりあるカリキュラムのもと、家庭との連絡を密にしながら、一人ひとりに与えられた能力を豊かに開花させるためのきめ細やかな指導を行っています。宗教教育を基盤とする学園生活のあらゆる場面で、生徒たちは「愛と奉仕」の心を学び成長していきます。

中学１～２年生は基礎的な学力・体力を養成し、ものごとへの意欲と豊かな感性を身につけることが目標です。中学３年生～高校１年生では基礎・基本の定着に重点をおき、自己の確立と個性の発見に努めます。

高校２～３年生は確立した基礎力の上に、自己実現に向けた発展的な学力開発をめざす２年間です。高校２年生から進路（文・理・芸術）に合わせた科目を選択し、高校３年生では大学卒業後の将来像を見つめたうえで具体的な「進路」を決定します。つねに「授業を大切に」という指導を行い、生徒もそれに応えています。

中学からフランス語の学習

白百合学園の教育の大きな特色のひとつとして、外国語教育があげられます。中学３年間は英語とフランス語を平行して学びます。少人数クラスでコミュニケーション能力を養い、２カ国語を学ぶことで豊かな国際感覚の育成を目標としています。高校では一方を第１外国語として集中的に学び、応用力と実践力を養います。スピーチや劇の発表など外国語で自己表現する機会も多く設けています。

SCHOOL DATA

- 東京都千代田区九段北2-4-1
- JR線・地下鉄東西線・有楽町線・南北線・都営大江戸線「飯田橋」、地下鉄東西線・半蔵門線・都営新宿線「九段下」徒歩10分
- 女子のみ553名
- 03-3234-6661
- http://www.shirayuri.ed.jp/

巣鴨(すがも)中学校

東京 豊島区

男子校

少年を伸ばす「努力主義」の教育を実践

日々の努力が真のエリートを生む

巣鴨中学校・高等学校の歴史は、1910年（明治43年）に、遠藤隆吉博士が男子英才教育と人間研究の実践をめざして創立した私塾「巣園学舎」に始まります。以来、創立者の「建学の趣旨」と「教育の根本理念」（＝努力主義と英才早教育）を中核として、今日まで10代の少年たちの教育にあたってきました。

巣鴨中学校の「努力主義」とは、勉強を中心としたすべての面で、そのときどきに必要なことを能力に応じてこなしていくことによって、心身を成長させていこうとするものです。現在の力では少しだけむずかしいことが課されるかもしれません。しかし、だからこそ巣鴨では、がんばらなければできなかった、努力したからできたという達成感を、先生や級友たちとの学校生活のなかで日々味わえるはずです。その積み重ねが、高い能力と「万人に通ずる真にやさしい心」とをあわせ持った「真のエリート」を生みだしていくのです。

６年一貫のカリキュラムは、中１でも高校生用教科書を使用するなどの先取り学習を含みながらも、全教科の内容を無理なく深く身につけられるように工夫してあります。

また、「全校有段者主義」を掲げて中学生は剣道を必修とし（高校生は柔道または剣道を必修）、卒業時までには半数以上の生徒が有段者になっています。

さらに、大菩薩峠越え強歩大会や早朝寒稽古などの巣鴨独自の体育系行事、合唱コンクールや百人一首カルタ大会などの文化系行事を実施しています。巣鴨は行事が豊富で、生徒それぞれが多様な個性を発揮できるようになっています。

巣鴨では2012年（平成24年）から校舎の改築を開始していましたが、2016年（平成28年）にすべての工事が完了し、人工芝のグラウンドを含めて最新の設備を持つ教育環境が実現しました。

SCHOOL DATA

- 東京都豊島区上池袋1-21-1
- JR線「大塚」徒歩10分、JR線・私鉄各線・地下鉄丸ノ内線「池袋」徒歩15分ほか
- 男子のみ707名
- 03-3918-5311
- http://sugamo.ed.jp/

聖学院中学校

東京 北区　男子校

キリスト教教育に基づくOnly One教育

聖学院中学校はキリスト教教育を標榜する学校で、今年創立111周年を迎えました。すべての教育の基となるのは、「Only One for Others（他者のために生きる個人）」の理念です。自分をいかし、他者をいかす共生の関係を求める精神は開校以来変わりません。中高一貫教育の優位性をいかして６年間を分断することなく、キリスト教を土台とした人間教育を重視しています。

生徒が自分と向きあう時間となっているのが、毎朝の全校礼拝です。聖書の教えをとおして、一人ひとりがかけがえのない特別に愛されている存在であるという自己肯定感を育てます。そしてさらに、周囲を大切に思う「隣人愛」を育んでいきます。

約150の理科実験・実習を展開

英語の聖学院と言われていますが、理数教育にも力をそそいでいます。校舎には６つの理科室を完備。顕微鏡をひとり１台使用するなど中学生の段階から本格的かつ充実した設備を使用して、中学３年間で約150もの実験・実習授業を展開しています。本物の体験をとおして探究心の芽が育まれます。数学についても中１・中２における基礎学力の定着をはかり、中３からの高校数学の学習に備えるために、毎日の小テストなどで演習の時間を多く設けています。

21世紀型教育

すべてのホームルームに電子黒板を導入済みで、ライブ感のある授業を展開しています。各教科でアクティブラーニングを取り入れ、能動的学習が積極的に行われています。グループワーク、プレゼンテーションなどをとおして、「社会を知る・考える」「思考・判断・表現」力を培います。昨年、壁８面に大スクリーンを備えたフューチャーセンターを設置し、効果的な学習がさらに可能となりました。世界が求める人材育成に力をそそいでいます。

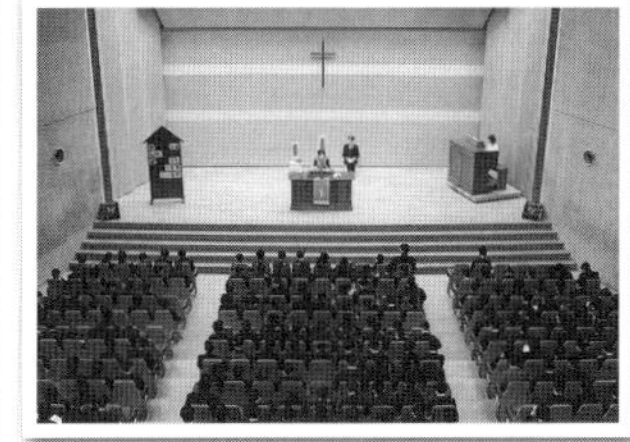

SCHOOL DATA

- 東京都北区中里3-12-1
- JR線「駒込」徒歩５分、地下鉄南北線「駒込」徒歩７分
- 男子のみ469名
- 03-3917-1121
- http://www.seig-boys.org/

成蹊中学校

東京 武蔵野市　共学校

学年全体に根づく３つの建学の精神

成蹊中学校の前身は1912年（明治45年）に設立された成蹊実務学校です。「個性の尊重」「品性の陶冶（とうや）」「勤労の実践」の３つの建学の精神に基づき、知性や品性をバランスよく備え、主体性と社会性に富んだ人格の育成をめざしています。小学校から大学までが集うキャンパスで、成蹊小からの進学生、海外からの帰国生など、多様な背景を持つ生徒がともに学ぶなかで、偏らないものの見方、他者を理解し尊重する姿勢を身につけます。

多彩な進路を支える教育システム

カリキュラムは中１～高１は全員共通履修で、高２で文系・理系に分かれ、高３で18種類のコースから各自選択します。卒業生の約75％は他大学へ、約25％は成蹊大へ進学するため、その両方に対応できるようなカリキュラムを編成しているのです。加えて、卒業生の協力を得ての進路ガイダンス、ワンキャンパスの利点を活かした大学教員による講演会や模擬授業などを行います。これらの取り組みが医歯薬、芸術分野を含む多彩な進路の実現へとつながっています。

行事も大切にしており、中学では自然観察などを行う「夏の学校」、各教科で事前学習した内容を現地で実体験する「修学旅行」、高校では「学習旅行」を実施します。これは一般的な修学旅行とは異なり、生徒が行程を計画するのが特徴で、国内外問わず約８つのコースを設定し、長期休暇中に希望者が参加します。ほかにも生徒主体でつくりあげる「蹊祭（こみちさい）」「体育祭」など魅力的な行事が多数あります。

国際交流もさかんで、1949年（昭和24年）開始のアメリカ・セントポールズ校との交換留学をはじめ、40年以上前から交流をつづけるオーストラリア・カウラ高校での短期留学、ケンブリッジ大との提携プログラムなど、さまざまな留学機会が用意されています。

グローバル社会で活躍できるバランスのとれた人材を育成しつづける成蹊中学校です。

SCHOOL DATA

- 東京都武蔵野市吉祥寺北町3-10-13
- 西武新宿線「武蔵関」徒歩20分またはバス、JR線ほか「吉祥寺」・西武池袋線「保谷」・「大泉学園」・西武新宿線「西武柳沢」バス
- 男子425名、女子372名
- 0422-37-3818
- http://www.seikei.ac.jp/jsh/

成城中学校

東京 新宿区 男子校

グローバル時代のリーダー育成

2015年（平成27年）に創立130周年を迎えた成城中高は林間学校・臨海学校を全国に先駆けて開設した教育界の草分け的学校です。伝統ある校章は「知・仁・勇」を表す三光星。次代を生きる賢明でチームワークを得意とする、チャレンジ精神旺盛なグローバル・リーダーの姿をも象徴しています。

2015年竣工の新校舎

都営大江戸線「牛込柳町駅」西口から徒歩1分、繁華街や大通りがなく安全に通学できます。近県からのアクセスもよく、教育・研究機関に囲まれています。こうした最高の校地に、2015年（平成27年）1月、新校舎が竣工しました。体育館（バレーコート4面）、温水プール、図書館（蔵書3万5000冊）に加え、人工芝のグラウンド、地下体育室、自修館（チューター常駐19時まで開館の自習室）、実験室（物理・化学・生物）など、さまざまな施設が充実しています。

生徒と先生の距離がとても近い学校

自ら課題を発見し、解決策が見つかるまで考え抜く。志が高く、好奇心の強い生徒が成城生の姿です。

2013年度（平成25年度）から「エンパワーメント・プログラム」（中3・高1・高2希望者対象）を開始しました。カリフォルニア大学の学生を招き、議論・企画・発表をすべて英語で行います。初日には消極的だった生徒も、最終日には自分の意見を物怖じせず発表できるようになります。こうした主体性こそがグローバル・リーダーに求められる姿勢です。

成城は、先生と生徒の距離がとても近い学校です。生徒・先生・家庭の３者が協力し、多少失敗してもへこたれずに挑戦しつづける生徒を育てます。勉強も部活もがんばって、最高の６年間を過ごしたいという欲張りな男の子にうってつけの学校です。

SCHOOL DATA

- 東京都新宿区原町3-87
- 都営大江戸線「牛込柳町」徒歩1分
- 男子のみ833名
- 03-3341-6141
- http://www.seijogakko.ed.jp/

成城学園中学校

東京 世田谷区 共学校

100年の歴史に引き継がれる理念

閑静な成城の住宅街が広がる「成城学園前駅」のすぐ近くに、成城学園中学校・高等学校はあります。

所属する成城学園は、幼稚園から大学・大学院までを擁する総合学園です。教育理念として掲げている「個性尊重の教育」「自然と親しむ教育」「心情の教育」「科学的研究を基とする教育」の4項目は、全学園に一貫して受け継がれています。

中高のキャンパスは大学と同じ敷地内にあります。大学生と中高生が混じりあって歩いている姿はとても自然であり、キャンパスで学園生活を送る中高生は、身近に大学生の存在を感じることで、将来像を具体的に描くことができるようになります。

生きる力を育む6年間

成城学園は、中高６年間を２年ずつ３つの段階に分けています。中１・中2は学習面での基礎基本の充実をはかるとともに、海・山の学校という自然体験をとおして人格形成も行います。中３・高１では応用的な内容を学習し、また選択授業や課外教室等自分のやりたいことを選択する経験も持ちます。高２・高3はそれぞれの進路に合わせたコース別のクラス編制となります。

成城大への内部推薦生の他大学併願は、全学部で自由化されており、浪人への不安を抱えることなく希望する進路に向けて果敢にチャレンジすることが可能になっています。毎年、他大学併願の制度を利用したうえで大学受験に挑戦する生徒が多数います。

高２からのコース設定により、生徒の希望進路に対応した授業環境と指導体制が整えられており、しっかりとしたサポートを受けることができます。現在、成城大へは50～60%の生徒が推薦で進学しています。

創立100周年を記念して建設された新校舎のもとで、新たな歴史がスタートしている成城学園中学校です。

SCHOOL DATA

- 東京都世田谷区成城6-1-20
- 小田急線「成城学園前」徒歩8分
- 男子322名、女子409名
- 03-3482-2105
- http://www.seijogakuen.ed.jp/chukou/

聖心女子学院中等科〈帰国生入試のみ〉

東京 港区 女子校

多様に、グローバルに、よりよく生き抜く

聖心女子学院では、学業をはじめとするすべての教育活動をとおして、ものごとを深く味わい、他者と共感できる豊かな心を養います。創造性に富む堅実な思考力と正しい判断力を育て、神の愛を受けた存在としての心の豊かさと、責任ある行動力を培います。

社会に役立つ人間の育成をめざしたカリキュラムの重点は、思考力と判断力の養成におかれています。聖心女子学院の特色ある一貫教育の流れのなかで、発達段階に応じて学習効果を高める工夫をしています。

英語教育では、世界に貢献することをめざして、４技能のバランスがとれた実践的な英語力を身につけることに主眼をおいています。中１から高３まで、少人数制のクラス編成で、生きた英語に触れ、自分の考えを的確に表現できる力を養うことをめざします。外国人教員による授業やイングリッシュデーなどの行事も実施しています。また、オーストラリア、アメリカ（３校）、カナダ、アイルランド、台湾への短期・長期留学（高等科）では、語学力の向上や異文化体験、姉妹校生徒との交流が経験できます。さらに、スピーチや英作文コンテストなどのコンクールにも積極的に参加し、多くの成果をあげています。

人間性を育てる情報教育

21世紀のグローバル社会に生きる生徒たちに求められる新しい学力の育成には、ICTを活用した授業展開が不可欠です。

聖心女子学院では初等科５年生からタブレットを活用した学習を進めるなかで、情報化社会と正しくかかわる能力の育成も不可欠と考えています。そして、総合的な学習の時間などをとおして、情報に振り回されたり、被害者や加害者にならないよう、変容する情報化社会を生き抜く素養や判断力を育てます。

時代の要請に基づく「社会に貢献する賢明な女性」となるために、その基盤となる人間性を育てることを大切にしています。

SCHOOL DATA

- 東京都港区白金4-11-1
- 地下鉄南北線・都営三田線「白金台」徒歩10分
- 女子のみ371名
- 03-3444-7671
- http://www.tky-sacred-heart.ed.jp/

星美学園中学校

東京 北区 女子校

国際社会で貢献できる女性を育む

ミッションスクール、星美学園は一人ひとりの個性を大切にします。個々の生徒の長所に目を向け、自信を持って自分の可能性を広げられる教育が進められています。

星美スタディサポートプログラム

2012年度（平成24年度）、星美学園では国際社会で貢献できる女性の育成をめざして「星美スタディサポートプログラム」が始まりました。調和のとれた女性を育む「身心プログラム」、確かな学力を育む「学習プログラム」、世界とつながる力を育む「国際プログラム」が三位一体となって６年間をかけて深く広がっていくプログラムです。

「身心プログラム」では礼儀作法教育、掃除プログラム、着こなし講座などで心・技・体を高めます。「学習プログラム」では星美ノートや学習進路ノートを駆使、職場体験やチューター制の利用で学ぶ意欲が高まります。「国際プログラム」では、カナダ語学研修、英語特別講座、海外研修旅行などで世界とつながる素地をつくります。

授業は少人数校の特性をさらにいかし、一人ひとりに目の届く構成です。数学と英語は中１から３グレードの習熟度別授業、高校からは本人の希望と成績により国公立大・難関私立大対応クラスと有名私立大対応クラスに分かれます。

高２からは多彩な選択教科があり、文系にも理系にも、また、途中からの進路変更にも柔軟に対応できるシステムになっています。

進路選択は自己を見つめることから始め、人のため、社会のためになにができるかという観点から、自分の将来を自らが決められるように、中１から発達段階に応じて保護者や卒業生などから世の中や職業について話を聞く機会を設けています。そのため、進路指導は担任や進路指導部、生徒指導部と密接な連携のもと、一人ひとりの個性と適性、そして成長を見守りながら進められます。

SCHOOL DATA

- 東京都北区赤羽台4-2-14
- JR線「赤羽」徒歩10分、地下鉄南北線・埼玉高速鉄道「赤羽岩淵」徒歩8分
- 女子のみ162名
- 03-3906-0054
- http://www.jsh.seibi.ac.jp/

成立学園中学校

東京 北区 共学校

教育が変化する時代「見えない学力」＝教養を育てます

創立以来90年、成立学園高等学校は、社会の中核を担う人材の育成を掲げ、これまでに2万人を超える卒業生を世の中に送りだしてきました。

中学校は2010年（平成22年）に開校し、今春、2期生が卒業し、筑波大・千葉大・名古屋大などの国公立大学をはじめ、上位難関大への進学実績を残しました。

「礼節・勤倹・建設」を校訓に、国際社会および地域社会が希求する「グローカル」な人材の育成に向けて、学習面・人間育成面における個性を創造し、伸長をはかる教育を展開しています。

成立学園は、東京都のターミナル駅である赤羽駅からも、東十条駅（JR京浜東北線）からもともに徒歩8分という好アクセスの学園です。

クラブ活動もさかんです。全国大会に4度出場し複数のＪリーガーを輩出しているサッカー部や、甲子園出場を果たした硬式野球部を代表とする成立学園は、つねにチャレンジ精神を持ち、話題を発信しています。文武両立をめざし、その結果として、大学合格実績も続伸中です。

「自分をこえる」ための「見えない学力」育成

成立学園では、自らの意志で学び成長するために、「生涯学びつづけるための基礎力」「問題を見つける力と解決する力」「何事にも挑戦できる柔軟な心」、そして「幅広い教養」が必要だと考え、多彩な授業をつうじて知識と国際感覚を身につけ、多種多様な人間とふれあいながら過ごすことを大切にしています。

主要教科との連携を行い、教養プログラムと食育プログラムがコラボレーションした「アースプロジェクト」や「調べ学習」をバックアップし、「興味をチカラ」へ変えるためのメディアセンターを備え、「自分をこえる」環境を準備しています。

SCHOOL DATA

東京都北区東十条6-9-13

JR線「赤羽」・「東十条」徒歩8分、地下鉄南北線・埼玉高速鉄道「赤羽岩淵」徒歩14分

男子49名、女子18名

03-3902-5494

http://www.seiritsu.ac.jp/

青稜中学校

東京 品川区 共学校

週6日制を堅持したていねいな指導

週6日制を堅持し、ていねいな指導を追求しつづける青稜中学校・高等学校。校舎は「下神明」「大井町」「西大井」のいずれの駅からも徒歩10分圏内という、交通至便の地にあります。

教育の根底にあるものは「人間教育」です。どのような社会でも自ら幸せを築いていける人づくりを志し、心の教育を重視しています。教育目標に「意志の教育」「情操の教育」「自己啓発の教育」を掲げています。困難にくじけない強い意志、他人の痛みを思いやる心や感謝する気持ち、美しいものに素直に感動する豊かな心、そして個性と能力を磨きつづけようという前向きな姿勢、このような心の力を育てることを教育の根幹に据えています。

英語学習への取り組み

こうした人間教育のもと、進学校として学力形成に全力をそそぎ、中高6年一貫体制を整えています。通常の授業だけではなく、生徒がじっくり向き合うことのできるさまざまな取り組みが目を引きます。

自学自習システムや「長期休暇講習」があります。講習は国語・数学・英語のみですが、高校では受験に向けて、もうひとつの学校と呼べるほど多彩な講座を設けています。

また、中学1年次の夏休みには学校外にて3泊4日の英会話中心の「語学セミナー」が、中学2・3年次の夏休みには3週間の「セブ島研修」が実施されます。高校では、「イギリス英語研修」、「海外短期留学」を実施しています。そのほか中学では、「英語早朝学習」、「English Fun Program」もあり、さまざまな角度からの英語学習への取り組みを実施しています。

高校では、国公立・理系大学への進学の対応を強化し、最も効率的に学べるように受験指導体制を整えています。この結果、進学実績が着実に向上し、さらなる伸びが期待されています。

SCHOOL DATA

東京都品川区二葉1-6-6

東急大井町線「下神明」徒歩1分、JR線・りんかい線「大井町」徒歩7分、JR線「西大井」徒歩10分

男子300名、女子142名

03-3782-1502

http://www.seiryo-js.ed.jp/

世田谷学園中学校

東京 世田谷区 男子校

Think & Share の精神で教育を実践

「Think & Share」の教育理念を掲げ、優秀な人材を輩出する世田谷学園中学校・高等学校。仏教の禅の教えを基にした人間教育を行うとともに、進学校として独自の教育を展開しています。

世田谷学園の「Think & Share」とは、釈尊の言葉「天上天下唯我独尊」を英訳したものです。「この世界で、私には、私だけが持っているかけがえのない価値がある。それと同じように、私だけではなくすべての人びとにその人だけが持っているかけがえのない価値がある」ことを表します。

この言葉の「Think」とは考える力を極限まで高め、自己の確立をはかるとともに進むべき道を見つけることで、「Share」とはまわりの人びととの意見に耳を傾け、お互いに助け尊重しあう大きな心を育てることです。こうして、生徒の学力向上だけではなく、人間的な魅力と社会性を磨いていくことに力をそそいでいます。

志望大学合格のための体系的授業

世田谷学園の6年間は、前・中・後期の3期に分け、志望大学合格のための進路別・学力別のカリキュラムが組まれています。また、「コンパス（各教科の学習指針をしめしたもの）」が学年別に配布されるので、生徒は自主的・計画的に学習することができます。

中2より、東京大をめざす特進クラス1クラスと、学力均等の4クラスの計5クラスを編成しています。特進クラスは固定的ではなく、1年間の成績により、必要に応じて編成替えが行われます。こうして、高2までで高等学校の全課程をほぼ修了し、高3では大学合格に向けた演習中心の授業となります。

綿密な教育システムにより、2017年度（平成29年度）は東京大7名、東京工大5名、一橋大3名、早稲田大56名、慶應義塾大43名、上智大36名と難関大学に多くの合格者を輩出しています。

SCHOOL DATA

- 東京都世田谷区三宿1-16-31
- 東急田園都市線・世田谷線「三軒茶屋」徒歩10分、京王井の頭線「池ノ上」徒歩20分、小田急線・京王井の頭線「下北沢」徒歩25分
- 男子のみ673名
- 03-3411-8661
- http://www.setagayagakuen.ac.jp/

高輪中学校

東京 港区 男子校

高く　大きく　豊かに　深く

「見えるものの奥にある　見えないものを見つめよう」を教育理念とする高輪中学校・高等学校。「なにごとも表面を見るだけでなく、その奥にある本質を探究することが大切」という精神を6年間に学び、さらに本質から得たものを、表現・伝達する方法・手段を身につけていきます。

高輪では、ふたつの教育目標を掲げています。「大学へ進学させるための指導」と「人を育てる指導」です。ほとんどの生徒が大学へ進学するため、生徒が希望した大学に合格するための実力をつけていくということです。そして、社会で活躍し、だれからも信頼される次代を担うリーダーを育てることを目標としています。

本物の実力を養成するカリキュラム

高輪では、全員が大学に進学することを前提にした中高6年間一貫カリキュラムを編成しています。とくに中学の時期には、国・数・英の主要3教科にじゅうぶんな時間をあて、早い時期から基礎力を培っていきます。理・社でも中高での重複学習をさけ、特性に応じて、無理なく学習内容を再編成し、関連した事項について必要なときに必要な内容を重点的に学習することで学習効果の向上をはかっています。

多くの科目で高2までに高校の全カリキュラムを修了し、高3では余裕を持って受験の準備に取り組めるよう配慮しています。

また、中学では中1で国語の作文、英会話の授業を2分割して行うことで、生徒の理解力を高めています。高校では数学で習熟度別授業を実施し、高2からは進路に沿ったコースを選択することで、受験に直結した勉強を行うことができます。

こうした独自のカリキュラムにより、多くの生徒が自分の夢を実現しており、大学合格率は年々上昇し、大学合格実績も高いレベルを維持しています。

SCHOOL DATA

- 東京都港区高輪2-1-32
- 都営浅草線・京浜急行線「泉岳寺」徒歩3分、地下鉄南北線・都営三田線「白金高輪」徒歩5分
- 男子のみ722名
- 03-3441-7201
- http://www.takanawa.ed.jp/

東京
京

神奈川 千葉 埼玉 茨城 寮制

玉川学園中学部

東京 町田市 共学校

7年生(中1)から始まる大学教育への準備

61万㎡の敷地に幼稚部から大学・大学院までが集う玉川学園。「全人教育」「探究型学習」「世界標準の教育」を柱とする主体的・対話的で深い学びにより、大学の学修に必要な資質・能力を育てています。①スーパーサイエンスハイスクール(SSH)指定校(指定期間2008年度〜2017年度、3期目申請予定)、②IBワールドスクール(MYP・DP)認定校、③国際規模の私立学校連盟ラウンドスクエア正式メンバー校という特徴もあります。

玉川学園では、授業は、専任教員が常駐し、関連教材が置かれた専門教室で行われます。

一般クラスでは数学・英語で「習熟度別授業形態」を実施。英語は個に応じて外国人教師による授業割合を変え、高い表現力・コミュニケーション能力獲得をめざします。ほかの教科では、特性に応じ知識やスキルを効果的に得る多様な授業が展開されています。また、IBワールドスクール認定校としての指導方法や評価法も取り入れられています。

国際交流もさかんで、年間350名を海外に派遣、8年生(中2)の75%が海外研修に参加、海外生徒340名を受け入れるなど、学園内でも国際感覚が磨かれる環境です。

また、高大連携プログラムとして、玉川大学への内部進学希望者が12年生(高3)より大学の授業を履修でき、入学後単位認定される制度があります。

独自に構築した「自由研究・学びの技」

自学自律を教育信条とする玉川学園には、多様な分野から生徒自ら選んだテーマについて自発的に研究する「自由研究」と論文作成の基礎力を養う独自の授業「学びの技」があります。教科発展型自由研究(7・8年生)から始まり、「学びの技」(9年生)を経て、課題研究型(10〜12年生)へと発展させます。この取り組みにより、生徒は状況に応じ比較分類し多面的に考える批判的思考力、生涯に役立つ学び方や研究の進め方を身につけます。

SCHOOL DATA

- 東京都町田市玉川学園6-1-1
- 小田急線「玉川学園前」徒歩15分、東急田園都市線「青葉台」バス17分
- 男子256名、女子312名
- 042-739-8931
- http://www.tamagawa.jp/academy/

あ行 か行 さ行 た行 な行 は行 ま行 や行 ら行 わ行

玉川聖学院中等部

東京 世田谷区 女子校

世界をつなげる心を育てる女子教育

自分と他者を生かす心の教育

玉川聖学院における一人ひとりのすばらしい価値と可能性を信じるという教育理念は、「すべての人は神によって造られて神に愛されている」という聖書の言葉に立脚しています。自分の存在のすばらしさを知ることは、他の人の価値を同じように認める心の豊かさの土台になります。授業や校外活動には国内外の異文化の人びととであう機会が多く、他者を理解する心とともに、世界に目が開かれることで学習意欲が向上します。

体験を経験につなげる学習

授業では、楽しく学ぶための参加型体験学習を重視。課題やミニテストの繰り返しによって学力定着をはかるとともに、中1後期から習熟度別授業を順次取り入れていくことで各自のペースに合わせて実力を伸ばします。卒業生による個別補習が弱点克服のため土曜日に開催され、基礎学力を固めます。英語教育においてはネイティブ教師が中1から授業を行い、昼休みや放課後に開放されるEnglish Loungeではネイティブ教師と好きなだけ会話ができます。中3ではInternational Dayで10カ国以上の人びととの英会話体験をし、オーストラリア修学旅行では肌で感じる異文化をとおして国際感覚を身につけることができます。

独自の6カ年の総合学習は、知識の蓄積とICT技術習得に加えて自分の問題意識を深める探究力を養います。中等部3年で取り組む修了論文では大学レベルの論文技術を学び、高等部ではi-Padを文具として使いこなす一方で、総合科人間学におけるグループ発表やディスカッションにより、幅広い発想力と表現力を身につけます。テーマ別に自由に参加できる校内・校外体験学習、TAP(玉聖アクティブプログラム)は進路選択につながるポートフォリオとして、体験を経験へと言語化する機会になります。

SCHOOL DATA

- 東京都世田谷区奥沢7-11-22
- 東急大井町線「九品仏」徒歩3分、東急東横線「自由が丘」徒歩6分
- 女子のみ257名
- 03-3702-4141
- http://www.tamasei.ed.jp/

多摩大学附属聖ヶ丘中学校

東京 多摩市 共学校

丘の上の学舎で、基礎学力に裏打ちされた「考える力」を育てる

教育理念は「自主研鑽・敬愛奉仕・健康明朗」。進学教育を重視しつつも、豊かな思考力や確固たる自主性、高い教養と基礎学力を身につけるとともに、アクティブ・ラーニングに力を入れることで、得意分野を伸ばすことを目標にしています。

各教室には「聖の100冊」が用意され、毎朝の10分間の読書活動を行っています。また、天体観測室、温水プールなど設備も充実しています。

3段階で基礎学力をつける中高一貫教育

中1～中2を基礎・基本を習得する段階、中3～高1を個性と進路適性発見の段階、高2～高3を応用力をつけ、伸ばす段階と3つのブロックに分けて指導しています。

英語ではデジタル教材を用いながら基本構文の理解と定着をはかると同時に、4技能を確実に伸ばすようプログラムされています。外国人教師による英会話やライティング力も強化し、イングリッシュ・キャンプを導入して、中3でのニュージーランド修学旅行に結びつけています。数学は、すべての学年で授業→小テスト→「直しノート」（→再テスト）というサイクルで基礎力の定着を徹底。国語は、中1から古典に親しみ、暗唱をとおして古語の美しいリズムを身体で覚えます。論理力や思考力を伸ばすために「言語能力の育成」に力を入れて指導しています。理科では中学3年間で100を超えるテーマを設け、恵まれた環境をいかして自然観察や実験を行っています。社会科では中1で年6回の社会科見学、夏季講習での現地フィールドワーク（希望制）など、調べ学習や課題発見、学習発表に力点を置いています。

そのほか、入学直後のオリエンテーション合宿、体育祭、文化祭（聖祭）、芸術鑑賞会などをとおして、「本物に触れる教育」から「本質へ迫る教育」へと、新たな課題に向かって授業改革をはかっています。

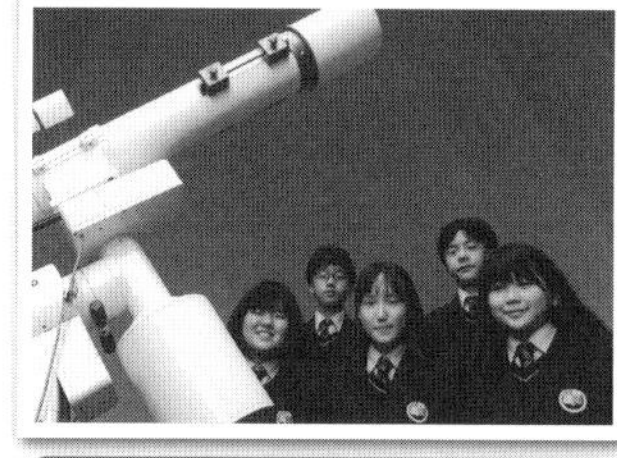

SCHOOL DATA

- 東京都多摩市聖ヶ丘4-1-1
- 小田急線・京王線「永山」バス12分・スクールバス10分、京王線「聖蹟桜ヶ丘」バス16分・スクールバス15分
- 男子184名、女子158名
- 042-372-9393
- http://www.hijirigaoka.ed.jp/

多摩大学目黒中学校

東京 目黒区 共学校

夢の実現に向けて妥協のない学校生活

夢の実現のために進化しつづける

多摩大学目黒中学校では、生徒一人ひとりが自分の特性に気づき、個性に合った進路希望を可能なかぎり高いレベルで実現できるように、学力増進のための独自のカリキュラムを編成しています。

中学校では独自教材を使用し、反復練習によって基礎基本を徹底して身につけます。また、週4日の朝テストや、毎日2時間ぶんの宿題がでるので、自然と家庭学習の習慣を身につけることができます。そして高校では、中学時代に養った基礎を土台に、大学受験に即した授業を展開することで、大学合格に結びついた学力を身につけていきます。高2からは理系・文系に分かれ、希望進路に沿った柔軟な選択科目が用意されています。

目黒キャンパスからバスで約50分の場所に、あざみ野セミナーハウスがあります。ここは緑豊かな住宅地にあり、広大な人工芝のグラウンド、冷暖房完備の教室、多目的体育館、テニスコート、宿泊設備などが整っています。部活動での使用はもちろんですが、中学の間は、毎週1日あざみ野セミナーハウスで授業が行われます。いつもとはちがう自然豊かな環境で、心身ともにリフレッシュしながら学ぶことができるのです。

クラブ活動もさかんです。全国に名をとどろかせているサッカー部はもちろん、ダンス部や囲碁部など運動系・文化系にかかわらず、一流の指導者による指導と最高の環境がそろっています。

勉強も、クラブ活動も、大学進学も妥協しないのが多摩大学目黒です。中学生のうちからしっかりとした進学指導が行われることで、多くの生徒が自分の進路目標を定め、希望の大学に合格していきます。近年では難関大学への合格者数も上昇し、国公立・早慶上理・G-MARCHの現役合格は113名を達成しました。今後への期待も高まっています。

SCHOOL DATA

- 東京都目黒区下目黒4-10-24
- JR線・東急目黒線・地下鉄南北線・都営三田線「目黒」徒歩12分、東急東横線・地下鉄日比谷線「中目黒」スクールバス
- 男子250名、女子86名
- 03-3714-2661
- http://www.tmh.ac.jp/

東京
京
神奈川
千葉
埼玉
茨城
寮制

中央大学附属中学校

東京 小金井市

共学校

自分で考え、行動する力を身につける3年間

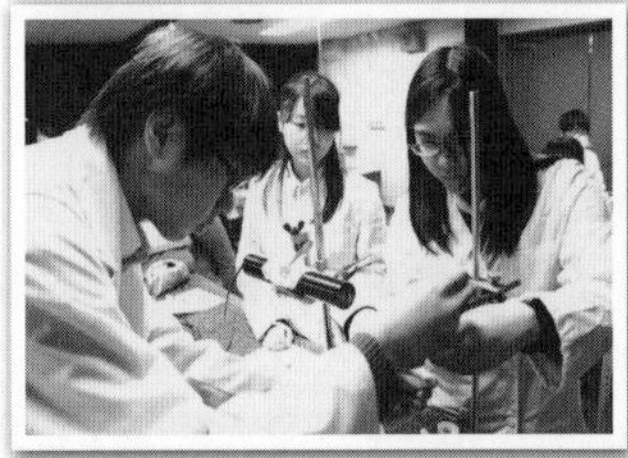

中央大学附属中学校は2010年（平成22年）、100年以上の歴史を持つ附属高校のもとに開校した比較的新しい学校です。今春、2期生が大学へと巣立っていきました。

中央大は実学の探究、質実剛健という伝統を持つ大学です。実学とは理論を先行させるのではなく、実社会に役立つ学問を意味します。これらの伝統は附属中高においても継承され、いかされています。中高大の一貫教育によって、受験勉強にとらわれない学力の充実が可能です。さまざまな活動に積極的に参加できるため、伸びのびとした6年間を送ることができます。

そうした伸びやかさのなかで、知的好奇心を喚起する授業の数々を行っています。クラスは基本的に少人数で、一人ひとりの生徒に対してきめ細かな指導を行い、基礎学力の定着と発展をはかります。たとえば、英語と理科の特別授業はその代表格です。英語では、ネイティブ・スピーカーの指導のもと、身の回りのさまざまなことがらについて、グループ調査や英語でのプレゼンテーションを行います。理科では、中学で習う範囲に限定せず、科学について幅広く学ぶため、中央大理工学部の実験室を使っての授業もあります。

さらに、週1回、スクールランチと呼ばれる食育の時間では、実際に日本や世界の郷土料理を食べます。この食育も実学の象徴で、気候や風土などと合わせ、郷土料理が誕生した背景を五感で学ぶことになります。

中央大との強い連携

約9割の生徒が中央大へ進むため、進路指導の面でも大学との連携がとられています。

高2で行う「ステップ講座」は、大学教授の専門分野に触れることができる講座です。。

高3の3学期には、大学進学後に対応できるよう、学部別に設定された「特別授業」が用意されています。高校とは異なる大学での勉学に、親しんでもらうことが目的です。

SCHOOL DATA

- 東京都小金井市貫井北町3-22-1
- JR線「武蔵小金井」・西武新宿線「小平」バス
- 男子254名、女子262名
- 042-381-7651
- http://chu-fu.ed.jp/

筑波大学附属中学校

東京 文京区

共学校

智育、徳育、体育のバランスのとれた生徒をめざす

伝統が生んだ独自のカリキュラム

筑波大学附属中学校・高等学校の歴史は古く、首都圏の大学附属校のなかで最も伝統ある学校のひとつです。筑波大附属では、中等普通教育を行うとともに、筑波大における生徒の教育に関する研究に協力し、学生の教育実習の実施にあたる使命を持っています。

「強く、正しく、朗らかに」の校訓のもと、魅力的な授業と、多種多彩な活動をとおして、確かな知性と自主自律の精神の育成をめざしています。

日本の教育の中枢を担ってきた東京高等師範、東京教育大学の歴史と伝統を引き継ぎながら、全人教育をめざし、どの授業も基礎・基本をふまえつつ、より高度で魅力的な学習内容となっており、自分の頭で考え、心で感じ、全身で表現する学習が繰り広げられています。

生徒の自主性と独創性を育てる学校行事もさかんで、運動会や学芸発表会、合唱発表会などはおおいに盛りあがります。また、中1での富浦海浜生活、中2での菅平林間生活と、自然のなかでの共同生活をとおして、「生き方」を学びます。

約80%が併設の高等学校へ

併設の筑波大学附属高等学校へは、およそ160名（約80%）の生徒が進学することができます。高校側の実施する試験を受け、その結果と中学在学中の成績との総合評価で進学が決定します。

多くの生徒が附属高校へ進学することから、受験勉強にあくせくすることなく、中学の3年間を使って将来へ向けて自分を見つめ直すことができます。

なお、高校入試での外部からの募集は男女約80名です。筑波大学附属高校からは、毎年東京大をはじめとする難関大学へ多くの合格者を輩出しています。

SCHOOL DATA

- 東京都文京区大塚1-9-1
- 地下鉄有楽町線「護国寺」徒歩8分、地下鉄丸ノ内線「茗荷谷」徒歩10分
- 男子304名、女子308名
- 03-3945-3231
- http://www.high-s.tsukuba.ac.jp/

あ行 か行 さ行 た行 な行 は行 ま行 や行 ら行 わ行

筑波大学附属駒場中学校

東京 世田谷区 男子校

抜群の大学合格実績を誇る進学校

筑波大学附属駒場中学校は、首都圏随一の進学校としてその名声は高く、例年併設高校の卒業生の半数近くが東京大に合格しています。2017年度（平成29年度）は東京大に102名（現役74名）、国公立大に74名（現役46名）合格しています。

筑波大学附属駒場は抜群の大学合格実績にもかかわらず、むしろ受験勉強にとらわれることなく、すぐれた資質を有する生徒たちの個性を伸ばそうとする教育姿勢を貫いています。「学業」「学校行事」「クラブ活動」の3つの教育機能を充実させ、心と身体の全面的な人格形成をめざしています。

中学・高校ともに制服はなく、ほとんど校則もない自由な校風のなか、生徒の自覚に基づき、自ら考えて行動することの大切さを体得できる教育を具現化しています。

さまざまなテーマで行う探究活動

筑波大学附属駒場では、教科の学習とは別に、総合学習として、より大きなテーマを設定し、さまざまな角度から学んでいきます。

「水田学習」は同校の前身である駒場農学校時代から伝承されてきた「学校田」で行われます。

中学1年では田植え、稲刈り、脱穀を体験し、そのお米で餅つきをしたり、新入生や卒業生に赤飯として配ります。

また、「地域研究」として、中学2年では東京地区、中学3年で東北地方について、歴史、文化、産業、経済、自然などテーマを設定し、文献にあたって事前調査し、現場でのフィールドワークを行い、レポートにまとめます。さらに中学3年では、高度で専門的な内容を学ぶ「テーマ学習」が用意されています。

原則的に全員が進学する附属高校ではスーパーサイエンスハイスクール（SSH）の認定を受け、理科系分野の高度な研究活動が行われています。

SCHOOL DATA

東京都世田谷区池尻4-7-1

京王井の頭線「駒場東大前」徒歩7分、東急田園都市線「池尻大橋」徒歩15分

男子のみ368名

03-3411-8521

http://www.komaba-s.tsukuba.ac.jp/home/

帝京中学校

東京 板橋区 共学校

「一貫特進コース」伸長躍進

創立者の遺訓「力むれば必ず達す」を基本に、知・徳・体のバランスの取れた、健全で責任感のある人材の育成をめざします。中学2年次までに中学課程を終える先取りとなっていますが、週6日制でじゅうぶんな授業数を確保しているため、無理なく学習とクラブ活動を両立させることが可能です。

2015年度（平成27年度）より中学からの入学生について完全一貫化し、6年間という長いスパンのなかで、広い視野を育てながら、「本当の自分」を発見していくことに力をそそいでいます。

完全一貫化された帝京中は「一貫進学コース」、「一貫特進コース」からなり、「一貫進学コース」が多様な進路目標に対応した教育をめざすのに対して、「一貫特進コース」は目的を明確化し難関大進学をめざします。このコースでは長期休暇中の授業をはじめ授業・家庭学習・確認テスト・補習・個別指導のサイクルのなかで、「わかるまで、できるまで」サポートしながら学力向上をはかっています。6年後に全員が一般入試でMARCH以上に100%合格することを目標に掲げています。

特待生制度は「一貫進学コース」、「一貫特進コース」の両方で設けています。

系列大学への進学は医療系を含め３割程度です。

充実した学習支援

「一貫進学コース」では夏期・冬期の長期休暇にあわせて100以上の講座が開講され、ふだんの授業ではあつかわないハイレベルなものから、趣味や雑学的な講座まで、バリエーションに富んでいます。

先生と生徒の距離が近いのも特徴のひとつです。放課後や昼休み、生徒たちは当たり前のように職員室を訪ね、コミュニケーションがはかられ、生徒からの質問があれば、いつでもその場で補習授業が行われています。

SCHOOL DATA

東京都板橋区稲荷台27-1

都営三田線「板橋本町」徒歩8分、JR線「十条」徒歩12分

男子128名、女子104名

03-3963-6383

http://www.teikyo.ed.jp/

帝京大学中学校

東京 八王子市 共学校

未来へ、そして夢へはばたく

緑豊かな多摩丘陵の一角にある帝京大学中学校・高等学校。その建学の精神は、「努力をすべての基とし、偏見を排し、幅広い知識を身につけ、国際的視野に立って判断できる人材を育成する」ことです。この精神に則り、帝京大学中では、心身ともに健やかで創造力と責任感に富む公人を育てることをめざしています。

生徒一人ひとりの夢の実現をめざす帝京大学中は、生徒に多くの選択肢を持ってもらいたいと考えています。そのため、その中高一貫教育システムは、帝京大の附属校でありながら大学受験を目標においた、志望大学への進学を実現させるものとなっているのです。

確実にステップアップする6年間

授業は週6日制で、クラスは約30名で編成されています。中1・中2では基礎学力の充実を目標に、学力均等クラス編成のもと、数学と英語で習熟度別授業が行われています。中3より、難関大学進学をめざし応用力を磨くⅠ類、基礎学力を固めて弱点を克服するⅡ類に分かれます。そして、高2からは少人数による進学指導を行います。5教科必修型カリキュラムを組む「東大・難関国立コース」と志望に応じて科目を選択する「国公立・早慶コース」「私大コース」に分かれ、さらにコース間でも文系と理系ごとのカリキュラムを用意します。高3で行われる演習の授業では、志望大学に合わせたオリジナル教材による添削指導と個別指導により、難関大学受験で要求される記述力、表現力を育てていきます。

熱意ある教員とそれに応える生徒たちの研鑽の結果、卒業生は笑顔で卒業していきます。中3沖縄修学旅行やグローバル教育の先駆けとして、高1ニュージーランド語学研修、高2でのアジア地域への修学旅行も生徒の学ぶ意欲を高めてきました。卒業後に花開く生徒を育てるために生徒とともに進化しつづける帝京大学中学校です。

SCHOOL DATA

- 東京都八王子市越野322
- 小田急線・京王線・多摩都市モノレール「多摩センター」、JR線「豊田」、京王線「平山城址公園」スクールバス
- 男子195名、女子167名
- 042-676-9511
- https://www.teikyo-u.ed.jp/

田園調布学園中等部

東京 世田谷区 女子校

2030年に輝くために ～自分らしく、一歩前へ～

田園調布学園中等部の歴史は、1926年(大正15年)、多摩川に接する緑濃い田園調布に調布女学校として設立されたところから始まります。建学の精神は「捨我精進」(わがままを捨て、自分の目標に向かって懸命に努力すること)。この精神のもと、一人ひとりの生徒が持つ資質を素直に伸ばし、新しい時代にふさわしい教養と豊かな国際性を備えた女性を社会に送りだすことをめざしています。

「21世紀型スキル」を育てる教育活動

田園調布学園では、思考力・表現力、主体性・社会性を融合させたスキルを「21世紀型スキル」と呼んでいます。これを「協同探究型授業」「土曜プログラム」「学習体験旅行」などをつうじて磨くことで、グローバル社会に貢献する人格の「根っこ」を育てます。

「協同探究型授業」は、アクティブラーニングを導入し、主体性や協同性を持って課題解決にのぞむ授業のことです。1コマの授業時間が65分と長めであるため、グループワークを多く取り入れ、周囲と協力しながら課題を発見・解決していくような、充実した協同探究型授業を各教科で展開しています。放課後には、希望者対象のオンラインの英会話レッスンも導入しました。

また、「土曜プログラム」はワークショップやディスカッションなどの体験重視型の講座をとおして思考を深め、表現力を養う「コアプログラム」と、一人ひとりが好きな講座を選択し、興味・関心を高め、視野を広げる「マイプログラム」の2種類があります。

「学習体験旅行」・「体験学習」に加え、中3対象の「ホームステイ」、高校生対象の「ニュージーランドターム留学」・「スミスカレッジリーダーシッププログラム」といった海外研修も充実しています。さまざまな体験を積み重ねながら他者や社会、世界へと視野を広げ、どう生きるかを自分自身に問いかけるきっかけとなります。

SCHOOL DATA

- 東京都世田谷区東玉川2-21-8
- 東急東横線・目黒線「田園調布」徒歩8分、東急池上線「雪が谷大塚」徒歩10分
- 女子のみ626名
- 03-3727-6121
- http://www.chofu.ed.jp/

東海大学菅生高等学校中等部

東京 あきる野市 共学校

スローガンは「Dream ALL」

「Dream ALL」とスローガンを掲げる東海大学菅生高等学校中等部。このスローガンには、生徒たちが自発的に行動し、熱意や探求心を持って努力するためには「Dream（夢）」、将来の目標がなければならないとの思いがこめられています。ALLとは「Act（活動）・Learn（学び）・Live together（共生）」を意味し、これら３つをキーワードに日々の教育が行われています。

ALLのA、「活動」とは、クラブ活動や国際交流をさします。

クラブ活動では、全国制覇を４度果たしたテニスクラブ、首都圏私立中学校サッカーチャンピオンズカップ２連覇のサッカークラブなど、どの部も活発に活動しています。

国際交流としては、国内でヨコタミドルスクールと交流するとともに、オーストラリア語学研修を実施し、姉妹校のバーカーカレッジとも親睦を深めています。また、ふだんの学校生活でもネイティブスピーカーの教員と触れあう機会が多く設けられています。

東海大菅生の「学び」の特徴は、１クラス約30名の少人数クラスにより、きめ細かな指導が行われていることです。中高一貫の無理のないカリキュラムが組まれ、中１から特進クラスと総合進学クラスを編成し、進路にあった学びを深めていくことができます。

「共生」を学ぶ環境教育

東海大菅生では、広大な敷地と、キャンパスの周りに広がる自然を存分に活用した環境教育が日常的に行われています。校内には畑もあり、野外体験学習や自然体験学習など、教室を飛びだした授業が多く取り入れられています。こうした教育をつうじて、生徒は自然と「共生」していくことを学ぶのです。

人間性にあふれた知性と感性を磨き、自らの力で生きていくたくましさを身につけ、これからの21世紀を担う真の創造性を持つ生徒を育む東海大学菅生高等学校中等部です。

SCHOOL DATA

- 東京都あきる野市菅生1468
- JR線「秋川」・「小作」、JR線・西武拝島線「拝島」バス、JR線「八王子」スクールバス
- 男子179名、女子66名
- 042-559-2411
- http://www.sugao.ed.jp/jhs/

東海大学付属高輪台高等学校中等部

東京 港区 共学校

中高大10年間の一貫教育

2007年（平成19年）、伝統ある東海大学付属高輪台高等学校を母体に、中等部が開校。学内・学外からの「中高大10年間の一貫教育制度を整えてほしい」という強い要望から誕生しました。東海大学の付属校としての特性をフルにいかした、受験勉強にはない、じっくり考える学習を実践しています。

余裕のある学校生活が、より深い学習内容や工夫を凝らしたユニークな取り組みを可能にします。

文理融合のハイレベルな教育

中高一貫教育のもと、６年間を有効に使い学習します。受験のための「先取り学習」は行いません。そのかわり、自ら問題を発見・解決する力、自主的に学びつづける態度の育成をめざした授業を行っています。全教室にアクティブボード（電子黒板）が設置され、生徒には650台のタブレットPCが用意されています。これらのICT機器を活用し、アクティブラーニング（能動的な学習）を取り入れた密度の濃い授業を行っています。

また、英語教育にも力を入れています。１年はネイティブとバスで東京見学（Tokyo Sightseeing Tour）、２年はネイティブとの国内宿泊研修（English Summer Camp）、そして３年はホームステイをともなうオーストラリア海外研修を行います。ふだんの授業も含め、英語に触れる体験を多く取り入れ、日常に必要な語学力を養います。

母体となる東海大学付属高輪台高等学校は「文部科学省スーパーサイエンスハイスクール（SSH）」に継続指定されています。こうした環境をいかし、中等部においてはSSHクラスの高校生が中等部生の理科実験で高度な内容を指導する特別授業も設けています。

東海大学付属高輪台高等学校中等部は、英語教育だけ、理数教育だけではなく、どちらも高いレベルでの「文理融合」と、学習と部活動の両立をめざす教育を行っています。

SCHOOL DATA

- 東京都港区高輪2-2-16
- 地下鉄南北線・都営三田線「白金高輪」徒歩６分、都営浅草線「泉岳寺」徒歩７分
- 男子153名、女子73名
- 03-3448-4011
- http://www.takanawadai.tokai.ed.jp/

東京
神奈川
千葉
埼玉
茨城
寮制

東京家政学院中学校

とうきょうかせいがくいん

東京 千代田区 女子校

生きる力を身につけ、自尊の心を育む

夢を実現する7つのこだわり

東京家政学院では、生徒一人ひとりが多様な夢を描き実現するために、独自のキャリア教育を行っています。その教育において大切にしていることがつぎの7つです。

①抜群の「環境」…校舎は千代田の高台に位置しています。これは創立者である大江スミ先生のこだわりでした。通学に便利で落ちついた環境は学校生活を送るのに最適です。

②「ごきげんよう！」…校内に響きあう「ごきげんよう！」のあいさつは、相手を思いやり、自分を元気にします。創立以来94年変わらずつづく伝統です。

③「人間力アップ」…「エンカウンター」によりコミュニケーション力を養います。文化祭・体育祭・合唱祭はすべて生徒が企画・運営を行います。集団で共有する感動は、生徒の一生の財産となる最も大事な経験です。

④「THE家政」…創立以来「家庭科教育」に力を入れている東京家政学院ならではの「調理」「被服」「保育」の実習授業が魅力です。

⑤進路の「保証」…中3から「アドバンストコース」と「スタンダードコース」が用意されています。現役進学率は約93%、大学進学率は約80%であり、きめ細かい指導が夢の実現をサポートします。

⑥強い「絆」…進路の悩みや勉強とクラブ活動の両立方法など、さまざまなことを卒業生であるチューターに相談できます。親身なアドバイスをしてくれる先輩と強い「絆」で結ばれます。

⑦育む「和の心」…学内には本格的な茶室があります。そこで行う茶道をはじめ、華道・狂言・百人一首など、日本の伝統文化を学ぶことで「和の心」が育まれ、女性らしい品位が身につきます。

このような教育を大切にしながら、生きる力を身につけ、生徒の自尊の心を育む東京家政学院中学校です。

SCHOOL DATA

東京都千代田区三番町22

JR線ほか「市ヶ谷」徒歩6分、地下鉄半蔵門線「半蔵門」徒歩8分、地下鉄東西線・半蔵門線・都営新宿線「九段下」徒歩10分

女子のみ76名

03-3262-2559

http://www.kasei-gakuin.ed.jp/

あ行
か行
さ行
た行
な行
は行
ま行
や行
ら行
わ行

東京家政大学附属女子中学校

とうきょうかせいだいがくふぞくじょし

東京 板橋区 女子校

「躍進ｉ教育」で未来学力を育成

今年創立136年を迎える東京家政大学附属女子中学校・高等学校は、豊かな緑に恵まれた東京ドーム2個ぶんの広大なキャンパスにあります。建学の精神「自主自律」のもと、一貫して未来志向の女子教育を行ってきました。2016年度（平成28年度）からは、未来学力の養成と英語教育の充実を柱とした「躍進ｉ教育」を導入し、中高一貫ステージ制による成長段階に合わせた指導を行っています。また、中2からより高いレベルの英語力を養成するEクラスを設置し、4技能を伸ばすプログラムを実施し、グローバル社会で活躍できる女性の育成をめざします。

中高一貫「新教育プログラム」

学校生活をつうじ生徒の自主性を育て、自学自習の習慣を確立させる指導に力を入れています。また、全教科で生徒同士の学びあいによって全員が課題をクリアしていくアクティブラーニング（協同学習）を導入。主体的に学ぶ力、チームで課題に取り組み解決する力を育てることで、これからの社会や大学入試で求められる総合的な学力を身につけます。

中高一貫「躍進ｉ教育」のカリキュラムでは、体系的な理解を重視した先取り学習とアウトプットを重視した英語教育で、高2までの5年間で確かな学力を身につけ、高3では進路別クラス編成で希望進路を実現します。

ヴァンサンカン・プラン

25歳を目標に理想の未来像を描き、希望進路を実現するために人間力を高めるキャリア教育プログラム「ヴァンサンカン・プラン」では、さまざまなプログラムに取り組みます。キャリア教育と学習指導の充実により、難関大学の合格者数が大きく伸びる一方、併設の東京家政大は、2018年度（平成30年度）には健康科学部（看護学科・リハビリテーション学科）を開設予定で、より多様な進路選択が可能になりました。

SCHOOL DATA

東京都板橋区加賀1-18-1

JR線「十条」徒歩5分、都営三田線「新板橋」徒歩12分、JR線「東十条」徒歩13分

女子のみ223名

03-3961-0748

http://www.tokyo-kasei.ed.jp/

東京純心女子中学校

東京 八王子市 女子校

いかなるところでもなくてはならぬ人に

東京純心女子中学校のキャンパスは、四季折おりの花々が咲き誇り、畑や噴水もある自然豊かな環境です。その教育は、「泉のように湧き出る子どもたちの無限の可能性を引き出し、その叡智(えいち)を人のために用いてほしい。そして炬火(ともし)のように周りを明るく照らし、世界で活躍する世の光となるような女性に育ってほしい」という願いのもと行われています。

生徒の「知」と「こころ」を育てる

教育の柱は「叡智」「真心」「貢献」の3つです。

「叡智」として特徴的なのは、図書館司書教諭と教科担当教員が連携して行う「探究型学習」(全学年)です。例えば、中3の現代社会では、あるテーマについて問いを立て、図書館で情報を集めて答えを導きだします。そして最終的にクラスでスピーチをするという取り組みが行われています。

「探究型学習」以外にも、国語で集客力が低かったチラシの問題点と解決策を考えたり、美術で本の感想を絵で表現したり、音楽で合唱コンクールの練習計画を立てたりするなど、受け身ではなく生徒たち自身が考えるクリティカルな授業が多数実施されています。

「真心」と「貢献」では、校内の畑で農作物などを育て自然とのかかわり方や生命の不思議さを学んだり、「宗教」の時間にキリスト教の教えから女性としての賢さと優しさを身につけたり、ボランティア活動で自分や他者を大切にすることを学んだりしています。

また、東京純心女子では個々の生徒に親身に寄り添い、個性を伸ばすことが大切にされています。こうした教育により、生徒は自分、そして他者をかけがえのない存在だと考えられるようになり、「いかなるところでもなくてはならぬ人に」という創立以来受け継がれている精神を身につけていくのです。「知」と「こころ」を育て、世界に貢献できる女性を育成する東京純心女子中学校です。

SCHOOL DATA

- 東京都八王子市滝山町2-600
- JR線「八王子」・京王線「京王八王子」バス10分
- 女子のみ165名
- 042-691-1345
- http://www.t-junshin.ac.jp/jhs/

東京女学館中学校

東京 渋谷区 女子校

時代の先端を走る伝統校

広尾の緑豊かな街並みの一角に、東京女学館中学校・高等学校はあります。1888年(明治21年)、「諸外国の人びとと対等に交際できる国際性を備えた、知性豊かな気品ある女性の育成」を目標に設立され、これは現在の教育目標である「高い品性を備え、人と社会に貢献する女性の育成」に受け継がれています。

こうした伝統をさらに継承・発展させるため、中1では「スクールアイデンティティー」という時間を設け、東京女学館で学ぶことの意味を考えてもらいます。その際に行う、卒業して20年以上経つ大先輩を招いての講演会では、学校の今昔について質疑し受け継ぐべき伝統を学びます。

英語教育の充実と多彩な教育活動

東京女学館では創立以来、英語の学習に力を入れています。

中1～高1までの英語すべての時間を分割授業とし、1クラス20名の少人数でお互いに助けあい、学びあうことで効果をあげています。また、英会話は中1からネイティブスピーカーの教員が行っています。

理科は実験を中心にした授業を行い、他教科においてもICTを活用したアウトプットのある授業に力を入れています。

調理室、被服室、美術室、音楽室、書道室、コンピュータ室など生徒の安全を第一に、ゆとりある空間を重視し設計されています。また、雨天時、グラウンドが使用できない場合でも、体育館が3つあるためかならず体育ができます。

高1では1年間かけて課題研究を行います。教員ひとりが3～4人の生徒を担当し、テーマは生徒が興味を持った内容を自由に決め、分析考察を行い、小論文を完成させます。

輝かしい青春の一時期を、落ちついた環境のもと、有意義に学校生活を過ごし、大きく成長して羽ばたいていけるよう全力で支援している東京女学館中学校・高等学校です。

SCHOOL DATA

- 東京都渋谷区広尾3-7-16
- 地下鉄日比谷線「広尾」徒歩12分、JR線ほか「渋谷」・「恵比寿」バス12分
- 女子のみ744名
- 03-3400-0867
- http://www.tjk.jp/mh/

東京女子学園中学校

東京 港区 女子校

地球思考 ～世界とつながる女性へ～

東京女子学園中学校は「教養と行動力を兼ね備えた女性の育成」という建学の精神を掲げ、すべての教科や行事などあらゆるシーンにおいて学園の教育理念を包括した「思考コード」のもとに知識や能力を育成していきます。

その過程で必要とされる「思考コード」を学習到達状況を評価する「ルーブリック表」に細分化し提示確認することにより、生徒自身がなにをどのように学ぶか、どのような知識や能力が必要なのかを理解できるため、より深い学びとなり成長することが可能です。

未来の自分とであう「ライフプランニング」

東京女子学園の教育プログラムは「ライフプランニング」「カリキュラム」「国際理解教育」の３つの大きな柱によって構成されています。それぞれの教育プログラムが融合することで大きな成長を導くことができます。

そのなかでも「ライフプランニング」のキャリア育成プログラムは、生徒たちが将来について幅広い視野を広げるために重要な役割を果たしています。このプログラムは、漠然と将来像を描かせるものではなく、大学研究や職業研修をとおして、未来に想定されるできごとまでを勘案して具体的な人生設計を行うオリジナルな内容となっています。

その大きな意義は、自分の人生を真剣に考え組みあげてみることと、自らの人生プランを描き、課題をとらえ解消していく能力を養成していくことです。グループミーティングやディベート、ゲーム形式のワークショップを行いながらキャリアカウンセリングを実施することにより「自他の理解能力」「選択能力」「課題解決能力」「計画実行能力」などのセルフソリューション、セルフ・マネジメントに不可欠なスキルを身につけていきます。

こうした取り組みの成果として、生徒たちは自分の未来に対して明確な目標を持つことにより学習意識も高まり、近年の合格者数の伸びにつながっています。

SCHOOL DATA

東京都港区芝4-1-30
都営浅草線・三田線「三田」徒歩2分、JR線「田町」徒歩5分、都営大江戸線「赤羽橋」徒歩10分
女子のみ94名
03-3451-0912
http://www.tokyo-joshi.ac.jp/

東京成徳大学中学校

東京 北区 共学校

創造性のある自律できる人間を育成

東京成徳大中高一貫コースの教育のテーマは「創造性と自律」です。６年間の時間のなかで生徒個々の特性を大切にしながら、一人ひとりじっくりと育てていくことを目標としています。そのなかで、不透明な未来にも柔軟に自分を発揮しながら、賢く、たくましい道を切り拓いていける人間力にあふれた人格を養成していきます。

そのために、「自分を深める学習」というオリジナルの心の教育プログラムがあります。「自分とは何か、なぜ学ぶのか、そして、どう生きるのか」をテーマとして、種々の問題を真剣に考え、模索し、そして「自分の生き方」を自分で選び決められるようになるのです。

机上での確かな学びとともに、たんなる自分勝手な学力ではなく実社会で発揮する能力を養うための、豊かな人間関係によるさまざまな学びの経験ができる理想の教育環境があります。

意欲を喚起する６年間

中高６年間という期間の持つ大きな可能性のなかで、学力伸長のために計画的・段階的な学習プログラムにより個々の成長が主体的な意欲をともなったものとなるように展開します。中学３年間で国語・数学・英語の時間を多くとり、無理のないペースで高校レベルの先取り学習が行われます。

とくに、英語力の強化は大学入試はむろんのこと、グローバル社会における必須能力ととらえ、週８時間の授業時間のうち３時間を専任のネイティブ教師によるコミュニケーション能力向上のための時間にあてています。残りの５時間は大学入試にも十分対応できる英語力向上のための時間としています。

高校生になると希望進路により４つのコースに分かれます。長期休暇中には講習や勉強合宿が開かれるなど、生徒の夢の実現に向けて全力でバックアップが行われています。

SCHOOL DATA

東京都北区豊島8-26-9
地下鉄南北線「王子神谷」徒歩5分、JR線「東十条」徒歩15分
男子166名、女子204名
03-3911-7109
http://www.tokyoseitoku.jp/js/

東京電機大学中学校

東京 小金井市 共学校

校訓「人間らしく生きる」にこめられた思い

東京電機大学中学校の校訓は「人間らしく生きる」。この言葉には「人間だけが夢を見ることができ、人間だけが夢を実現する意志をもっている。夢の実現に向かって努力していこう」という熱い思いがこめられています。

3つの教育と体験学習プログラム

教育の柱となるのは、ワードなどの基本的なものからプログラミングまで学べる「情報教育」、充実した施設を使って、楽しみながら自然科学への関心を深める「理科教育」、モーニングレッスンや週に6、7時間確保されている授業をつうじて、実践的な英語力を養う「英語教育」の3つです。こうした教育により、探求心と表現力を養い、グローバルに活躍する人材を育んでいます。

また、一人ひとりが「自分を見てくれている」と安心感を感じながら学べるように、教員が個々の学習状況を把握しやすい33名前後のクラスが編成されているのが特徴です。中3からは応用力養成クラスと基礎力充実クラスを設置し、習熟度に合わせた指導を展開します。

そして、生徒の学習到達度を確認するために、年5回の定期考査や模擬試験、年2回の到達度確認テストが行われています。各試験終了後には、試験内容の分析シートや成績一覧表が配布され、これらをもとに講習・補習が実施されるので、生徒の学力をさらに伸ばしていくことができます。

こうしたていねいな学習指導体制に加え、多彩な体験学習プログラムも魅力です。理科・社会見学会、英語合宿、強歩大会など、さまざまなプログラムが用意されています。さらに昨年度から、中1～高2まで継続して取り組む新たな総合学習が始まりました。

着実に学力を伸ばしていくことができる環境と、経験を重視する体験学習プログラムにより、生徒が夢を実現するための力を育む東京電機大学中学校です。

SCHOOL DATA

- 東京都小金井市梶野町4-8-1
- JR線「東小金井」徒歩5分
- 男子359名、女子148名
- 0422-37-6441
- http://www.dendai.ed.jp/

東京都市大学等々力中学校

東京 世田谷区 共学校

ノブレス・オブリージュとグローバルリーダーの育成

2009年（平成21年）、東横学園中学校から東京都市大学等々力中学校へと校名変更し、2010年（平成22年）には共学部がスタート。東京都市大学等々力はいま、時代に合わせてどんどんステップアップしています。

東京都市大学等々力が理想とする教育像は「ノブレス・オブリージュ」です。これは、誇り高く高潔な人間には、それにふさわしい重い責任と義務があるとする考え方のことです。この言葉に基づいた道徳教育・情操教育で、将来国際社会で活躍できるグローバルリーダーを育成することをめざしています。

独自の4つの学習支援システム

東京都市大学等々力では、独自の学習支援システムにより、基礎基本の修復から難関大学現役合格対策、自学自習力の育成から問題解決思考の育成まで、生徒にとって必要不可欠な力を具体的なプログラムで着実に実行しています。それが「システム４Ａ」、「システムLiP」、「英語・国際教育プログラム」、「理数教育プログラム」というシステムです。

「システム４Ａ」は生徒の時間管理能力を高めるためのシステムで、「その日のうちに解決」をモットーとしています。

「システムLiP」はLiteracy（読み取り能力）とPresentation（意思伝達能力）を組みあわせた造語で、文章を正しく読み解く能力と、人を「その気にさせる」説明力を養う独自のシステムです。

「英語・国際教育プログラム」は、多読や速読を重視した読解重視の英語力を育成するものです。そして、「理数教育プログラム」は工学系の大学である東京都市大学グループのメリットをいかした高大連携プログラムを展開しています。

こうしたさまざまな取り組みにより、東京都市大学等々力中学校では、生徒たちの高い進路目標の実現と高潔な人生を保証しています。

SCHOOL DATA

- 東京都世田谷区等々力8-10-1
- 東急大井町線「等々力」徒歩10分
- 男子367名、女子266名
- 03-5962-0104
- http://www.tcu-todoroki.ed.jp/

東京都市大学付属中学校

東京 世田谷区 男子校

たくましく、せかいへ。It's now or never. It's my time!

東京都市大学付属中学校・高等学校は、中高一貫の男子校です。「明るく元気な進学校」として、難関大学合格を目標とした教育プログラムで大学合格実績を伸ばしており、受験生からも大変注目を集めています。

校訓である「誠実・遵法・自主・協調」の4つの言葉には、豊かな知性を身につけるとともに、人格を磨き、自己の実現が社会の発展と人類の幸福に貢献できる人間に育ってほしいという願いがこめられています。

コース制で、新たな学習システム

東京都市大学付属では、中高の6年間を前期・中期・後期に分け、発達段階に応じた教育を行っています。前期（中1・中2）の2年間では、基本的な生活習慣と学習習慣を身につけることに重点が置かれています。

中期の中3からは類ごとに習熟度別授業を数学・英語で実施します。職業研修や4000字以上の中期修了論文、学部学科ガイダンスなどが行われ、卒業後の進路を考えていきます。

また、実験レポートの作成や情報科のプレゼンテーション、論文の執筆などをとおしたアクティブラーニングを早くから導入し、新しい大学入試制度が求める「思考力・判断力・表現力」を育てます。後期では、高2での文理選択をベースに自己の進路目標を達成できるような指導体制となっています。理系では理科の授業を増やし、実験も充実、文系は国公立大への受験も見据え、数学と理科を全員必修としています。

Ⅱ類（最難関国公立大コース）とⅠ類（難関国公立私大コース）のコース制により、早い段階から目標が明確になるほか、レベルに応じた授業が展開されることが生徒の理解度アップにつながり、さらなる大学合格実績の向上が期待されています。

また、帰国生入試や英語を入試科目とするグローバル入試を実施。英語力の高い生徒には週4時間の取り出し授業を行っています。

SCHOOL DATA

東京都世田谷区成城1-13-1

小田急線「成城学園前」徒歩10分、東急田園都市線・東急大井町線「二子玉川」バス20分

男子のみ828名

03-3415-0104

http://www.tcu-jsh.ed.jp/

東京農業大学第一高等学校中等部

東京 世田谷区 共学校

知を耕し夢をかなえる力を育む

「実学で知を耕し、深めていこう」という意味の「知耕実学」を教育理念とする東京農業大学第一高等学校中等部。実学主義を掲げ、実験や体験を多数行うことで、確かな学力とともに、問題発見・解決能力を育んでいます。

実験・体験・授業をバランスよく配置

東農大一の最も特徴的な学習は「ダイズと稲から学ぶ」をテーマとする総合学習です。

中1はダイズ栽培と稲作実習に取り組みます。「実験・観察」の基礎を習得しながら、その過程ででた疑問の答えを生徒たち自身が探すことで問題発見・解決能力も養います。中2では東京農業大と連携した「お米の科学」というプログラムが実施されます。大学教授の指導を受けながら、大学の設備を使ってデンプンのかたちを調べたり、炊いたごはんの味を比べたりする魅力的な取り組みです。さらに中3では味噌づくりに挑戦します。

総合学習により、興味、関心の芽が育まれ、生徒たちは学びのおもしろさを感じるとともに、知的充実感も得られるようになるのです。

こうした実験・体験を重視する一方、学習のサポート体制も万全です。中等部では国語・数学・英語の時間数が多く設定され、基礎学力をしっかりと養成していきます。そして、高校ではオリジナルプリントを数多く使用することで、苦手科目にも興味を持てるように工夫されています。そのほか、始業前の小テストや主要教科の単元ごとの確認テストなど、学んだことを確実に定着させるためのプログラムも用意されています。

大学進学では、併設の東京農業大への推薦入学も可能ですが、他大学を受検する生徒も多く、国公立大や難関私立大受験にも対応できる体制が整えられています。

東京農業大学第一高等学校中等部は、実験・体験・授業をバランスよく配置することで、生徒が「より高く、より意欲的な夢の実現」をめざせる力を育てています。

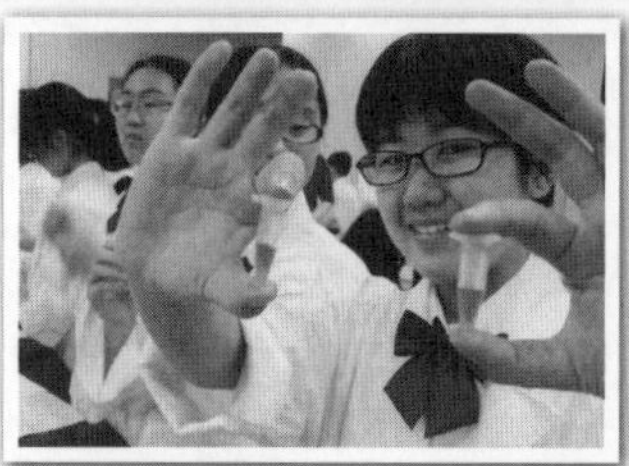

SCHOOL DATA

東京都世田谷区桜3-33-1

小田急線「経堂」・東急世田谷線「上町」徒歩15分、東急田園都市線「用賀」バス10分

男子282名、女子267名

03-3425-4481

http://www.nodai-1-h.ed.jp/

東京立正中学校

東京 杉並区 共学校

育てているのは21世紀に活躍する人材

魅力的な新コースがスタート

建学の理念に「生命の尊重・慈悲・平和」を掲げる東京立正中学校・高等学校。

グローバルな社会で活躍できる人材を育成するため、2015年度（平成27年度）から、中高一貫部に「イノベーションコース」が誕生しました。

このコースでは、英語教育とICT教育の充実がはかられています。電子黒板の導入はもちろんのこと、タブレット端末を使用した個別学習システム「すらら」の活用をはじめ、中学全体でインターネット上の個別英会話を行うなど、さまざまな魅力的な教育が実践されているのが特徴です。

また、人間力・知力・国際力・情報力の４つの力を無理なく伸ばしていくために、６年間のグランドデザインが細かく設定されています。さらに、進路指導も充実しており、中１～高３の各学年に応じた指導を行うことで、一人ひとりが希望の進路を実現できるようなサポート体制を整えています。

生徒一人ひとりが、幸せな人生を送れるように

日ごろから全教職員が生徒一人ひとりに目を行き届かせ、声かけやコミュニケーションが頻繁に行われています。生徒と教員の間に信頼関係を築くことにより、生徒は教員に相談しやすく、教員は親身な指導が行えるようになります。学習面はもちろん、生徒関係にもつれがあった場合でも、的確に対応してくれる教員がそろっています。また、教育方針である「文武両道」のもと、勉強においても部活動においても、目標を持ち、自ら考え、積極的に取り組む自主性を身につけることがめざされています。それにより生徒一人ひとりが持つ力を引き出し、自信と人間力を育みます。生徒全員が社会にでてから幸せな人生を送れるように、一人ひとりに親身な指導を行う、それが東京立正中学校の面倒見のよさです。

SCHOOL DATA

- 東京都杉並区堀ノ内2-41-15
- 地下鉄丸ノ内線「新高円寺」徒歩8分
- 男子10名、女子56名
- 03-3312-1111
- http://www.tokyorissho.ed.jp/

東星学園中学校

東京 清瀬市 共学校

豊かな精神性と知性を育む全人教育

カトリックのミッションスクールである東星学園中学校·高等学校は、1936年、フランス人宣教師のヨセフ・フロジャク神父が東星尋常小学校を設立したことに始まります。フロジャク神父は宣教活動とともに、さまざまな救済活動を行い、社会福祉の草分け的存在として知られます。東星学園の敷地内に教会、修道院、病院、老人ホーム、児童福祉施設などがあるのは、こうした歴史によるものです。

少人数教育で生徒一人ひとりを大切に

東星学園で最も重視されているのは、「人を大切にすること」です。生徒一人ひとりの感性を高め、豊かな精神性と知性を育む「心の教育」「全人教育」を展開しています。具体的には「誠実」「努力」「自立」「奉仕の精神」を教育目標に掲げ、より豊かな人間性の育成をめざしています。

週６日制、１学年２クラス（各30名）の少人数教育を取り入れ、生徒一人ひとりの学習状況を把握し、個々に適した方法で考えさせていく指導が行われています。

また、生徒一人ひとりがゆとりを持ちながら、基礎・基本を着実に身につけることを重視し、英語学習や補習にも力を入れています。

中学２年で行われる「英語劇発表」は、東星学園の英語学習の大きな特徴のひとつです。生徒自らが題材を選び、みんなでシナリオをつくって演じ、生徒の英語力向上にもおおいに役立っています。

高校では、ただたんに進路を決定するのではなく、生徒一人ひとりがほんとうに望む進路を探っていく、その過程も大切にした指導が行われています。さまざまな進路に対応できる教科課程を組み、高２から文系と理数系教科間の必修選択制を採用。高３の一般授業は午前が中心で、午後からは自由選択科目の少人数グループ授業を取り入れています。また、個別補習や受験指導にも力をそそぎ、進路実績の向上をめざしています。

SCHOOL DATA

- 東京都清瀬市梅園3-14-47
- 西武池袋線「秋津」徒歩10分、JR線「新秋津」徒歩15分
- 男子30名、女子51名
- 042-493-3201
- http://www.tosei.ed.jp/

桐朋中学校

東京 国立市 男子校

時代を貫く自主の精神

桐朋中学校は開校以来、生徒の個性を尊重し、自主性を育む教育を実践してきました。自由な気風で知られ、生徒を規制するような校則はほとんどありません。そうした環境のなか、「自由だからこそ自分で判断することの大切さを自覚する」と、生徒たちは自由本来のあり方を体得しています。

学力と個性を伸ばす学校文化

桐朋は進学校として東京西部を代表する存在であり、毎年、東京大や国立大医学部を中心に、難関大合格者を数多くだしています。

この実績を支えるのが、熱意ある教員による「本物の学び」を志向した日々の授業です。中学では、基礎学力の定着をはかるとともに、発展的な内容も学びながら、自主的に学習する姿勢を育てています。そして高校では、個々の進路に対応した本物の学力を養成するため、生徒の希望に準じた段階別授業や分割授業など、多彩な選択科目が用意されています。

こうして高い学力を身につける指導体制が整えられている一方、その人でなければ有しない個性を持っているかどうかが問われるのが桐朋文化です。そのため桐朋生は、勉強以外の活動にも熱心に取り組んでいます。

行事は基本的な枠組みを毎年踏襲しながらも、実行委員を中心に生徒主体で企画・運営がなされます。部活動も活発で、同好会を含め36の部が活動しており、全国レベルで活躍する部もあります。

新校舎が完成し教育環境がさらに充実

キャンパスは広大で緑豊かな環境です。昨年度完成した新校舎には、黒板が壁３面に配置された教室、本格的なガスオーブンレンジを備えた家庭科室、最新の設備を整えた実験室、生徒たちの交流の場となる多目的ラウンジなどが整えられました。充実した教育環境のもと、さまざまなことに全力投球しながら「時代を貫く」主体性を身につけられる学校です。

SCHOOL DATA

- 東京都国立市中3-1-10
- JR線「国立」・「谷保」徒歩15分またはバス
- 男子のみ789名
- 042-577-2171
- http://www.toho.ed.jp/

桐朋女子中学校

東京 調布市 女子校

創造性にあふれた人間の育成をめざす

桐朋女子の教育理念は「こころの健康　からだの健康」です。心身ともに健やかに成長することが教育のすべてに優先すると考えており、生徒一人ひとりの生きる希望や意欲を引きだすことを大切にしています。

「自分と他者とは違っているのが前提であり、そこにこそ人の存在する価値を見出せなければならない」との指導が、学校生活をとおして行われます。自分にはない他人の考え方や感性に耳を傾け、理解しようと努力するとき、目標ができ、ほんとうの理解力が生まれ、真の成長へとつながっていくのです。その教育をひと言で表せば、豊かな感性とそれを支える高い知性の双方をバランスよく身につけた、創造性にあふれた人間の育成をめざす教育実践だと言えます。

活躍の場を広げて生き方を切り拓く

桐朋女子には、ホームルーム活動、生徒会活動、クラブ活動、文化祭や体育祭など、生徒が主体的に取り組み、活躍できる場が多くあります。学校生活のなかに自身の居場所があり、果たすべき役割を見出せることは健全な成長には欠かせません。このような学校生活をとおして、自ら生き方を切り拓いていける人材の育成をめざしています。

授業では、見学、実習、実験、制作など、数多くの体験学習を行っています。本物に触れ、自ら考えたことをレポートにまとめたり、スピーチやディベートなどをとおして、みんなで考えを共有し互いに高めあったりします。このようにして、「21世紀型学力」である思考力、発想力、表現力などを伝統的に育んできました。それが、国公立大や難関私立大、芸術大、海外の大学など、多様で幅広い進学へとつながっていきます。

なお、桐朋女子は50年以上にわたり積極的に帰国生を受け入れています。多くの帰国生の存在は、語学学習のみならず、学校生活全般においても大きな刺激となっています。

SCHOOL DATA

- 東京都調布市若葉町1-41-1
- 京王線「仙川」徒歩5分
- 女子のみ548名
- 03-3300-2111
- http://www.toho.ac.jp/

東洋英和女学院中学部

東京 港区 女子校

キリスト教に基づく教育

1884年（明治17年）、カナダ・メソジスト教会の婦人宣教師マーサ・J・カートメルにより設立されました。創立時からの「神を敬い人のために働く使命の大切さを教える」建学の精神は今日まで脈々と受け継がれ、キリスト教に基づく教育が展開されています。

その教育の根幹は、「敬神奉仕」。「敬神」は、「心を尽くし、精神を尽くし、思いを尽くし、力を尽くして、あなたの神である主を愛しなさい」ということ、「奉仕」は、「隣人を自分のように愛しなさい」という聖書の教えを表しています。

伝統ある英語教育

少人数制で、聞き、話し、読み、書く。中1ではネイティブの教師による英会話の授業が週2時間。受験用の英語力の習得にとどまらず、英語圏の行事や文化を学び、生きた英語を身につけることをめざしています。

英語で発信する力を培う特別プログラムも充実。中1はクリスマス英語劇、短い詩の暗唱、中2は自分の夢や尊敬する人物について原稿を書いて発表するスピーチコンテスト、中3は詩や演説を暗唱するレシテーションコンテストを実施。良質の英語に触れ、自ら英語で発表する機会が学年に応じて用意されています。カナダミッションによって築かれた英語教育は、いまも新しい創意工夫を加えて継承されています。

希望進路に合わせた時間割を自分自身でつくる

高1から選択科目の履修が始まり、高2からは、希望進路に合わせた時間割を自分でつくります。ホームルームは、理系・文系などのコース別ではなく、毎朝の礼拝後は各々が選択した授業に分かれ、終礼時に再びクラスに集まります。このように進学希望先の異なる生徒が多様な価値観のなかで高校生活を送ることはよい刺激となり、かつ卒業後の幅広い友人関係を築くことにもつながります。

SCHOOL DATA

東京都港区六本木5-14-40
都営大江戸線「麻布十番」徒歩5分、地下鉄日比谷線「六本木」・地下鉄南北線「麻布十番」徒歩7分
女子のみ589名
03-3583-0696
http://www.toyoeiwa.ac.jp

東洋大学京北中学校

東京 文京区 共学校

2015年4月、新しい学校としてスタート

学校改革6本の柱

2015年（平成27年）より東洋大学京北中学校として生まれ変わりました。改革の柱は、「①男女共学」「②文京区白山の新校舎」「③東洋大学の附属校」「④国公立大学進学対策など、進学指導の強化」「⑤国際教育の推進」「⑥哲学教育（生き方教育）の推進」の6つです。新校舎は、9つのICT教室・4つの理科室・English Conversation Roomを併設した図書室（閲覧席120席）・160席の自習室・吹き抜け片面ガラス張りのカフェテリア・地下に配置される冷暖房完備のアリーナ・全面人工芝の校庭など、魅力的な環境です。

テーマは「より良く生きる」

建学の精神である「諸学の基礎は哲学にあり」の言葉を胸に「より良く生きる」ことをテーマとします。自ら考え、また論じあうことにより、自問自答する力「哲学的に考える力」を養います。古今東西の「名著精読」、さまざまな分野で活躍する専門家による「生き方講演会」、実体験をとおした学びの機会である「刑事裁判傍聴学習会」や「哲学ゼミ」などのプログラムを実践していきます。

多様な価値観を理解するとともに自己の人生観、世界観を築き、社会に有用な人材を育てます。

東洋大との中高大学びの連携

東洋大との連携により、中・高のみでは為し得ない学びが可能となります。まず、各学部の交換留学生と英語でコミュニケーションをはかる「Let's Chat in English！」では、年齢が近いからゆえの親近感や身近な話題に花が咲き、英会話に対する照れや尻ごみの気持ちを克服させるのに大きな効果をもたらしています。そして、総合大学である東洋大の学部を定期的に訪問することにより、専門教育への意識、大学への興味を高めていきます。

SCHOOL DATA

東京都文京区白山2-36-5
都営三田線「白山」徒歩6分、地下鉄南北線「本駒込」徒歩10分、地下鉄丸ノ内線「茗荷谷」徒歩14分、地下鉄千代田線「千駄木」徒歩19分
男子157名、女子143名
03-3816-6211
http://www.toyo.ac.jp/toyodaikeihoku/

トキワ松学園中学校

東京 目黒区 女子校

グローバルな視野を持つ「探究女子」を育てる

昨年、創立100年を迎えたトキワ松学園中学高等学校は、建学の精神に「鋼鉄(はがね)に一輪のすみれの花を添えて」という言葉を掲げます。

これには創立者である三角錫子先生が生徒たちに贈った言葉「芯の強さと人を思いやる優しさをもち、バランス感覚のよいしなやかな女性であれ」という思いがつまっています。

「探究女子」を育てる3つの教育

現在、トキワ松学園は「グローバルな視野を持ち、クリエイティブに問題解決できる“探究女子”を育てる」というビジョンを掲げ、中3より特進・進学の2コースを設置し、高1からは美術コースが加わり、高2で美術・文系進学・文系特進・理系の4コースに分かれ、生徒一人ひとりに合ったコースで、夢の実現をめざしています。

教育の3つの柱は「思考力教育・国際力教育・美の教育」です。この中心となるのが「思考力教育」で、多読の取り組み「読書マラソン」では中学3年間で平均100冊の本を読みます。また、これまでトキワ松学園が行ってきた図書室を使って調べ・考え・発表する授業が2017年（平成29年）より新科目「思考と表現」として、思考力の土台を築きます。

「国際力教育」では、ネイティブスピーカーの教員が担当する英語の授業が全学年にあり、聞く力と話す力が育ちますが、トキワ松学園の英語の授業では「英語を使って世界を知る」ことを大切にしています。そのために高校では世界情勢を英語で学ぶ「グローバル・スタディーズ」という授業があり、国際関係学などを大学で学ぶ生徒が増えています。

また、「美の教育」では中学で美術の授業が週2時間ずつあり、高校からは美術コースに進むことができます。美術コースに進まない生徒にとっても表現力だけでなく、ものを見る力や発想力、美しさを感じとる力がきたえられ、頭と心と身体のバランスがとれた女性が育っています。

SCHOOL DATA

東京都目黒区碑文谷4-17-16
東急東横線「都立大学」徒歩8分、「学芸大学」徒歩12分
女子のみ138名
03-3713-8161
http://www.tokiwamatsu.ac.jp/

豊島岡女子学園中学校

東京 豊島区 女子校

互いに刺激しあいながら一歩ずつ確実に

豊島岡女子学園中学校を訪れると、まず、その施設のすばらしさに目を奪われることでしょう。そして廊下の隅々まで清潔に保たれていることにも気づきます。「よりよい設備で、生徒に自信と誇りを持って勉強できる環境を」という学校の願いが感じられます。

磨かれる個性と学力向上は隣りあわせ

毎朝授業前に全校に静寂のときが訪れます。1mの白布に赤糸でひたすら針を進める「運針」です。1日の始まりを心静かに迎える「5分間の禅」ともいえるこの時間は、集中力を養う心の鍛錬の時間です。

クラブ活動や学校行事もさかんです。生徒がそれぞれ持っている才能を発見し育てていこうという教育方針「一能専念」に基づき、生徒全員がクラブに所属します。文化部・運動部合わせて49もあり、「桃李連(とうりれん)」という阿波踊りの部もあります。

中高時代は、協調性や企画力、行動力、リーダーシップといった『人間力』を養うことも大切です。豊島岡女子学園では、さまざまな場面で、互いに刺激しあいながら高めあっていける環境があります。

すべての授業で、生徒も先生も全力投球でのぞむ姿勢があり、多様な進路選択を可能にします。授業の密度が濃く、内容もハイレベルであるため、塾などに通わなくても学校を活用することで志望大学に合格する生徒もいます。

課外にも、希望者が主体的に取り組むさまざまなイベント・講座があります。モノづくりによる探究型学習や、各自が取り組んだことを発表しあうAcademic Dayというイベントもあり、互いに高めあっています。

各自が希望する大学への合格がサポートされ、大学合格実績も、理学・工学系統の合格が最も多く、次いで人文科学系統、医学系統がつづき、医学系統は総数130名、現役も半数を超えています。

SCHOOL DATA

東京都豊島区東池袋1-25-22
地下鉄有楽町線「東池袋」徒歩2分、JR線ほか「池袋」徒歩7分
女子のみ793名
03-3983-8261
http://www.toshimagaoka.ed.jp/

獨協中学校

東京 文京区

男子校

自信と誇りを身につけ社会貢献できる人間へ

1883年（明治16年）、獨逸学協会によって設立された獨逸学協会学校を始まりとする獨協中学校・高等学校では、ていねいな指導のもと、生徒の可能性を伸ばし、社会貢献のできる人材を育てています。一人ひとりが自身の成長を感じ、6年後に自信と誇りを身につけられるように生徒を導いていきます。

発達段階に合わせた教育プログラム

獨協教育の特徴は、6年間を2年ずつの3ブロックに分け、第1ブロックを基礎学力養成期、第2を学力伸長期、第3を学力完成期と位置づけて、生徒の発達段階に合わせた教育活動を行っていることです。

第1ブロックから毎日の予定や学習時間の管理を生徒自身が行い、自立の心を育てます。第2ブロックからは、深く学ぶ選抜クラスとじっくり学ぶ一般クラスに分かれ、論理的思考力の育成をめざし、中3では「研究論文」に取り組みます。そして、第3ブロックでは、将来を見据え、それまでに身につけた学力や思考力を統合していき、高2から文系・理系、高3では国公立・難関私大・医学部・私大コースに分かれて学習を行います。

各ブロックには、多彩で充実した内容の行事がバランスよく配置されているので、生徒はさまざまな課題に取り組み、多くの刺激を受けながら多面的な成長を遂げることが可能です。

また進路指導では、有名大学見学会、職場体験、進路ガイダンス、OB体験談など、学年ごとに豊富なプログラムが用意されています。その結果、国公立大や難関私立大、医学部に多くの合格者を輩出しつづけています。

獨協中学校・高等学校は、完全中高一貫制で行う質の高いカリキュラムと、人間として成長できるさまざまな機会を用意することで、生徒の個性を磨きながら、自分以外のだれかのために行動できる人間を育てていきます。

SCHOOL DATA

東京都文京区関口3-8-1

地下鉄有楽町線「護国寺」徒歩8分、地下鉄有楽町線「江戸川橋」徒歩10分

男子のみ633名

03-3943-3651

http://www.dokkyo.ed.jp/

中村中学校

東京 江東区

女子校

108年目の女子校が「地球市民」を育てる

中村学園は1909年（明治42年）に創立されました。建学の精神は「機に応じて活動できる女性の育成」。108年前、すでに21世紀に求められる力を予見し、現在は完全中高一貫女子校として「協奏社会を創造する地球市民の育成」をめざしています。

グローバルキャリアデザイン

21世紀には、社会貢献を視野に入れ、地球的視野で自らの進む路を考えることが求められます。グローバルキャリアをデザインする際は「私は地球を任されている」という自覚が必要です。“Think globally, act locally”、つまり、地球規模でものごとを考え、足元を見つめて行動する意識が要求されると中村は考えます。そうした意識を持つための土台が、校訓「清く 直く 明るく」という豊かな人間性であり、全教育活動で養う「5つの思考力（5Ts）」（論理的思考・相互理解的思考・批判的思考・協働的思考・地球的思考）です。

この教育改革に連動して、「一般入試（2科・4科選択型）」、「特待生入試（4科型）」、「適性検査型特待選抜入試（公立中高一貫校型）」、「ポテンシャル入試（自己アピール型）」、「英語ポテンシャル入試（英語重視型）」という5種類の多様な入試を行っています。多様な生徒が教室に集い、主体的に協働する場が中村です。この入試改革は大学入試改革、大学教育改革にもつながるものです。

「伸びる生徒」&「伸ばす環境」

中村では、iPad（中学全学年）、Active Learning（中高全学年）などを活用して、授業の効率を高めています。中学校では習熟度別授業（数学・英語）を実施し、高校では習熟度別クラスを編成し、授業の質を深めています。とくに英語については、中学生はTOEFLを全員受験します。高校国際科の生徒は全員、1年間、1校にひとりずつ留学をします。海外を訪れるプログラムも多彩です。

SCHOOL DATA

東京都江東区清澄2-3-15

地下鉄半蔵門線・都営大江戸線「清澄白河」徒歩1分

女子のみ209名

03- 3642-8041

http://www.nakamura.ed.jp/

日本工業大学駒場中学校

東京 目黒区

共学校

「日駒新教育構想」をスタート

日本工業大学駒場では、100年以上の歴史のなかで大切にしてきた教育理念をいかしながら、変化の激しい時代に生きる若い人たちの成長をさらに応援するため「日駒新教育構想」をスタートします。大学進学実績のさらなる伸長をめざすとともに、①国語教育と言語技術を教育の中核に据えること、②英語教育と海外留学の充実化、③日本工業大学駒場らしい新たな理数教育の開発、④新しいコミュニケーション教育とキャリア教育の展開、⑤ものを創る感動体験の追求、の5つを基本骨格としてさらなる躍進をめざします。

高校普通科は3コース

基礎基本に重点をおいた中学3年間を送ったあと、高校進学時には担任や保護者との面談を重ねて3つのコースに分かれます。

「特進コース」は国公立大や難関私立大をめざすカリキュラムが組まれたコースです。高2からは文系、理系に分かれ、高3からは志望校によって国公立大や早慶上理をめざすα（アルファ）、G-MARCHなどの私立大を中心にめざすβ（ベータ）に分かれます。

「進学コース」は国公立大や私立大への進学をめざすコースです。高2から、文系、理系に分かれます。放課後は部活動や委員会など、挑戦したいことに思いきり打ちこめる環境が整っています。

「理数コース」は工学基礎力を高校のうちに身につけ、難関大学理工系学部の現役合格をめざすコースです。入試科目の数学・英語・理科を3年間で徹底的にきたえ、入試に備えます。

英語の学習環境では、カナダの大自然に触れる、中学と高校での短期留学があります。また、多くの生徒が海外を体験できるように、中学の修学旅行でアジア・オセアニアへの研修旅行が検討されています。

生徒全員の夢をかなえるよう、教員一丸となって応援する日本工業大学駒場です。

SCHOOL DATA

東京都目黒区駒場1-35-32
京王井の頭線「駒場東大前」徒歩3分、東急田園都市線「池尻大橋」徒歩15分
男子153名、女子28名
03-3467-2160
http://www.nit-komaba.ed.jp/j/

日本学園中学校

東京 世田谷区

男子校

まさかのときに役立つ人になる

日本学園では「デイリーレッスンノート」や「にちがく講座」で基礎的・基本的な学力と主体的な学習態度を身につけます。そのうえでALTを交えた合科型の授業やICT、グループワークやディベートを用いた問題解決型授業を導入し、思考力・判断力・表現力を磨きます。オリジナルプログラム「創発学」では「体験」を核に新たな“好奇心”と、学びつづけるための原動力である“動機”を生みだします。

新たな価値観を生む「創発学」

「創発学」では、まず体験したことを軸に発表をしあいます。こうしたコミュニケーションをつうじて互いに切磋琢磨し、新しい理論をつくりだす活動をつづけていきます。感じたことや考えたことを理解しあう楽しさや、自分の体験をもとに理論をつくるおもしろさが芽生え、学びの原動力になります。互いに知識を共有することにより、ひとりの能力を超えた新しい能力や知識が生みだされ、それが新たな価値観の創造に結びつきます。

高い倫理観を持つ真の国際人育成

英語教育では、英語だけを話す「イングリッシュ・ルーム」、英語のみのセリフで行う「イングリッシュ・ムービー」の製作、国内での語学研修旅行を経て中3の「オーストラリア語学研修」へと学習体験を進めます。生徒たちは体験のなかでさまざまな人びとの共存する世界を実感し、「創発学」で学んだ「互いを豊かにできる新しい価値観の創造」を学校というステージだけでなく、「世界」のなかでも実践することを意識します。

1885年(明治18年)、東京英語学校として創立した日本学園は日本人として主体性を確立し、さらにグローバルな人材を育成することを目標としてきました。「まさかのときに役立つ人になれ」は校祖杉浦の言葉。なくてはならない「真の国際人の育成」をめざします。

SCHOOL DATA

東京都世田谷区松原2-7-34
京王線・京王井の頭線「明大前」徒歩5分、京王線・東急世田谷線「下高井戸」徒歩10分、小田急線「豪徳寺」・東急世田谷線「山下」徒歩15分
男子のみ54名
03-3322-6331
http://www.nihongakuen.ed.jp/

日本大学第一中学校

東京 墨田区 共学校

中高一貫教育をいかした充実の教育環境

2012年（平成24年）で創立100周年となった日本大学第一中学校は、校訓である真（知識を求め、心理を探求する）・健（心身健康で鍛錬に耐える力を持つ）・和（思いやり、協調の心を培う）のもと、「絆を重んじ、良き生活習慣をもった次世代人の育成」を行う伝統ある学校です。

中学では、充実した教育環境のなか、豊かな知識と人間性の基礎を育てることを目標として、「基礎学力の向上」「個性を伸ばす教育」「健全な人間性を育む」の3つに重点を置いた教育が行われています。また、さまざまな行事を行い、そのなかで豊かな人間性を育んでいます。

高校受験の必要がない中高一貫教育の利点をいかし、習熟度別学習を取り入れ、効率のよい授業を進めていきます。これにより、数学・英語では苦手の克服と得意の深化を並行し、基礎学力の充実と向上に重点を置くことができます。

高校3年間で進路実現への力をつける

高校に入ると、生徒一人ひとりの将来の夢や適性をふまえ個性に合った進路を見つけ、その進路実現へ向けた指導が行われます。高校での教育の特色は4項目あります。「確かな力を身につける」「総合大学付属のメリットを活かす」「自主性・責任感を育む」「思いやりを大切にする」の4つで、中学3年間で培ってきた学力や人間的な力をさらに発展させていくことに主眼が置かれています。

高2から文系・理系それぞれで日本大進学クラスと難関大学進学クラスに分かれるのですが、そこからもわかるように、日本大の付属校でありながら、難関大学進学クラスが置かれることで、生徒の進路選択の幅を広げているのは大きな特徴といえるでしょう。

日本大学第一中学校では、100年の伝統を誇る校風のなか、ゆとりある充実した教育が行われています。

SCHOOL DATA

- 東京都墨田区横網1-5-2
- 都営大江戸線「両国」徒歩1分、JR線「両国」徒歩5分
- 男子339名、女子262名
- 03-3625-0026
- http://www.nichidai-1.ed.jp/

日本大学第三中学校

東京 町田市 共学校

明確に正義を貫く強い意志を育む

日本大学第三中学校では、建学の精神「明・正・強」を「明確に正義を貫く強い意志」ととらえ、その意志を持った生徒の育成をめざしています。キャンパスは緑豊かな多摩丘陵にあり、東京ドーム3個ぶんもの広さを有する恵まれた学習環境となっています。

授業では先取り学習をほとんど行っておらず、そのかわりに、基礎学力の定着を重視したきめ細かな授業や、勉強の動機づけにつながるような知的好奇心を刺激する授業、読解力や表現力が身につく発展的なテーマをあつかう授業などを数多く実施しています。

たとえば、英語では中2から、数学では中1から、複数の教員によるチームティーチングが行われています。また、国語では、読書に親しんでもらおうと課題図書の内容を問う「読書課題テスト」を行ったり、中学3年間で4万2195ページを読破する「読書マラソン」にも取り組みます。

総合的な学習の時間を利用して、中3で卒業論文を制作するのも特徴的です。原稿用紙100枚を目安に、それぞれ設定したテーマについて執筆していきます。

幅広い選択肢から希望の大学へ進む

高校3年間の学業成績・人物評価などによる内申と基礎学力到達度テストの成績によって、日本大への推薦資格を得ることができます。

さらに、模擬試験などにも数多く取り組むことで、生徒の実力を多角的に分析し、理数系国公立大・医科歯科系大への入試にも対応できるような指導体制を整えています。そのため、近年は他大学への進学者も増えており、その割合は日本大への進学者（約30%）を超えるほど（約60%）になっています。

このように、生徒一人ひとりに合った適切な進学指導を行う日本大学第三中学校は、これからも多くの生徒の希望に応える教育を展開していくことでしょう。

SCHOOL DATA

- 東京都町田市図師町11-2375
- JR線・小田急線「町田」・京王相模原線ほか「多摩センター」・JR線「淵野辺」バス
- 男子507名、女子286名
- 042-789-5535
- http://www.nichidai3.ed.jp/

日本大学第二中学校

東京 杉並区 共学校

確かな学力と社会人基礎力を育む

静かな住宅街の緑豊かで広大な敷地内には、杉並区百景にも選ばれた銀杏並木があり、四季折々の美しい姿が見られます。卒業生は4万1000余名を数え、実業・研究・スポーツ・芸能などの各界に多彩な人材を数多く輩出。日本大の建学の精神である「自主創造」の精神を重んじ、生徒自らが将来の進路を切り開いていけるよう、学園一体となった支援を展開しています。おおらかで明るいという校風のもと、6年間をかけて、さまざまな人との出会い・多様な経験の繰り返しを経て、温かみと思いやりあふれるひとりの人間として大きく成長していきます。

基礎・基本の徹底、底力を養う

中学では、基礎学力の定着をはかるため主要5教科に多くの時間を配当しています。とくに、英語には週6時間をあて、そのうちの1時間はクラスを2分割してネイティブと日本人の先生で行う少人数英会話の授業を3年間実施。どの教科も、小テストとノートチェックを随時行い、授業内容の復習やノートの取り方の指導を繰り返し徹底し、確かな学力を身につけさせます。こうして培われた基礎学力の土台は、高校生になって自らの生き方や自らの発見した目標実現に向けて歩みだしたときの大きな支えとなっています。

付属校随一の進学実績

中学から併設高校へは、ほぼ全員が進学します。また、高校からは併設の日本大への推薦入学制度があり、2年次の春・3年次の春および秋の3回に分けて行われる基礎学力テストや在学中の成績によって推薦が決まります。日本大の付属校ながら進路選択先は多彩であり、理系選択者の多いのが特徴です。日本大へ進学する生徒は約30%。難関私大の指定校・公募推薦を利用しての進学は約20%。残りの約50%が他大学への進学をめざして一般受験しています。

SCHOOL DATA

東京都杉並区天沼1-45-33
JR線・地下鉄丸ノ内線・地下鉄東西線「荻窪」徒歩15分
男子366名、女子359名
03-3391-5739
http://www.nichidai2.ac.jp/

日本大学豊山中学校

東京 文京区 男子校

校訓は「強く　正しく　大らかに」

日本大学豊山中学校は、「日本大学建学の精神に基づき、世界の平和と人類の福祉に貢献できるグローバル社会に有為な形成者の育成」をめざしています。また、日本大付属校唯一の男子校として「強く　正しく　大らかに」を校訓に掲げています。日本大の設置する学校となり63年を迎え、伝統にさらに磨きをかけるとともに、2015年度（平成27年度）に完成した新校舎を中心に「新しい流れ」も取り入れ、いっそうの発展をめざしています。新校舎は、地下2階から地上1階までが広々としたアリーナに、最上階の11階には10コースの温水プールが設置されました。地下鉄「護国寺」駅から徒歩1分。護国寺の森の落ちついた雰囲気のなか、進学に備えます。

伝統と新しさが同居する教育システム

教育システムでは「伝統ある日大豊山」と、「新しい日大豊山」が同居するのが大きな特徴です。「伝統」の部分は、「『知育・徳育・体育』のバランスがとれた全人教育を行い、凛とした青少年の育成」、「部活動の推進と、礼儀正しい健やかな生徒の育成を目指す」、「日大との高大連携教育体制の一層の推進」などです。「新しい」部分としては、生徒たちの夢の実現のためにPDCAサイクルを取り入れ、「中3の後半から高校の内容を学ぶ先取り教育」、「進学クラスのさらなる充実」、「ホームページからダウンロードできる英語の日大豊山オリジナルプリントシステム」などがあげられます。また、早い段階からのキャリア教育も充実しています。日本大へは、毎年卒業生の75%程度が進学していきますが、国公立・難関私立大への進学も18%を超えるなど、特進クラスを中心に多様な進路への道が開かれています。

ゆとりあるシステムのもとで多くのことに取り組み、目標の進路を実現します。また、校訓どおり「大らか」な人間性を養い、生涯をつうじての友人を得ることができます。

SCHOOL DATA

東京都文京区大塚5-40-10
地下鉄有楽町線「護国寺」徒歩1分
男子のみ751名
03-3943-2161
http://www.buzan.hs.nihon-u.ac.jp/

日本大学豊山女子中学校

東京　板橋区　女子校

多様性の未来へ　高等学校に特進クラス新設

生徒の多様な未来に向けて、高1から3つのクラスが用意されています。国公立大・難関私立大学をめざす「A特進クラス」、日本大への進学を中心とした「N進学クラス」、理数分野のスペシャリストを育成する「理数Sクラス」です。また、中学では基礎学力の定着をはかる授業を大切にすることはもちろん、教育の2本の柱として「国際交流教育」と「キャリア教育」が整備されています。可能性に満ちた生徒たちの未来が花開くよう教育環境だけでなく、全教員が全力でフォローする体制が整えられています。

国際交流教育

日大豊山女子では、急速にグローバル化する21世紀を生きていくうえで必要となる国際的な視野を身につけるためのプログラムが数多く用意されています。学年行事では、中1はネイティブと楽しむ林間学校、中2はBritish Hills英語研修、中3は留学生と学ぶ京都1日班別自主研修、そして中1・中2の3月にニュージーランド英語研修、高校では夏休みにカナダ英語研修があります。また、「英語に親しむ」「英語を感じる」空間として校内にEnglish Roomがつくられ、さまざまなイベントをとおして自由に英会話を楽しみ、英語を身近に感じることができます。英語力向上を目的としたプログラムとしては、全員参加スピーチコンテスト、英検対策講座、英語クッキング教室など、学びも多彩です。

キャリア教育

年5回実施されている校外学習は、付属校のメリットをいかした学部見学、浅草や鎌倉を班別研修する巡検型、外部講師を招いてのキャリアデザイン講演会、職場体験学習など、各学年の学習・発達段階に合わせた内容です。体験的な学習が多く取り入れられ、主体的に学び、「思考力」「判断力」「表現力」を楽しみながら習得することができます。

SCHOOL DATA

- 東京都板橋区中台3-15-1
- JR線「赤羽」、西武池袋線ほか「練馬」スクールバス、東武東上線「上板橋」・都営三田線「志村三丁目」徒歩15分
- 女子のみ296名
- 03-3934-2341
- http://www.buzan-joshi.hs.nihon-u.ac.jp/

八王子学園八王子中学校

東京　八王子市　共学校

未来へ、力強い一歩

2012年（平成24年）の春、八王子高等学校に新たに併設された八王子学園八王子中学校。八王子高校の校風を受け継ぎ、自由のなかにも規律ある環境で、中学生全員が中高特進クラスに所属する6年間の一貫教育を行っています。

八王子学園八王子には、教育を支える3つの柱があります。

ひとつ目は「中高特進教育」です。中学校入学とともに6年間かけて難関大学への合格をめざすこの「中高特進教育」は、大学受験のための早期戦略プログラムとして位置づけられています。

ふたつ目の柱は「学力養成」です。教科によっては、少人数制授業や学校オリジナルの教材を導入しています。

3つ目は「人間の育成」です。学習面の充実はもちろんのこと、豊かな心を育むことも大きな目標だと考えられています。具体的には、ボランティア活動や朝読書の時間を設けて心の充実をはかり、芸術鑑賞教室などを行います。また、広い視野を身につけ、国際社会で活躍できる人材を育成するため、中学3年次には短期海外留学も行われています。

レベルの高い中高特進クラスでの6年間

「中高特進クラス」では、6年間が3つのステージに分けられます。

まず、中学1・2年をステージ1として、2年間で中学校の学習範囲を修了します。つづいてステージ2の中学3年では先取り教育を開始し、八王子高校文理特進クラスに進学します。ステージ3では生徒の志望に合わせて文系・理系に分けられ、高校2年で高校の学習範囲を修了します。このような学習進度により、高校3年ではより大学入試に向けて力を入れられるよう工夫されています。

レベルの高い中高一貫教育の実践で、上位大学への進学率のさらなる躍進が期待される八王子学園八王子中学校です。

SCHOOL DATA

- 東京都八王子市台町4-35-1
- JR線「西八王子」徒歩5分
- 男子127名、女子116名
- 042-623-3461
- http://www.hachioji.ed.jp/

八王子実践中学校

東京 八王子市

共学校

考える力を身につけ人間力を向上させる教育

昨年、創立90年を迎えた八王子実践中学校。伝統的教育精神である「実践」と建学の精神である「自重・自愛・自制・自立」に基づき、未来に活躍できる人材を育成しています。「知育・徳育・体育の調和のとれた全人教育」が特徴で、一昨年は女子バレーボール部が全国大会3位に輝くなど、部活動にも積極的に取り組める環境です。また、精神面・肉体面で大きく成長する時期だからこそ、徹底した生活指導を実践し、厳しくも温かな指導で総合的な人間力の向上をめざします。

国語教育と英語教育に重点

学習面では、「考える力」を養うことをテーマに日々の指導が行われ、国語教育と英語教育にとくに力が入れられています。

国語をあらゆる学科の基礎科目として重視し、発表の機会を多く取り入れながら、能力や個性を豊かに伸ばすための授業が展開されています。百人一首大会や読書指導が行われるほか、漢字検定にも積極的に挑戦し、全員が準2級取得をめざしています。

英語では、中1から外国人教師による会話の授業と、LL教室を活用した授業が実施され、会話力を養うとともに、異文化コミュニケーションへの意欲を高めていきます。ワードコンテストやイングリッシュソングコンテストといった行事もあり、英語をさらに勉強しようという向上心へつなげています。

国語、英語以外の教科でも、ていねいな指導が展開されており、すべての教科で少人数授業が取り入れられ補習も充実しています。

高校には、難関大学進学を目標に朝や放課後の講習、長期休暇中の勉強合宿などを行う魅力的なプログラム「J-Plus（実践プラス）」を利用できる特進・文理コースと多様な進路に対応した普通コースが用意されています。

考える力をテーマに、知識だけでなく、思考力や表現力を養い、国際的視野をも備えた人材へと生徒を導く八王子実践中学校です。

SCHOOL DATA

- 東京都八王子市台町1-6-15
- JR線「八王子」徒歩15分
- 男子5名、女子34名
- 042-622-0654
- http://www.hachioji-jissen.ac.jp/

広尾学園中学校

東京 港区

共学校

自律と共生をめざす教育

首都圏でも有数の志願者を集めている広尾学園。その原動力は、特色あるコース制と、高水準の授業プログラム、そして飛躍的に伸びてきている国公立大をはじめとする難関大学進学実績です。これは、広尾学園の教育の特色が、一人ひとりの夢を全面的にサポートしているからこそなのです。

自ら課題を掘り起こし、解決に向かって、国籍や言語のちがいを越えて協調性を発揮できる「高い問題解決能力」を持つ人物の育成をめざし、きめ細かな指導を実施しています。

一般クラスは、東京大・京都大・一橋大、各大学の医学部、早稲田大・慶應義塾大・上智大をめざし、インターナショナルクラスは、国内外一流大学進学を目標とします。

最強と言われる教育内容

広尾学園独自の学力アッププログラムには「P.L.T」（Personalized Learning Test）プログラムがあります。このプログラムは生徒たちの基礎学力を徹底してきたえ、「本当の学力」を身につけるプログラムです。それは年々進化し、広尾学園の教育の基礎を支えています。また、質の高い授業を実現するため年間3回の教師研修を実施しています。

さらに、グローバルなデジタル環境に対応できる人物の育成をにらみ、新入生全員にひとり一台の情報機器を導入、学園生活や学習に活用しています。

キャリア教育も充実しており、DNA鑑定講座や宇宙天文合宿、国内から一線級の研究者が結集するスーパーアカデミアに加えて、iPhoneアプリなどを制作するテックキャンプも用意されています。

学年を問わず、中学高校ともに定期試験には多数の大学入試問題が無理なく組みこまれており、日常の定期試験勉強がそのまま大学入試対策になっています。強力な教科指導力を備えた、最強の学習システムです。

SCHOOL DATA

- 東京都港区南麻布5-1-14
- 地下鉄日比谷線「広尾」徒歩1分
- 男子350名、女子451名
- 03-3444-7272
- http://www.hiroogakuen.ed.jp/

富士見中学校

東京 練馬区　女子校

社会貢献のできる自立した女性

富士見中学校・高等学校は、「社会貢献のできる自立した女性を育てること」をめざし、生徒の発達段階に合わせた進路指導・学習指導を行っています。そして、学校生活をとおして養われる自主性・協調性・判断力が「生きる力＝人間力」を高めると考え、人間性の育成にも力を入れています。

豊かな人間性と総合力を身につける

富士見では、中学３年間で自己を発見・理解し、社会への視野を広げることで自分の未来を考え、進路と向きあうことを目標としています。

進路指導は、「外部からの刺激で生徒自らがきりひらく」をテーマに展開され、さまざまな方法での「刺激」が用意されています。

たとえば、受験を終えた高３生からアドバイスを聞く機会や、卒業生による進学シンポジウムなどが設けられることで、生徒は生き方や将来についてのビジョンを描き、進路を現実的に考えられるようになります。

国際交流もさかんで、高１の夏休みに約３週間のアメリカ、オーストラリア海外研修を実施。さらに、ニュージーランドへは６つの高校に各１名が学期留学、１名が１年留学する制度があります。また、台湾の高校とはホームステイの交流があり、春は富士見の生徒が台湾の生徒宅にホームステイし、夏は富士見で台湾の生徒を受け入れています。

新校舎での授業が始まる

2015年(平成27年)には生徒棟、今春には４つの理科実験室を含む特別校舎棟が完成しました。全教室にプロジェクター、インターネット環境が整っています。またエントランスホールにある幅７mの大階段はベンチとしても利用でき、対面の壁には200インチのスクリーンが設置されています。そのほか人工芝の校庭など施設設備は大変充実していきます。来年夏には２層の図書館棟が竣工します。

SCHOOL DATA

- 東京都練馬区中村北4-8-26
- 西武池袋線「中村橋」徒歩3分
- 女子のみ743名
- 03-3999-2136
- http://www.fujimi.ac.jp/

富士見丘中学校

東京 渋谷区　女子校

文科省よりSGHに指定

2015年(平成27年)に75周年を迎えた富士見丘では、グローバル化の到来を見据え、早くから世界の多様な人びとと協働するために必要な英語力や国際感覚、そして自己表現力を高める教育を実践してきました。このような「外に向かう勇気」を育てる教育が評価され、文部科学省よりSGH(スーパーグローバルハイスクール)の指定を受けました。

とくに日本人が苦手とするコミュニケーション能力を高めるために導入したのが、高大連携プログラムです。いままでの、大学教授が来校し一方的に講義をするような出張授業的なものではなく、生徒が能動的に学ぶフィールドワークやワークショップ形式を取り入れたプログラムになっています。

富士見丘のSGHプログラムの特徴は６年をかけ思考力・判断力・表現力を学ぶことです。中１の思考力スキルアッププロングホームルームで思考の方法を学び、中２では美術大と展覧会を協働企画する探求学習をします。高校では、慶應義塾大大学院メディアデザイン研究科の大学院生・留学生とともに学ぶ「グローバルワークショップ」、慶應義塾大や上智大の研究室と連携した「災害」「環境問題」「開発経済」についてのゼミ形式の授業や海外フィールドワーク（台湾・マレーシア・シンガポール）などがあります。

多種多様な海外研修プログラム

修学旅行は中学がオーストラリア、高校がアメリカで、姉妹校との交流が中心です。ほかにも希望制のイギリス短期留学や英語の成績上位者が選抜される３・６カ月留学などさまざまな海外研修制度が用意されています。さらに海外にある６校の姉妹校から留学生が定期的に来日するので、校内において海外交流ができるようになりました。

このように多彩なプログラムを実践しながら「国際性豊かな若き淑女」を育成している学校こそが富士見丘中学高等学校なのです。

SCHOOL DATA

- 東京都渋谷区笹塚3-19-9
- 京王線・都営新宿線「笹塚」徒歩5分
- 女子のみ104名
- 03-3376-1481
- http://www.fujimigaoka.ac.jp/

東京 神奈川 千葉 埼玉 茨城 寮制

藤村(ふじむら)女子(じょし)中学校

東京 武蔵野市 女子校

基礎、基本の徹底で自ら学ぶ力を育成

藤村女子の授業は1日50分6時間、週6日制で多くの授業時間数を確保、特選コースと特進コースの2コース制をとり、学力養成講座などで一人ひとりの学力と目標に応じた、きめ細かな指導が行われています。英語の授業時間数が圧倒的に多いのも特徴です。

高校には「S特・特進コース」があり、長期休業中にかぎらず、学力アップのための講座が多く設けられています。いつでも質問できる学習センターも、放課後、生徒でにぎわいます。

近年、東京学芸大、早稲田大をはじめ、MARCHなど難関大学へ進む生徒が多くなりました。この実績は、藤村女子がキャリアガイダンスを重視し、提携大学との連携プログラムを導入してきたことと切っても切れない関係があります。

進路・進学目標を見極めることで大きな力が生みだされ、高大連携プログラムで、早期から国公立・難関大への進学意識を高めることができてきたからです。

「適性検査入試」の導入に注目

定評があるのが、藤村女子の英語教育です。高校のすべての授業で実践している「使える英語」のためのメソッドは、「藤村式」ともいうべき教育システムとして確立しています。外国人講師も常駐、「聞く・話す」能力の開発に多角度からアプローチしています。

創設者であり、日本の女子体育教育の祖ともいうべき藤村トヨ女史。その精神と伝統を受け継ぐ「スポーツ科学特進・スポーツ科学コース」には、国際大会に日本代表として出場する生徒や卒業生が何人もいます。その元気が藤村全体の活気を生みだし、驚くほどさかんな部活動の魅力の源になっています。

また、藤村女子では「適性検査入試」が取り入れられ、公立中高一貫校の適性検査に準じた出題が特徴です。公立受検を考えているかたには腕試しとして絶好の入試と言えます。

SCHOOL DATA

- 東京都武蔵野市吉祥寺本町2-16-3
- JR線・京王井の頭線・地下鉄東西線「吉祥寺」徒歩5分
- 女子のみ79名
- 0422-22-1266
- http://www.fujimura.ac.jp/

雙葉(ふたば)中学校

東京 千代田区 女子校

カトリック精神を貫く全人教育

雙葉中学校・高等学校は、カトリック精神を基盤に健全な人格を育み、日常生活のよき習慣を身につけることをねらいとした女子教育を実践しています。

校訓として「徳においては純真に、義務においては堅実に」を掲げています。これは神と人の前に素直で裏表なく爽やかな品性を備え、人間としてやるべきことを最後までやりとおす強さを持つということです。

2001年（平成13年）から使い始めた新校舎は地上7階・地下1階で、近代的ななかにも随所に木のぬくもりを持たせた構造となっており、教室はすべて南向き、床はフローリングで温かみを感じさせるなど、きめ細かな配慮がなされています。また、2クラスごとにひとつずつ生徒ラウンジが設けられ、楽しい活動・歓談の場となっています。

進学校ではあるが受験校ではない

雙葉では、国語、数学、英語の基礎的な部分で個別に面倒を見るなど、学習面での手助けがきちんと行われています。1875年（明治8年）に開設された女子語学学校を前身とするだけに、外国語教育は伝統的にさかんで、授業時間も多く、外国人教師による少人数の授業はもとより、中3では全員がフランス語を学び、高校では第1外国語として、英語とフランス語のどちらかを選択します。

一貫校の利点をいかし、総合的にバランスのとれたカリキュラムを組み、中学でも高校の内容を必要に応じて取り入れています。進度も速く、レベルの高い授業が行われています。また、進路は、本人の意志を尊重して、指導がなされています。

中学・高校をとおして、各教科の教育はできるかぎり高い水準で、内容の濃いものになるよう努めるとともに、力のだしきれない生徒に対して個別指導を行い、きめ細かく対応しています。その結果としての高い進学実績なのです。

SCHOOL DATA

- 東京都千代田区六番町14-1
- JR線・地下鉄丸ノ内線・地下鉄南北線「四ツ谷」徒歩2分
- 女子のみ555名
- 03-3261-0821
- http://www.futabagakuen-jh.ed.jp/

あ行 か行 さ行 た行 な行 は行 ま行 や行 ら行 わ行

普連土学園中学校

東京 港区 女子校

The Seed of God（神の種子）

普連土学園の教育理念は、「万人に『神の種子―神からそれぞれにあたえられた素晴らしい可能性』が存在することを信じ、一人ひとりを大切に、全ての人を敬い、世の役に立つ女性を育成すること」です。

1887年（明治20年）の創立当初から少人数教育を実践し、個々の生徒にいきとどいた指導を行う、面倒見のよい学校として知られています。

こうした教育体制のもと、大学進学においては、多くの難関大学への進学とともに、現役合格率が大変高いことが特徴です。

さまざまなかたちで奉仕活動を行っているのも特徴で、奉仕活動についての基本的な知識を学び、体験するプログラムを組んでいます。中学では、視覚・聴覚・身体障害について学び、高校では知的障害や高齢者問題について学びます。

そして高3においては、奉仕活動についてのまとめを行います。ここでは、これまでの活動を今後の生き方にどう位置づけるかなどを話しあっていきます。

グローバルな視野を育成する

「海外にむけて開かれた心」を育てている普連土学園では、異文化理解のための国際交流にとくに力を入れています。

英語の授業は、中学では週６時間をあて、外国人教師による少人数クラスの音声面を重視した授業を行っています。

劇やゲームを取り入れ、身体全体を使って生きた英語を吸収できるように指導しているのが特色です。また、留学生や外国人教師、海外からのお客様などと英語で話しながら昼食を取る機会を週１回設けているのも、普連土学園ならではです。

校内には、交流のための屋上庭園、バルコニー、ライトコートなど、普連土学園独特の温かい雰囲気を醸しだす「生徒の語らいの場」が随所に設けられています。

SCHOOL DATA

- 東京都港区三田4-14-16
- 都営浅草線・都営三田線「三田」徒歩7分、JR線「田町」徒歩8分、地下鉄南北線・都営三田線「白金高輪」徒歩10分
- 女子のみ415名
- 03-3451-4616
- http://www.friends.ac.jp/

文化学園大学杉並中学校

〈2018年度より男女共学化〉

東京 杉並区 共学校

2018年度より共学化、中学DDコース始動

文化学園大学杉並は、2018年度（平成30年度）より新テストに強い進学校に生まれ変わります。生徒一人ひとり、めざすものはちがっても協働する力や問題解決の力、他者に発信していく力といった学力を、よりしっかりと育むプログラムがスタートします。

変わりゆく日本の大学入試や、社会の変革に強い人間、ひいてはどんな状況でも輝ける人を育てるのが、このプログラムの特長です。新テストに強いのは、問題発見→協働学習→発信の一連の学びが随所に採り入れられるからです。

ついにDDコースが中学２年から開始

2016年度（平成28年度）より、中学１年次は週９時間ある英語の授業のうち、７時間をネイティブが主導する授業を受けられるようになりました。習熟度別で英語の授業を受けられるため、すでに英語力が高い生徒でも、自信のない生徒でも心配はありません。その結果、中学１年の英検３級の取得率は５割を超えました。これは、文科省が中学３年次に目標と掲げている数字（５割）を中学１年次で超えていることになります。

また、中学２年次より希望者はいままで高校にしかなかったダブルディプロマコースか中高一貫コースのどちらかを選べるようになります。どちらのコースも先取りで主要５教科の学習を進めることができます。

ダブルディプロマコースは早期からハイレベルのBC州教育メソッドで学び、英語力のアドバンテージをいかしながら高等学校の卒業スコアをより高くすることができます。日本とカナダのカリキュラムを同時並行で行い、卒業時には日本とカナダのふたつの卒業資格を取得することができる日本初のコースです。カナダの授業はすべてBC州の教員によってオールイングリッシュで行われます。中高一貫コースは高校２年までに受験範囲を終え、新テストに備えます。

SCHOOL DATA

- 東京都杉並区阿佐谷南3-48-16
- JR線・地下鉄東西線「阿佐ヶ谷」、JR線・地下鉄丸ノ内線・地下鉄東西線「荻窪」徒歩8分
- 現在は女子のみ200名（2018年度より共学）
- 03-3392-6636
- https://bunsugi.jp/

文京学院大学女子中学校

東京 文京区

女子校

グローバルキャリアのための国際教育

将来につながるコース制

文京学院大学女子中学校は、2015年度（平成27年度）から、コース制をスタートしました。これまでの学力別のクラス編成から、将来のキャリアを意識した「アドバンストサイエンス」・「グローバルスタディーズ」・「スポーツサイエンス」というコース別編成となりました。

「アドバンストサイエンス」は、医・薬・看護を中心とした医療系、生物・化学・農学を中心とした理学系、ものづくりをベースにした工学系など、理系キャリアを築くことを目標としています。そして、SSHで培った最先端の理数教育で、女性の感性をいかしたサイエンティストの育成をめざします。

「グローバルスタディーズ」では、文京学院がこれまで培ってきた英語の課外授業である「国際塾」のノウハウをいかし、グローバル社会で通用する高度な英語力を身につけながら、論理的にまとめる力、発表する力、議論する力を養います。進学先は、難関大学国際系学部、海外大学を目標にし、「世界＝社会で必要とされる人材」をめざします。

「スポーツサイエンス」は、スポーツをとおして国際社会に貢献できる人材の育成を目標としながら、競技力、チームワーク、心と身体、食事と栄養などを学び、国際社会に通用する英語力も強化していきます。

中１のファンデーションステージでは、学習習慣の確立と基礎学力の定着を行います。中２からは、将来の夢と目標を見据えて選択したコースで、得意分野を伸ばします。そして、高校進級時にはコースを再選択し、進路実現と将来のキャリアをより具体的にイメージしながら学びます。

また、2015年度には文部科学省よりSGHアソシエイトに指定されており、グローバルキャリアのための国際教育がさらに充実しました。

SCHOOL DATA

東京都文京区本駒込6-18-3
JR線・地下鉄南北線「駒込」、JR線・都営三田線「巣鴨」徒歩5分
女子のみ284名
03-3946-5301
http://www.hs.bgu.ac.jp/

文教大学付属中学校

東京 品川区

共学校

みらいをつくる、学びがある。

着実に実を結ぶ学校改革

文教大学付属中学校では、変化の激しい社会において、生徒自らが時代をつくる存在として活躍できるように、学校改革をとおしてさまざまな施策を実施しています。

たとえば、放課後の学習支援システム「文教ステーション」の開設や、文教キャリアプロジェクト「NEWTON」の実施、強い心を育むための宿泊行事「トリニティーキャンプ」などです。

その結果のひとつとして、大学進学実績も着実に向上し、国公立・早慶上理・G-MARCHの合格者数は学校改革前と比較すると、7倍近くの93名に増加しました。

PORTから世界へ

2016年（平成28年）秋には、新校舎が完成しました。

新校舎には、全教室電子黒板が完備された普通教室をはじめ、格納式ロールバックチェアを備えた「LOTUS HALL（講堂）」、約150名を収容できる食堂「ボンヴォヤージュ」、約４万2000点の資料を所蔵する図書室、それぞれ２教室ずつ設置された理科実験室・音楽室・PC教室、約150名収容の大講義室、人工芝グラウンドなどの充実した設備が備わっています。

なお、新体育館は2009年（平成21年）に完成。冷暖房完備でバレーコート３面ぶんのアリーナや、25m×５コースの室内温水プールなどを備えています。

文教大学付属では、校舎のことを「PORT（港）」と呼び、港では船を点検し、荷物を積んだり燃料を補充したりして、大海原への長い航海に向けた準備をします。

それは中学校・高等学校の６年間もいっしょです。学習に励み、心身をきたえ、進路を見定め、長い人生に向け念入りに準備をします。

SCHOOL DATA

東京都品川区旗の台3-2-17
東急大井町線・東急池上線「旗の台」・東急大井町線「荏原町」徒歩3分、都営浅草線「中延」徒歩8分
男子268名、女子183名
03-3783-5511
http://www.bunkyo.ac.jp/faculty/ghsn/

法政大学中学校

東京 三鷹市 共学校

自由と進歩のもと、自主自律を育てる

1936年（昭和11年）に創立された法政中学校を前身とし、1948年（昭和23年）より法政大学第一中学校として男子校の歴史を歩んできました。

2007年（平成19年）4月、三鷹市に校舎を移転するとともに、校名を変更し、男女共学となり、校舎や制服なども一新されました。法政大としては初の男女共学校です。法政大の建学の精神である「自由と進歩」、中学校の「自主自律」の校風のもと、確かな学力と、概念にとらわれない自由な発想で考え、新しい問題に積極的にチャレンジする自立した人間を、中高大の一貫教育のなかで育てます。

多彩な英語プログラム

確かな学力と習慣を着実に身につけさせるためのカリキュラムを、中高それぞれの段階に応じて設けています。

中学では国数英に力を入れ、基礎的な学力と習慣を育成します。高校では大学進学や将来を見据え、文系・理系にとらわれない教養の育成と、自分の進路に応じた選択学習、論文作成や英語力の向上などに力をそそぎます。教科によっては、習熟度別や少人数による授業もあります。

また、とくに英語教育に力を入れています。英語の文章を読み取り、それに関する批評を英語でプレゼンテーションすることをめざして学習に励んでいます。海外語学研修や留学プログラムも充実しています。

卒業生の多くが法政大学へ

卒業生はこれまで約85％以上が推薦で法政大に進学しています。推薦資格を得るためには、学内での総合成績で一定の成績基準をクリアすることと、法政大が定めるいくつかの基準をクリアすることが必要です。

また、法政大の推薦権を保持したまま、他の国公私立大学の、どの学部・学科でも受験することが可能になっています。

SCHOOL DATA

東京都三鷹市牟礼4-3-1

京王井の頭線「井の頭公園」徒歩12分、JR線「吉祥寺」徒歩20分、JR線「三鷹」・京王井の頭線「久我山」、京王線「調布」バス

男子194名、女子222名

0422-79-6230

http://www.hosei.ed.jp/

宝仙学園中学校共学部 理数インター

東京 中野区 共学校

「知的で開放的な広場」でともに学ぶ

2年連続現役東京大、初の京都大現役合格

この春、175名の卒業生を送りだした宝仙学園中学高等学校共学部理数インター（以下、宝仙理数インター）は、2年連続となる東京大合格1名、初となる京都大合格1名、東京工業大合格1名をはじめ、横浜国立大や東京外国語大等、国公立大学計40（うち浪人10名、以下同）名、信州大や日本医科大等の医学部医学科計13（12）名、早慶上理ICU計53（8）名、GMARCH116（11）名の合格者をだしました。

宝仙理数インターは宝仙学園を母体とし、21世紀の社会で活躍できる人材の育成をめざして2007年（平成19年）に設立され、世界で通用するコミュニケーション能力と、ものごとを論理的に考え、相手に的確に伝えられる理数的思考力を兼ね備えた生徒を育成しています。そして、中高6年間を「基礎定着期」、「意識改革期」、「自己実現期」の2年間ずつに分けた進路指導を行うことで、生徒は自らの夢へと着実に歩むことができます。

世界にも、理系にも強い理数インター

学力の向上・大学進学と同等に大切にしているのが「心の教育」です。部活動や学校行事をとおして学ぶコミュニケーション能力・プレゼンテーション能力の育成を大切にしています。部活動は文武両道がはかれるように週3日のなかでそれぞれのクラブが工夫をしています。中学弓道部の3年連続関東大会出場などの例もあります。また、高校2年の修学旅行では、サンフランシスコのスタンフォード大学で一人ひとりがプレゼンを行います。世界屈指の大学で行うプレゼンは、それをつくりあげていく過程を含め、一生の宝となります。先輩のなかには、この修学旅行で大学病院を訪れ、自分の生涯の進路に大きく影響を受け、現在も医学部で学年トップでがんばっている生徒もいます。

SCHOOL DATA

東京都中野区中央2-28-3

地下鉄丸ノ内線・都営大江戸線「中野坂上」徒歩3分

男子195名、女子222名

03-3371-7109

https://www.hosen.ed.jp/jhs/

本郷中学校

東京 豊島区 男子校

つねに芯のある男子教育を展開

「スマートであれ！　紳士であれ！」をモットーにした本郷中学校。「自ら考え、自分で判断できる人材を育てる」という教育方針のもと、21世紀の社会に役立つリーダーを育むためになにが必要かをつねに模索しています。あるべき男子教育の姿を「時代が変わっても変わらないものがある」として推し進め、よい意味での「厳しさ」を教育のなかに体現しています。本郷は派手なPRはしませんが、ほんとうの知性と人格を磨く教育を行っているといっていいでしょう。

中高一貫校としての密度の濃さ

カリキュラム編成は6年を１サイクルとしてとらえているために、ムダを省き、ゆとりのある学習計画が可能になっています。

主要科目の国語・数学・英語などは、中2までに中３課程の内容を無理なく終わらせ、中３からは高１の内容に進みます。そして高３では、大学入試問題演習を中心に授業が展開されるので、受験にも余裕を持ってのぞむことができます。

この「先取り授業」システムは、たんに授業進度が速いというものではなく、教材や指導法において先生がたの長年の経験の積み重ねから最も効率的な内容を精選したことにより構築されています。そのため、進度の速さによって理解ができないということはないように工夫された授業が展開されています。

また、本数検や本単検といった学校独自の検定試験を学期ごとに行うことで、教育目標である「自学自習」をうながし、高校の夏期講習（中学は教養講座）では学年の枠を取り払い、希望すれば下級生が上級生といっしょに受講できる講座を数多く設けるなど、学習効果を高める工夫がなされています。

大学進学実績も、国公立大などが年々伸び、近年は理系の大学・学部への進学希望者が多く、実際に毎年半数以上の生徒たちが理系に進学しているのが大きな特徴です。

SCHOOL DATA

- 東京都豊島区駒込4-11-1
- JR線・都営三田線「巣鴨」徒歩３分、JR線・地下鉄南北線「駒込」徒歩７分
- 男子のみ765名
- 03-3917-1456
- http://www.hongo.ed.jp/

三田国際学園中学校

東京 世田谷区 共学校

最先端の学びが思考の扉を開く

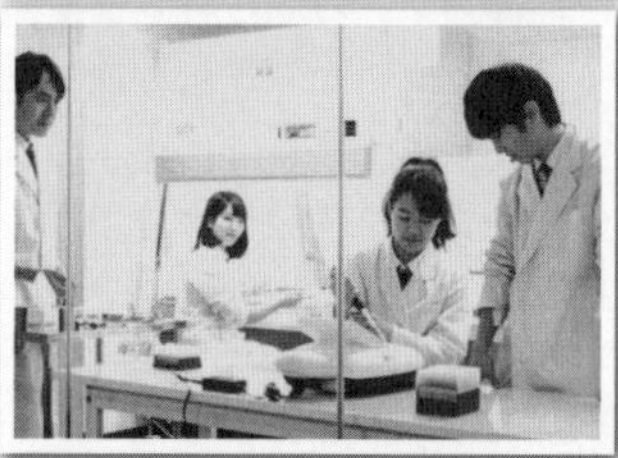

三田国際学園では、高い英語力、サイエンスやICTに関するリテラシー、そして、それらの知識・スキルを自在に操れるコミュニケーション能力と思考力を身につけることが重要だと考えられています。楽しみながら学べるアクティブ・ラーニング形式の相互通行型授業により、これらの力を総合的に伸ばし、国際化社会に必須の資質やスキルを育む「世界標準」の教育を行っています。

生徒の興味を引きつけるトリガークエスチョン

相互通行型授業は、「トリガークエスチョン」と呼ばれる教員の問いかけをきっかけに始まります。ひとり１台ずつ所持するタブレット端末を活用しながら、生徒は自由な発想で考え、論理立てて推論し、論証し、プレゼンするという一連のプロセスをたどります。相互通行型授業がめざすのは、各々が自分の力で考えた意見を発信すること。それがクラス全体の学びに「貢献」することにつながり、その姿勢こそが大切にされています。

中学は本科クラス、インターナショナルクラスのふたつがあります。高校は2018年度（平成30年度）より本科コース、メディカルサイエンステクノロジーコース、インターナショナルコース（スタンダード／アドバンスト）の4つのコース展開となる予定です。

中学の本科クラスは、相互通行型授業を中心に、基礎学力の構築にとどまらない、創造性を育む授業を行っています。英語の授業では「使える英語」を学び、理科では実験実習を週１回実施。中2から始まる基礎ゼミナールでは、興味ある分野の自主研究を進め、中３の学園祭で研究成果を発表します。

また、インターナショナルクラスは、帰国子女だけでなく一般生徒も受け入れているため、英語の授業はレベル別に展開しています。副担任はネイティブスピーカーの教員が務め、授業以外でも日常的に「生きた英語」に触れられる環境です。

SCHOOL DATA

- 東京都世田谷区用賀2-16-1
- 東急田園都市線「用賀」徒歩5分
- 男子334名、女子364名
- 03-3707-5676
- http://www.mita-is.ed.jp/

三輪田学園中学校

東京 千代田区 女子校

徳才兼備の女性を育てます

三輪田学園の教育理念は「高い学力の育成と充実した人間教育」です。「深い知性と豊かな心を備えた自立した女性」を育てて130年、真面目に努力する校風は開校当初から変わりません。

2010年（平成22年）には校舎改築工事が完了し、より充実した設備が整いました。南向きの明るい教室も多く、都心とは思えない静かな環境が広がっています。

女性としての自立が基本の進学指導

毎年約90%の生徒が現役で4年制大学に進学している三輪田学園では、進路指導は学年に合わせて行われます。

中1では、まず学習態度を身につけることからていねいに指導をつづけ、徐々に自己の価値観や将来について考えていきます。高校では、仕事や大学・学部について、大学の先生がたを招いての講義のほか、OGの体験談を聞く機会も数多く設けられています。

たんなる大学受験のための指導ではなく、ひとりの女性として自立するための進路指導がなされています。

三輪田学園の「生き方教育」

「徳育・知育・体育・美育」という創立者の言葉を現代にいかした「生き方教育」を行っていることも、三輪田学園の特色です。「いのち・平和・環境・自立」をテーマにし、人として生きていくときに大切なこととはなにかを6年かけて考えます。

この取り組みでは、道徳とロングホームルームの時間のなかで、講演・見学・調べ学習と発表・討論会などが行われます。たとえば、中2と高1で全員が取り組むボランティアは、働くおとなの人たちを間近で見るという、自立につながる社会学習の一環です。

中高時代の感性の豊かな時期に、さまざまな経験をさせ、考える機会を多く持たせたいという三輪田学園の姿勢がここにはあります。

SCHOOL DATA

東京都千代田区九段北3-3-15
JR線ほか「市ヶ谷」徒歩7分、JR線ほか「飯田橋」徒歩8分
女子のみ523名
03-3263-7801
http://www.miwada.ac.jp/

武蔵中学校

東京 練馬区 男子校

「自調自考」を身につけるための6年間

武蔵中学校では、学問を学ぶ姿勢が重視され、安易に解答を得るよりも、徹底的に自分で調べて自分で考える「自調自考」の精神が尊重されています。授業内容も外部から「大学院のような」と言われる独自のものが多く、生徒の創造性の育成に努めています。

多くの卒業生がめざす大学に合格し、開成、麻布と男子難関3校のひとつと称されながらも、大学進学が目的ではなく学びを究めるための選択肢のひとつと泰然自若を貫きます。

「考える」ことを重視する授業を展開

自由な校風で知られていますが、それは「生徒の面倒を見ない」ということではありません。とくに学習習慣をしっかりと身につけるべき中1～中2の間は、生徒一人ひとりに教員が寄り添いながら手をかけています。そうして、学びや日々の生活の「型」をつくったうえで、そのレールを少しずつはずしていくことで、「自ら調べ自ら考える」力を培っていきます。

授業においても、基礎基本をきちんと定着させ、それを基盤に、簡単に答えを求めるのではなく、そこにいたるプロセスを徹底的に考えさせることで、生徒は独創性を養い、個性の伸張と独立性を獲得していきます。

国外研修制度で充実した海外での学びへ

教室での第2外国語の学びを発展させ、外国をまるごと体験できるように、「国外研修制度」があります。

これは毎年、第2外国語上級選択者のなかから選考された10数名が、往復旅費などを支給され、短期の国外留学をすることができるという制度です。留学期間約2カ月のうち6週間は、ホームステイをしながら提携校に通学、その後2週間ほど個人旅行を行います。

また、提携校からも日本語を学んでいる生徒が毎年ほぼ同数来校し、生徒の家庭に滞在して通学します。

SCHOOL DATA

東京都練馬区豊玉上1-26-1
地下鉄有楽町線・副都心線「新桜台」徒歩5分、西武池袋線「江古田」徒歩6分、都営大江戸線「新江古田」徒歩7分
男子のみ525名
03-5984-3741
http://www.musashi.ed.jp/

武蔵野中学校

東京
北区
共学校

世界で通用するグローバル人材を育成する

1912年（明治45年）創立、2012年（平成24年）に100周年を迎えた武蔵野中・高では、「他者を理解した上で、自ら考え、そして行動する人間たれ」という「他者理解」を教育理念として掲げています。この「他者理解」の精神は、世界がより身近となるこれからの社会で重要となります。創立100年を超えた武蔵野では、つぎなる100年を見据え、世界で通用するグローバル人材の育成をめざし、さまざまな特色ある教育が展開されています。

週10時間授業・独自の英語教育

グローバル人材に必須となる英語力。武蔵野では、文法や読解を軸とした授業を週4時間日本人教師が行い、コミュニケーション力の育成をめざした授業を週6時間外国人教師が行っています。とくにコミュニケーション力の育成をめざした授業に関しては、日本国際教育センター（JIEC）と共同開発した「LTE（Learning Through English）」という英語教育プログラムを採用。外国人教師とひとつのテーマを英語で考え、英語で発表するというワークスタイルの授業で、英語力とともにグローバル社会で必要となる7つのスキル（共有する・探求する・表現する・挑戦する・助け合う・自己管理・自分を振り返る）を身につけることができます。それらの集大成として、高校1年次に「ニュージーランド3ケ月留学」を必修で実施し、日ごろの成果を確認するとともに、異文化交流を体験できます。

また、校内には、レベルアップを望む生徒のために自主学習支援施設「武蔵野進学情報センター」を併設し、だれでも夜9時まで利用でき、自習したり、常駐する講師による個別指導を受けることができます。

さらに、電子黒板の利用やひとり1台貸与されるiPadの活用、それにともなうMacによる情報の授業など、数々の先進的な教育システムで未来をめざす武蔵野に注目が集まっています。

※「iPad」と「Mac」はApple Inc.の商標です。

SCHOOL DATA

東京都北区西ケ原4-56-20

都電荒川線「西ケ原四丁目」徒歩3分、都営三田線「西巣鴨」徒歩8分、地下鉄南北線「西ケ原」・JR線「巣鴨」徒歩15分

男子22名、女子35名

03-3910-0151

http://www.musashino.ac.jp/

武蔵野女子学院中学校

東京
西東京市
女子校

「心の教育」・「学部学科実績を求める教育」

2014年（平成26年）に創立90年を迎えた武蔵野女子学院中学校・高等学校では、建学の理念である仏教教育を基盤とした「こころの教育」の推進はもちろん、2015年度（平成27年度）より、多様化する進路選択に対応するための新カリキュラムを実施し、さらに進化させています。

個々の希望進路をかなえる学び

中学段階では、ふたつのコースに分かれています。

「総合進学コース」は、ていねいな教科学習を基盤として、クラブ活動、学校行事などの学校生活の充実をはかりながら、週6日制のもとでバランスよく学習します。そして、高校進学に向けて基礎学力を身につけていきます。

「選抜進学コース」は、基礎学習を土台として、発展的な教科学習を含む先取り学習が展開されます。中1から将来の受験を目標とした学習に取り組んでいきます。

高校に進むと、4つのコースに分かれていきます。

「総合進学コース」は、学校生活を大切にしながら、一般入試、推薦入試、AO入試などに幅広く対応。併設の武蔵野大への内部進学も可能です。

「理系医療コース」は数理に特化したカリキュラムで、基礎を徹底して応用力を高め、難関理系学部学科や武蔵野大薬学部への進学をめざします。

「文系創造コース」は難関文系学部学科への進学をめざします。特別カリキュラムで将来、人文・社会科学系で学ぶに耐えうる深い学習が行われます。

「国際交流コース」は1年間の海外留学を必修とし、語学力はもちろん発信力を身につけさせるプログラムが展開されます。TOEICRなどで高得点を取り、上智大や海外の大学をめざします。

SCHOOL DATA

東京都西東京市新町1-1-20

JR線・西武多摩川線「武蔵境」バス7分、西武新宿線「田無」、JR線・地下鉄東西線「三鷹」バス10分

女子のみ175名

042-468-3256

http://www.mj-net.ed.jp/

武蔵野東中学校

東京 小金井市 共学校

全員が高校受験をするユニークな中学校

併設の高校を持たず、しっかりした進路指導によって、毎年難関高校に多くの合格者を輩出している武蔵野東中学校。独自の「生命科」や「探究科」の授業、自閉症の生徒と学校生活を送る「混合教育」でも知られています（自閉症児クラスは別入試・別課程）。

近年充実を見せるのは「探究科」の授業。生徒自らが設定した「問い」について深め、オリジナルの「答え」を追究します。また心を育てる「生命科」の授業は、自分や他者の存在の重さ、生命の尊さを主眼に、さまざまなテーマで考えを深めます。300人弱の少人数制の環境は、生徒７人に対して教員ひとりとなる手厚さ。明るく活発な校風です。

中１～中２の英・数、中３の５科と論文の授業は少人数制の習熟度別授業で、きめ細かい指導を実施。独自の「プランノート」により、自立した学習習慣を獲得していくことも特色です。行事の運営が生徒に任され、そして部活動もダンス、体操、陸上は全国レベルの実績があるなど、充実した学校生活です。

英語・理数教育に重点

カリキュラムでは英語、理数に重点がおかれ、英語は中３全員の75％が英検準２級以上を取得しています。オンライン英会話やスピーチコンテスト、英作文の添削など、少人数制ならではの授業で４技能をきたえます。

理科に興味のある生徒には、授業内で年間80回の実験・観察があるほかにも、課外で「テクノロジー探検隊」「サイエンスラボ」など、興味・関心を喚起するイベントも豊富。

高校受験に向けては、中３全員を対象にして少人数制のゼミ形式で行う「特別進学学習」（週３回放課後２時間）があり、校内指導は万全。近年の合格校に、都立進学重点校の日比谷、国立、戸山、西、私立では早慶附属、国際基督教大高、国立では筑波大附属駒場、筑波大附属など難関高校の名も多くあがり、中３、60人での驚くべき実績となっています。

SCHOOL DATA

東京都小金井市緑町2-6-4
JR線「東小金井」徒歩７分
男子165名、女子114名
042-384-4311
http://www.musashino-higashi.org/chugaku.chugaku/

明治学院中学校

東京 東村山市 共学校

キリスト教に基づく人格教育

明治学院中学校・東村山高等学校は、同じ敷地で６年間を過ごす中高一貫校。

キャンパスでひときわ目を引く洋館、「ライシャワー館」は、「東村山30景」にも選定された明治学院のシンボル的な存在です。名前の由来は、元駐日大使であったライシャワー氏の父親が明治学院で教鞭（きょうべん）をとりながら居住していたことによるものです。

学院創立150周年事業として行われた正門改修・ビオトープ・グラウンドの全面人工芝化が2016年度（平成28年度）完成しました。

「道徳人」「実力人」「世界人」

明治学院が長い歴史のなかで掲げてきた教育目標が「道徳人」「実力人」「世界人」です。

「道徳人」とは、神様が与えてくださった使命に気づき、権利と義務をわきまえ、規律を守って、神さまと人びとのために働くことのできる人のことです。

「実力人」とは、自分の使命や目標に向かって、与えられている自分の能力を高め、学問と技術を身につけ、その力を必要に応じて発揮することのできる人のことです。

「世界人」とは、世界的視野と行動力とを持ち、世界の平和を祈念しつつ、世界を活動の場とする力を持つ人のことです。

そして、これらの教育目標にかなった人材を育成するために、明治学院では、①～⑤のような特色のある教育課程を組んでいます。

①土曜日を含め週34時間の授業。②英語の授業を重視したカリキュラム。教材に「プログレス21」を使用。③中・高とも英語の授業の一部をネイティブ教師が担当。英検取得目標は中学卒業時準２級、高校卒業時２級。④東京歴史散歩（社会）、多摩動物公園、三浦半島（理科）、音楽鑑賞会（音楽）など校外授業が充実。⑤高２・高３は、A明治学院大学推薦進学、B文系受験進学、C理系受験進学の３コースに分かれて学習するなど、学力面も強くサポートしています。

SCHOOL DATA

東京都東村山市富士見町1-12-3
西武拝島線・西武国分寺線「小川」徒歩８分
男子186名、女子236名
042-391-2142
http://www.meijigakuin-higashi.ed.jp/

東京
神奈川
千葉
埼玉
茨城
寮制

明治大学付属中野中学校
(めいじだいがくふぞくなかの)

東京 中野区

男子校

「質実剛毅・協同自治」の校風

男子中高一貫校の明治大学付属中野中学校は「質実剛毅・協同自治」を校訓に、大学付属校の長所を存分にいかした伸びのびとした学校です。大学受験のプレッシャーを感じることなく、生徒の表情も明るく、部活動もさかんです。

中学では5項目の実践目標

明大中野では、じゅうぶんな授業時間の確保と円滑な学校行事運営のため、従来から一貫して週6日制です。中学校での教育課程は、高等学校との中高一貫教育の関連を重視し、独自のプログラムを組んで、確かな基礎学力がつくように工夫されています。

とくに英語は、外国人講師による英会話の授業を、中1・中2の2年間、1クラスを2分割した少人数クラスで行っています。

また、中学時代における大切な要素として、基本的な生活習慣の体得を掲げ①時間を大切にし遅刻をしない学級づくり②勉学に励む学級づくり③清潔できれいな学級づくり④決めごとを守る生徒づくり⑤挨拶のできる生徒づくりの５項目を実践目標としています。

高校では、中学校で養った基礎学力を維持し、さらなる伸長を目標に勉強を進めます。

高１では、高校からの入学者が加わり、混合の学級を編成。全員が芸術科目以外、同じ教科を履修します。２学期には「明大特別進学講座」が実施され、明治大の各学部長から、学部の説明やアドバイスもなされます。

高２は、自己の能力や適性を見極める時期です。そのため、文科系・理科系のふたつのコースによる学級編成を採用しています。

高３では、選択・演習科目を数多く導入、個々の進路志望に応じた専門的な学習に入っていきます。明治大への推薦は、高校３年間の総合成績によって決定され、約75％が進学しています。

また、近年は、明治大以外の難関国立大など、他大学受験希望者も増加しています。

SCHOOL DATA

- 東京都中野区東中野3-3-4
- JR線・都営大江戸線「東中野」徒歩5分、地下鉄東西線「落合」徒歩10分
- 男子のみ743名
- 03-3362-8704
- http://www.nakanogakuen.ac.jp/

明治大学付属中野八王子中学校
(めいじだいがくふぞくなかのはちおうじ)

東京 八王子市

共学校

未来につながる知力と人間力を育成

「質実剛毅」「協同自治」を建学の精神とする明治大学付属中野八王子中学校。豊かな自然にかこまれたキャンパスで、伸びのびとした学校生活を送ることができます。めざされているのは、たんなる知識量の多さや小手先の器用さを身につけることではなく、情操を育み、真に大切なものを自身の力で見出し具現化する力を涵養することです。学習や行事、クラブといった特別活動などをとおして、多角的かつ多面的に生徒の個性を伸ばし、時代を担う人間を育成しています。

きめ細やかな学習指導と進路指導

学習面では「基礎学力の獲得」をめざし、ていねいかつ内容の深い授業で教科書の内容を完全に理解、習得し、高校卒業までに高水準の学力を身につけます。特徴的なのは自分を表現するための言葉、つまりコミュニケーション能力を育てていることです。国語では作文やスピーチなど、自己表現をする機会を多く取り入れ、英語では少人数授業やネイティブ教員と日本人教員のチームティーチング授業を実施し、きめ細やかに指導しています。

そして、家庭学習の方法も綿密に指導し、個々の学習スタイルを確立させることで生徒を「自律／自立的学習者」へと導きます。

また、学習指導と両輪をなす進路指導では、「いかに生きるか」という問いに向きあいながら、職業観や人生観に基づいた大学・学部探しを行います。大学卒業後の職業選択までを視野に入れた計画的かつ段階的な指導によって、早い時期から将来に対する興味や関心を喚起していきます。

大学進学については、一定の基準を満たすことで明治大への推薦入学資格を得られる一方、推薦入学資格を得たうえで、国公立大、７つの大学校を受験できる制度もあります。

明治大学付属中野八王子中学校は生徒が自己実現できるよう「自ら伸びる力」を引き出し、未来につながる知力と人間力を育てます。

SCHOOL DATA

- 東京都八王子市戸吹町1100
- JR線「八王子」・「秋川」・京王線「京王八王子」スクールバス、路線バス
- 男子250名、女子245名
- 042-691-0321
- http://www.mnh.ed.jp/

あ行 か行 さ行 た行 な行 は行 ま行 や行 ら行 わ行

明治大学付属明治中学校

東京 調布市 共学校

一人ひとりが輝く学校生活

1912年（明治45年）に旧制明治中学校として神田駿河台の明治大構内に開校し、2008年（平成20年）調布市への移転とともに共学校となりました。

明治大の唯一の直系付属校として、「質実剛健」「独立自治」を建学の精神とし、知性・感性・体力のバランスのとれた、人間性あふれる人物を育てます。また、中高大10年一貫教育による創造性や個性の伸長とともに21世紀のグローバル社会を担う国際人としての「生きる力」を養います。

中学・高校・大学の10年一貫教育

中高ともに週６日制でじゅうぶんな授業時間を確保し、６年間の学習で盤石な基礎学力を養成します。そのうえに大学や社会生活で必要な「言語能力」「洞察力」「実践力」「社会力」「精神力」を身につけ、これからのグローバル社会に貢献できる人材を育てます。

「言語能力」の軸となる英語教育では、習熟度別・少人数クラス編成やネイティブの先生による授業、英検・TOEIC・多読の推奨、スピーチコンテスト、海外語学研修などをとおしてオールラウンドな語学力を養います。

「実践力」の養成となる高大連携教育では、明治大各学部の教員が直接授業をする「高大連携講座」が週２時間あります。さらに、在校中に明治大の講義が受講でき、卒業後に明治大の単位として認定される「プレカレッジプログラム」や、長期の休みを利用して「法学検定」や「簿記検定」などの資格取得を支援するサマーセミナーもあります。

また、多彩な学校行事や部活動をつうじて、「質実剛健」「独立自治」を体現し、コミュニケーション能力を養います。

明治大には毎年90％以上の生徒が進学しています。推薦は、高校３年間の成績と英検・TOEICの取得状況、人物・適性を総合的に判断して決定します。国公立大の場合、明治大への推薦を保持したまま併願受験できます。

SCHOOL DATA

東京都調布市富士見町4-23-25

京王線「調布」・「飛田給」、JR線「三鷹」・「矢野口」スクールバス

男子284名、女子235名

042-444-9100

http://www.meiji.ac.jp/ko_chu/

明星中学校

東京 府中市 共学校

世界に羽ばたく、世界で輝く

明星中学校・高等学校は「もっと輝け！」を合言葉に、いま、新たな教育に取り組んでいます。「学び」に対して真摯な視点で取り組み、独自のカリキュラムを実践する学校です。基礎基本の習得のため、１コマ１コマの授業では生徒一人ひとりの「学ぶ意欲」を支援する工夫がなされています。

たんに知識を教えるだけでなく、学んだことをどういかすかの「知恵」を身につける「体験教育」を実践していることが、明星教育の大きな特徴といってよいでしょう。

この基礎学力をもとに、より高いレベルの実力を養うため、明星では「週６日制」を採用しています。

数学と英語は、生徒の理解度に応じたきめ細かな指導を行うため、中3から、「習熟度別授業」を行っています。

さらに、一人ひとりの学びを応援するため、「個別授業フォロー」や「エクストラスタディ」も実施しています。

英語の４技能習得に向けた具体的取り組み

語学力の向上は、大学入試制度改革など社会の移り変わりに対応するために避けられません。

明星では、そのために中１より多読多聴を取り入れ英語の学習を始めます。レベルに合った英語本を多く読み、聞くことにより、英語に対する親しみを抵抗なく持たせます。

中１では、国内で３泊４日の「ENGLISH CAMP」を実施します。このCAMPは、生徒約10名にひとりの割合でネイティブスピーカーが日本人教員とともに引率し、英語漬けの合宿生活を体験します。

中２・中３では、夏休みにネイティブスピーカーによる英語講習を実施。万全の準備をしたうえで中３のセブ島語学研修旅行に行きます。こうした経験を積み重ね、高校では志望大学合格に向けた受験４技能習得をめざします。

SCHOOL DATA

東京都府中市栄町１-１

JR線「北府中」徒歩15分、京王線「府中」、JR線・西武線「国分寺」バス７分

男子202名、女子151名

042-368-5201

http://www.meisei.ac.jp/hs/

明法(めいほう)中学校

東京 東村山市 男子校

だれもが主役！　夢をかなえる3つの新コース

21世紀型教育を推進

東京ドーム1.2倍の広大なキャンパスと優れた施設のなかで、「知・徳・体」をバランスよく育む少人数教育が行われており、生徒と教員の距離が近く、一人ひとりをていねいに育てきたえています。

中学校では「3点固定（寝る時間・起きる時間・学習開始時間の固定)」と「授業→課題→確認テスト」のサイクルで基礎学力を固めるとともに、伝統のオーケストラ授業や理科専門棟で行う理科実験授業に代表される「本物に触れる教育」を土台に、新たに3つのコースを設置し、21世紀社会に貢献できる人材を育てています。

「進学GRIT（グリット）コース」は、学校の中核として活躍するなかで、達成感を持たせ、文武両道でやり抜く力（GRIT）を身につけ、きめ細かい学習指導で、国公立・難関私大の合格をめざします。

「国際理解コース」は、高度な英会話授業や被災地ボランティア、高校での3カ月間のターム留学などをつうじ、チャレンジ精神や発信型の英語力・問題解決力を身につけ、海外大学や国際系の国公立・難関私大合格をめざします。

「サイエンスGEコース」は、4時間連続の「GE講座」でプログラミングなどのスキルを高めるとともに、科学的思考力や問題解決力を磨き、国公立・難関私大をめざします。

ICT教育も含めた21世紀型教育も全学的に始動し、各コースとも、大学進学のそのさきにある21世紀社会を視野に入れた教育を行っています。

部活動も少人数ながら活発で、関東大会に連続出場しているソフトテニス部、50mプールで練習する水泳部、伝統の棒術部のほか、野球部・サッカー部・バドミントン部・バスケットボール部などが熱心に活動しています。

SCHOOL DATA

- 東京都東村山市富士見町2-4-12
- 西武国分寺線・拝島線「小川」徒歩18分、JR線「立川」・西武新宿線「久米川」・西武拝島線「東大和市」バス
- 男子のみ138名
- 042-393-5611
- http://www.meiho.ed.jp/

目黒学院(めぐろがくいん)中学校

東京 目黒区 共学校

共学化しても変わらない魅力

桜の名所として名高い目黒川をのぞみ、交通の便もよい地に立つ目黒学院中学校では、女子生徒を迎え、7年目となりました。共学校となり、新たに『『実力派紳士淑女の育成』を目指して」という教育理念を掲げていますが、これまでの目黒学院の教育目標に大きな変化はありません。「明朗・勤勉・礼節」を校是として、自主的・積極的に学ぶ心と、生徒一人ひとりの個性を育むことを引きつづき目標としています。

カリキュラムにおいては、幅広く教養を身につける姿勢を大切にしているため、高校2年までは文系、理系にコース分けすることはありません。高校2年までの5年間でさまざまな科目を学ぶことで、探求心を育み自らの進む道を見つけだしてもらいたいと考えているからです。

また、早くから志望校を決定していたり、よりレベルの高い学習内容に取り組みたいという生徒のためには「発展学習」や「受験対策講習」などの課外学習も行うことで、個々の生徒の要望に応えています。

独創性、主体性、国際性を養う

こうした教育システムと、特色ある学校行事によって、生徒の独創性、主体性、国際性を養い、個々の可能性を大きく開花させたいと目黒学院は考えています。

特色ある学校行事の一例としては、自然のなかで過ごすことで普段とはちがうことが学べる農林業体験、各クラスが一丸となって戦う体育祭、クラスやクラブ活動のグループなどで興味あるテーマを研究・発表する悟林祭（文化祭）、中3で行われるアメリカ・セミナーツアーなどがあげられます。とくにアメリカ・セミナーツアーでは、英語による理解力と表現力を高めながら、アメリカでの生活を体験することができます。

これまでと変わらない魅力にあふれた目黒学院です。

SCHOOL DATA

- 東京都目黒区中目黒1-1-50
- 東急東横線・地下鉄日比谷線「中目黒」徒歩5分、JR線ほか「恵比寿」徒歩10分
- 男子28名、女子4名
- 03-3711-6556
- http://www.meguro.ac.jp/

目黒星美学園中学校

東京 世田谷区 女子校

グローバル×言語力×ボランティア

砧公園に隣接し、世田谷美術館や大蔵運動公園にほど近い目黒星美学園中学校・高等学校は、緑豊かで文教的な環境にあります。この地でカトリックの女子教育を半世紀にわたりつづけてきた目黒星美学園は、１学年３クラス、約100名の少人数の環境を保ち、「子どもが愛を感じるまで愛しなさい」という創立者聖ヨハネ・ボスコのしめした理念の実践を確かなものにしています。

きめ細やかな学習指導とともにめざすのは、社会に貢献する心豊かな女性の育成です。とりわけ21世紀の今日においては、「グローバルな世界を 言語力を武器に ボランティアの精神で生きていく女性」を生徒の将来像として掲げています。2011年（平成23年）に新校舎が竣工し、2014年（平成26年）に東急田園都市線二子玉川駅よりスクールバスの運行がスタート。近年、防災教育への取り組みにも力をそそぎ、目黒星美学園の教育環境は、ますます充実しています。

2017年、英語関連行事が本格始動！

少人数の環境が、生徒の希望をかなえる進路指導を実現。１年生（中1）・２年生（中２）での数学・英語の授業は１クラス２分割（英語は能力別２分割）で授業を行い、基礎の定着をはかるとともに、「もっと学びたい」生徒にもしっかり対応します。１年生ではイングリッシュキャンプ（２泊３日）、２年生ではブリティッシュヒルズ（２泊３日）に全員が参加。３年生（中３）は夏休みにカナダで３週間のホームステイ、４年生（高１）、５年生（高２）ではオーストラリア姉妹校に交換留学、またはニュージーランドにターム留学を希望者に実施しています。発達段階に応じて自己の適性を見極め、未来像を描かせるプログラムも充実しています。「被災地ボランティア・フィリピンボランティア研修」などを実施し、命を尊ぶ価値観を身につけ、他者に奉仕する喜びを体験していきます。

SCHOOL DATA

東京都世田谷区大蔵2-8-1

小田急線「祖師ヶ谷大蔵」徒歩15分、小田急線「成城学園前」バス10分、東急田園都市線「二子玉川」スクールバス

女子のみ258名

03-3416-1150

http://www.megurosebi.ed.jp/

目白研心中学校

東京 新宿区 共学校

グローバル社会で活躍する人材を育てます

「自己肯定感を持ち、他者に積極的に関わり、円滑なコミュニケーションが取れる。十分な情報収集・分析により問題を発見し解決できる人」。そんなグローバル社会で活躍する人材を目白研心は育てます。

主体性のある人を育てる６年間

「自分の人生を自分で切り開ける人材を育てたい」との思いから2016年度（平成28年度）より、３段階の選択ステージを用意しました。中１・中２の国数英は習熟度別授業を実施、中３で「第一の選択」として、「特進コース」「Super English Course」「総合コース」を生徒自身が選択します。そして、高１でコースを確定する「第二の選択」を、高２で文理の選択を中心とした「第三の選択」を実施し、進路希望の実現をめざしていきます。

「特進コース」は難関大学進学をめざすコース、「総合コース」はG-MARCHなどへの進学をめざすコースです。

「Super English Course」は、多様な価値観を認めあいながら、海外の生徒と対等に議論する能力を育てていきます。そのためには、相手の話を瞬時に理解し、自分の意見を論理立てて英語で述べることや会議の進行を管理するファシリテーション力、リーダーシップも必要です。そのスキルを身につけるために、目白研心の歴史ある英語教育プログラム（ACEプログラム―Active Communication in English Program）をさらにパワーアップさせ、より高いレベルで教育を行っていきます。

３つのコース制に加え、３カ国10校から留学先を選べる豊富な留学プログラムや「学習支援センター」によるサポート体制も魅力です。「学習支援センター」では、学習を確実に理解させるためのプログラムや目的に応じた講座が用意されています。

このような充実した教育体制を整え、生徒が高い目標を掲げて、未来へ、世界へ、自らの意志で飛び立てるように導いていきます。

SCHOOL DATA

東京都新宿区中落合4-31-1

西武新宿線・都営大江戸線「中井」徒歩8分、都営大江戸線「落合南長崎」徒歩10分、地下鉄東西線「落合」徒歩12分

男子23名、女子107名

03-5996-3133

http://mk.mejiro.ac.jp/

東京
京

神奈川
千葉
埼玉
茨城
寮制

八雲学園中学校 〈2018年度より男女共学化〉

東京 目黒区 共学校

Perfect Harmony of Tradition&Innovation

1938年の創立以来培ってきた「伝統」と2018年から始まる未来への「革新」。このふたつの調和が学園にさらなる進化をもたらします。共学を機に新たなステージを迎えた八雲学園の熱気あふれる教育にご期待ください。

特色あるグローバル教育

グローバル教育に力を入れ、中1で9時間、中2・中3で週10時間の授業を確保。授業は、中1から習熟度別で行い、英会話は外国人と日本人のペアで指導します。こうした授業と併せて、英語劇や英語祭、スピーチコンテストなどの英語行事を行い、コミュニケーションツールとしての英語力を伸ばし、より高い目標に向けて英語習得への意欲を高めます。また週に1時間、英検対策指導を実施。英検2級以上はTOEFL主体の対策へ移行し、CEFRのC1レベルをめざします。2017年、世界50カ国の私学180校所属のラウンドスクエアに加盟。加盟校との交流などの体験を重ねることで次世代のグローバルリーダーを育てます。

学習面と生活面の両面から支える

八雲学園は進路指導にも力を入れています。「サマーキャンプ（進学合宿）」や、放課後補習など、徹底したサポートが自慢です。また、6年間を「基礎学力の蓄積」・「海外研修・留学プログラム体験」・「受験体制の確立」とそれぞれ3ステージに分け、海外大学・国公立大学への進学をめざします。

そのほかの特色として「チューター（学習アドバイザー）」を採用しており、担任とは別に相談相手が生徒一人ひとりにつきます。3年間にわたり、学習面と生活面の両方でアドバイスを受けることができ、生徒が抱える不安や悩みを解決する体制が整います。

特色ある教育体制のもと、安心して各自の個性や能力を伸ばし、より高い目標に向かって意欲的に学園生活を送ることができます。

SCHOOL DATA

東京都目黒区八雲2-14-1
東急東横線「都立大学」徒歩7分
現在は女子のみ276名（2018年度より共学）
03-3717-1196
http://www.yakumo.ac.jp/

あ行
か行
さ行
た行
な行
は行
ま行
や行
ら行
わ行

安田学園中学校

東京 墨田区 共学校

自ら考え学ぶ学習習慣をつけ、自学力を進学力に高める

安田学園では、東京大など最難関国立大をめざす「先進コース」と国公立・難関私大をめざす「総合コース」、総合コース内に3～5年生（中3～高2）でハイレベルな英語総合力を養成する「特英コース」を設置、2014年度（平成26年度）からは男女共学となりました。両コースとも、基礎学力・学習力を高度に育てる授業・根拠を言って答えることを習慣化する授業を重視しています。さらに、学ぶ楽しさをつかみ自分に合った学習法を確立することで自学力の習得をめざします。

このような学びをバックアップするのが、独自の「学び力伸長システム」です。とくに数学と英語について、学習法体得授業で予習・授業・復習のサイクルをしっかり確立させ、家庭学習の習慣化をめざします。さらに、毎学年6月に実施している3泊4日の学習法体得合宿で自学力を高めます。両教科では毎週2回ずつ朝テストを行い、理解がじゅうぶんでない生徒には放課後に補習を行い、理解できるまで指導します。また、夏期・冬期講習や学期末特別授業などにより自ら考え学ぶ学習習慣を身につけさせます。

本質的な学び力を育てる「探究」

週1時間の「探究」の時間では、疑問に思ったことを適切な課題として設定し、それに対して仮説を考え、検証します。この「疑問→仮説→検証→新しい疑問→…」の深化・発展こそが、根拠をもって論理的に考える力、創造的学力の育成につながります。自然や人間・社会について、グループや個人で探究し、5年生では探究してきたものをまとめた論文をイギリスの大学生に英語でプレゼンテーションし、ディスカッションをします。

教科と探究の授業（磯・森林・首都圏などの野外探究もあります）により、根拠をもって論理的に追究して考える、本質的な学びとなり、地球規模の問題を解決できるグローバルリーダーの資質となります。

SCHOOL DATA

東京都墨田区横網2-2-25
都営大江戸線「両国」徒歩3分、JR線「両国」徒歩6分、都営浅草線「蔵前」徒歩10分
男子282名、女子161名
03-3624-2666
http://www.yasuda.ed.jp/

山脇学園中学校

東京 港区 女子校

社会でいきいきと活躍する女性リーダーの育成

114年の女子教育の伝統を受け継ぎつつ、「社会で生き生きと活躍する女性のリーダーの育成」をめざして「山脇ルネサンス」を進めてきた山脇学園。2015年（平成27年）には中学校新校舎を含むすべての校舎リニューアルを終え、新たな施設での教育プログラムの導入を推進しました。また、ゆとりある教室エリアやカフェテリアの新設などにより、スクールライフがより豊かになりました。

志を育てる、多様な教育プログラム

山脇学園では「志」を育てることが生徒の人生設計への根幹になると考え、体系的なプログラムを実施しています。中1・中2では自己知・社会知、中3・高1では進路設計、高2ではテーマを掘り下げた課題研究という段階的な内容となっており、生徒たちは一つひとつの取り組みで真剣に考えることで、意志を持って学習に励み、進路を決定します。

独自の施設「イングリッシュアイランド」「サイエンスアイランド」は、国際社会で活躍する志や、科学をとおして社会に貢献する志を育てる施設として新設され、国内外の大学と提携した高度かつ実践的なプログラムを展開しています。また、「イギリス語学研修（中3）」「オーストラリア語学研修（高1）」「オーストラリアターム留学（高1・高2）」などの語学研修のほか、新たにスタートする「グローバルリーダーシップを育てる修学旅行（高2）」、「アメリカ名門女子大より学生を招いてのエンカレッジメントプログラム（中3・高1・高2）」などをとおして、英語を活用して課題を解決する能力や、多様な視点から自分の未来を切り拓く志を育成します。

生徒たちは多様な個性を、学びのなかで伸びやかに発揮し、何事にも好奇心旺盛に取り組んでいます。21世紀の社会に求められる創造的な学力を、豊かな教育環境でいきいきと学びながら、身につけていくことができる学校です。

SCHOOL DATA

- 東京都港区赤坂4-10-36
- 地下鉄銀座線・丸ノ内線「赤坂見附」徒歩5分、地下鉄千代田線「赤坂」徒歩7分、地下鉄有楽町線・半蔵門線・南北線「永田町」徒歩10分
- 女子のみ849名
- 03-3585-3911
- http://www.yamawaki.ed.jp/

立教池袋中学校

東京 豊島区 男子校

「生き方にテーマのある人間」を育成

立教池袋では、キリスト教による人間観に立ち、①「テーマを持って真理を探究する力」を育てる　②「共に生きる力」を育てる　というふたつの教育目標を掲げて「神と人を愛する、生き方にテーマのある主体的な人間」を育むことをめざしています。

この教育目標のもと、学校生活の基本に祈りを据え、礼拝・聖書を大切にし、そのうえで、学習のあり方や友人関係、教師と生徒との心のふれあい、節度と秩序、マナーなど、日々の教育活動のすみずみにまでその精神が浸透しています。

中学生と高校生が同じ校舎で学び、電子黒板やタブレットを設置し、ICT環境を充実させています。総合体育館には50mの屋内温水プール、開放感のあるアリーナ、トレーニングルームなどが設置されています。

また、グラウンドは全面人工芝で、テニスコートも二面完備し、生徒一人ひとりはその個性に応じて、学習に、スポーツに、集中して取り組むことができる環境が用意されています。

徹底した少人数制

中高6年間各4クラスという、少数精鋭での一貫教育に磨きがかかります。

中高6学年をとおして英語の正課授業は20人以下の学級で、帰国生を中心にした英語Sクラスは生徒10人以下の編成です。

また、中学各学年に配した選修教科「選科」、高校生の選択講座などは、約40講座が開講されています。

立教大との一貫連携教育も魅力のひとつです。高1で行われる大学教授特別講座などの「立教学院一貫連携教育」は、各人の学力を高めるとともに、進路や人生そのものを考えさせるという効果があります。また、大学講座特別聴講生制度もあり、高3では、立教大の講義を受講し高校や大学の履修単位にすることも可能です。

SCHOOL DATA

- 東京都豊島区西池袋5-16-5
- 地下鉄有楽町線・副都心線「要町」徒歩5分、JR線ほか「池袋」・西武池袋線「椎名町」徒歩10分
- 男子のみ425名
- 03-3985-2707
- http://ikebukuro.rikkyo.ac.jp/

立教女学院中学校

東京 杉並区　女子校

「知的で、品格のある、凛とした女性」に

立教女学院の創立は、1877年（明治10年）。プロテスタントの宣教師・ウイリアムズ(Channing Moore Williams)によって設立されました。創立以来、キリスト教信仰を基盤に、「精神的、倫理的なものに価値をおき、他者に奉仕できる人間を育てる」こと、「グローバルな視野を持った知的に有能な人間に育てる」こと、「自由で自立した女性としての行動力ある調和の取れた人間を育てる」ことを目標とした教育が実践されてきました。そのめざす具体的な女性像は、「知的で、品格のある、凛とした女性」です。

立教女学院の１日は礼拝で始まります。授業前の20分間、自分の心を見つめます。人に仕える精神、平和への意志はここで生まれているのです。また、年間をつうじてさまざまなボランティア活動への参加を奨励しているのも、立教女学院の特徴です。

具体的な授業においては、国語、数学、英語、理科は中学３年で高校の先取り授業を行っています。中学・高校とも、英語は学習進度別クラス編成を行い、ホームルーム・クラスよりも少人数での授業を展開。国際社会において英語で意見を表明できる「発信型英語能力」の育成をめざしています。

特色ある「ARE学習」

独自の学習に「ARE学習」があります。自らテーマを求め（Ask)、調べ（Research)、言語化して発表する（Express）学習で、一般的な総合学習にあたります。中学では、学力を養い広く社会に貢献できる人間になることをめざし、高校では、この「ARE学習」をとおして卒業論文を作成します。

また、立教女学院では、創立者を同じくする立教大への推薦制度があります。他大学を受験する生徒へのサポート体制も整っており、高２・高３では理系コース、文Ⅰコース、文Ⅱコースに分かれるコース制を導入しています。

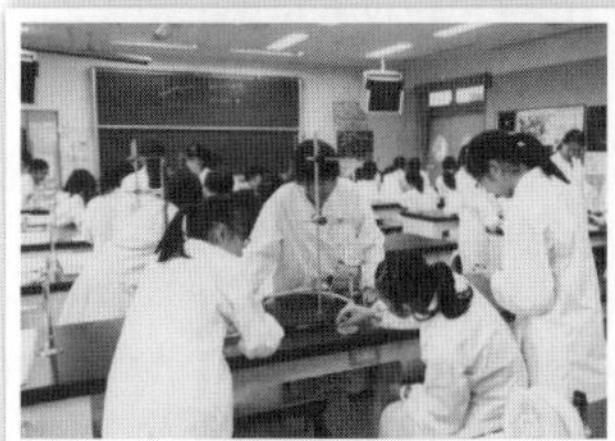

SCHOOL DATA

東京都杉並区久我山4-29-60
京王井の頭線「三鷹台」徒歩１分
女子のみ593名
03-3334-5103
http://hs.rikkyojogakuin.ac.jp/

立正大学付属立正中学校

東京 大田区　共学校

「自分の力を発揮する」を育てる。

中学・高校の６年間は、自立をめざし、自分で考え、進んで学び、自分で道を選ぶ力を身につけるための時間です。

立正がめざす自立は、社会やチームのなかで、自分の力を最大限に発揮することです。ときには道を切り拓くリーダーとして、ときには仲間を支えるスタッフとして、理想や目標を実現するために力を尽くせる人が、自立した人だと立正は考えます。そのためには、自分を知ることが欠かせません。仲間の個性を認め、自分と異なる意見を受け入れ、自分の主張をしっかり伝えることも大切です。周囲から認めてもらえるように基本的な学力や人間力も求められます。授業やクラブ活動、行事などの学校生活全体をつうじて、仲間とともに、社会のために「自分の力を発揮する」生徒を育てる。それが、立正の学びです。

R-プログラムの実践と学習効果

毎日の授業だけでなく、将来にわたって必要な力、Research（調べる力)、Read（読み取る力)、Report（伝える力）を蓄えるのが「R-プログラム」です。

毎朝のHRで新聞や雑誌のコラムを読み、200字で意見や感想をまとめる。翌朝のHRでクラスの数名ずつが自分の意見を発表する。このルーティーンをつづけています。最初は書けなかった文章がかたちになり、人前に立つのが苦手だった生徒も徐々に慣れ、スピーチができるようになります。いままで自信を持てなかった生徒たちが、自らの成長を体感し、授業にも好影響がでています。毎日読む記事やコラムをつうじ、「単純に知識が増えた」と実感した生徒が、「授業にしっかり取り組めば、もっといろいろなことがわかってくる」ことに気がつき、「読解問題の文章は、確実に速く読めるようになりました」という声を聞きます。立正は、R-プログラムと授業の相乗効果で「自分の力を発揮できる能力」を育てていきます。

SCHOOL DATA

東京都大田区西馬込1-5-1
都営浅草線「西馬込」徒歩５分
男子179名、女子85名
03-6303-7683
http://www.rissho-hs.ac.jp/

早稲田中学校

わせだ

東京 新宿区 男子校

「誠」を基本とする人格を養成

早稲田中学校・高等学校は、早稲田大のおひざもとにある早稲田大系属校のひとつです。長い伝統を誇り、早稲田大への進学ばかりではなく、他大学進学者も5割程度と、進学校としての趣が強い学校です。男子だけの中高一貫教育を行い、高校からの募集はありません。

「誠」とは、人間の基本となるべき心の持ち方であり、言行の一致に基づく誠意・真剣さなどとして発現されます。この精神は坪内逍遙により校訓として掲げられ、早稲田中高の人間教育の基本精神となっています。

「個性」の立つべき根幹を早稲田中高では独立・自主・剛健においています。これは、大隈重信の人格の主要な一面でもありました。早稲田中高では、こうした個性の発揚・伸長をうながすことに努めています。

推薦入学制度で早稲田大へ

早稲田中高は早稲田大の系属校として、その歴史を刻んできました。

1981年度（昭和56年度）高校卒業生からは早稲田大への推薦入学制度も発足し、学校所定の推薦基準により早稲田大への進学の志のある生徒を各学部に推薦しています。

その推薦基準は、⑴心身ともに健康であること。⑵大学での勉学に関して、明確な志向と熱意をもち、それにふさわしい能力、適性を備えていること。⑶出席状況が良好であること。⑷高校３年間の７つの教科・教科群の評価平均値において4・0未満の教科・教科群がないこと（10段階評価）となっています。

早稲田中高では、生徒自身が進学したい大学・学部を決めるため、推薦枠をいっぱいに使わない厳しい選抜を行っていることが大きな特徴です。このような方針のもと、日々の授業は密度が濃く高レベルになっています。その基礎力があって、さらに実力もアップ、早稲田大のほかにも、国公立大学、難関私立大学などへの進学が可能です。

SCHOOL DATA

- 東京都新宿区馬場下町62
- 地下鉄東西線「早稲田」徒歩１分、都電荒川線「早稲田」徒歩10分、地下鉄副都心線「西早稲田」徒歩15分
- 男子のみ952名
- 03-3202-7674
- http://www.waseda-h.ed.jp/

早稲田実業学校中等部

わせだじつぎょうがっこう

東京 国分寺市 共学校

2期制で充実したカリキュラム

早稲田実業学校は早稲田大の系属校であり、2016年度の高等部卒業生387名のうち、他大学医学部進学者など10名をのぞく377名が早稲田大に推薦入学しています。

その教育課程は、中等部・高等部ともに2期・週６日制です。カリキュラムは、中学校として要請されている課程をふまえながら、バランス感覚を備えた人物を育成するため、基礎学力をしっかりと身につけられる内容となっています。また、生徒の旺盛な知的好奇心に応えるため、工夫を凝らした授業を行っています。PC教室、CALL教室、各種実験室、芸術教室などの設備も充実していますし、外国人講師による指導なども取り入れています。さらに、高等部２～３年次には、早稲田大の講義も受講可能です。

各クラスはチームワークがよく、教室はいつも伸びやかな雰囲気で、活気にあふれています。中等部から高等部へは、一定の成績基準を満たせば進学でき、高等部からの入学生との混合クラスになります。

希望と自由に満ちた充実した早実ライフ

勉強にいそしみ、スポーツに打ちこみ、芸術に情熱を燃やす、みずみずしい感性を磨く中学時代。受験勉強に明け暮れることなく多感な10代をいきいきと過ごすことは、のちの人生を生きていくうえで、とても大切です。

一人ひとりが元気にスポーツを楽しむ体育祭と、機知に富んだ個性を発表する文化祭は、まさに文武両道を謳う伝統の校風そのもの。

さらに、貴重な学習をする総合学習・校外教室など、生徒の自主性と個性を尊重する早稲田実業ならではの多彩な学校行事をつうじて、友情やきずなが育まれていきます。

男女の仲がよく、互いに助けあいながら学校生活を送るなかで成長していく生徒たち。その明るくはじける笑顔が早稲田実業学校の学校文化を端的に表しているといっていいでしょう。

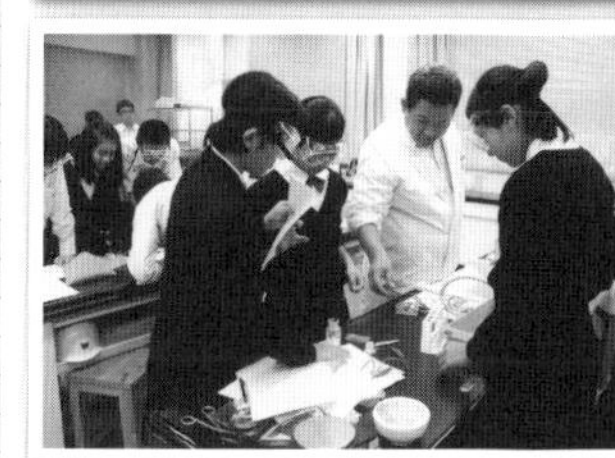

SCHOOL DATA

- 東京都国分寺市本町１-２-１
- JR線・西武線「国分寺」徒歩７分
- 男子482名、女子245名
- 042-300-2121
- http://www.wasedajg.ed.jp/

東京

早稲田大学高等学院中学部

東京 練馬区 男子校

早稲田大学建学理念に基づき、次代を生き抜く力を育む

早稲田大学の中核となる人材を育成

早稲田大学は創立以来、「学問の独立」「進取の精神」といった建学理念のもと、時流に流されることなく、信念を持って次代を切り拓いていける人材の育成をめざしています。

早稲田大学高等学院は、1920年（大正９年)、この理念に基づき大学附属の旧制高校として発足しました。中学部は、その長い歴史と伝統を継承し、2010年(平成22年)に併設された早稲田大学で唯一の附属中学校です。

中学部生は、受験から解放された自由でアカデミズムな校風のもと、早稲田大学建学理念に基づく10年間の一貫教育により、将来早稲田大学の中核となるべく成長することを期待されています。

各学年は120名（１クラス30名）という少人数で編成。生徒一人ひとりの個性を伸ばすことをめざし、自学自習の習慣を身につけながら、いまなにをすべきかを自分で考え、主体的に行動できる生徒へと育てることを目標としています。

つねに探究心を持つ生徒を望む

早稲田大学高等学院は「入学すれば早稲田大学に進学できるから安心だ」という学校ではありません。自分自身や社会・科学等について、深く広く考えることを求められます。

そのため、学問に対する探究心や好奇心を喚起する授業が展開されているほか、生徒の自主的な活動もさかんに行われています。

たとえば、「環境プロジェクト」「模擬裁判プロジェクト」といった、生徒が主体的に環境問題や法律・司法について考え、取り組んでいく活動もあります。

クラブ活動や行事もさかんで、高校では軟式野球部、アメリカンフットボール部、雄弁部、理科部などの活躍が光っています。中学部は奈良（１年生)、長野（２年生)、長崎・佐賀（３年生）の宿泊研修があります。

SCHOOL DATA

東京都練馬区上石神井3-31-1

西武新宿線「上石神井」徒歩７分、西武池袋線「大泉学園」・「石神井公園」・JR線「西荻窪」バス

男子のみ370名

03-5991-4151

http://www.waseda.jp/school/jhs/

和洋九段女子中学校

東京 千代田区 女子校

「この先100年の教育」がスタート

PBL型授業の徹底

創立120年の歴史を誇る和洋九段女子中学校では、21世紀の読み書きそろばんとして、「考える力」「英語」「ICT」「サイエンスリテラシー」「コミュニケーション力」に重点をおきながら、課題解決型の相互通行型授業（PBL型授業）を実践しています。

トリガークエスチョン→ワンマンブレインストーミング→グループブレインストーミング→解の選択→プレゼンテーション→検証を繰り返しながら、グローバル社会での多様な価値観を統合し、ものごとを論理的に思考する力と、他者への敬意を忘れない表現力を身につけていきます。

グローバルマインドを育成するためのホームステイや短期留学制度は、シドニー・セントスカラスティカスカレッジとの姉妹校提携のもと20年以上の歴史があります。これに加え、ニューヨークでの記者体験プログラムなどを予定しています。

グローバルクラス

2017年度（平成29年度）より、本科クラスに加えグローバルクラスが設置されました。このクラスは、英語の授業がオールイングリッシュで実施されるほか、朝礼やホームルームなどの学校生活が英語で運営され、インターナショナルスクールに近い学校生活を送ることができます。

将来的には海外大学への進学も視野に入れており、帰国生も在籍する活発なクラスになっています。ただし、英語の授業はアドバンストとインターメディエイトのレベル別になっており、英語ゼロベースの生徒も入学可能です。オールイングリッシュの授業が聞き取れるようになった時点で、アドバンストの授業に移行することができます。放課後の英会話サロンなどと合わせて、英語を話す場面を増やしています。

SCHOOL DATA

東京都千代田区九段北1-12-12

地下鉄東西線・半蔵門線・都営新宿線「九段下」徒歩3分、JR線・地下鉄有楽町線・南北線・都営大江戸線「飯田橋」徒歩8分

女子のみ282名

03-3262-4161

http://www.wayokudan.ed.jp/

学校説明会　※HPよりご予約のうえご来校ください

第6回　**8/19**(土) 自由見学 / 個別相談
10:30〜

第7回　**10/7**(土) 入試要項説明 / 個別相談
14:00〜

第8回　**11/5**(日) 本科対象(模擬試験・解説授業)
10:30〜

第9回　**12/3**(日) MGS対象(一般入試模擬試験・解説授業/ 適性検査型入試対策)
10:30〜

第10回　**1/13**(土) 面接リハーサル
14:00〜

※各説明会、イベントの詳細は、
開催日近くになりましたらHPでご確認ください。

オープンキャンパス　※HPよりご予約のうえご来校ください

7/16(日) 午前:体験授業　午後:体験入部
9:00〜15:00　カフェテリア利用できます

明星祭(文化祭)　※予約不要

9/23(土)・**24**(日)
9:00〜15:00

学校見学　※電話またはE-mailでご予約ください

月〜金曜日　9:00〜16:00
土曜日　9:00〜14:00
※日曜・祝日はお休みです

明星中学校
MEISEI JUNIOR HIGH SCHOOL

入学広報室
TEL：042-368-5201(直通)　FAX：042-368-5872(直通)
E-mail：pass@pr.meisei.ac.jp　http://www.meisei.ac.jp/hs/

高等学校卒業式

すべてホームページからご予約ください。→ http://hs.rikkyojogakuin.ac.jp/

140th
ANNIVERSARY

立教女学院中学校・高等学校

ST. MARGARET'S
JUNIOR & SENIOR
HIGH SCHOOL

学校体験日 St.Margaret's Learning Day ｜ 7／1（土） 9:00～12:40

① 礼拝体験（5･6年生対象／定員制）9:00～9:20
② 授業体験（5･6年生対象／定員制）9:40～10:30
③ 部活動見学および個別相談会（全学年）10:40～12:40

生徒会による学校説明会 ｜ 7／15（土）13:00～14:30

高校生徒会が企画！生徒会長からのメッセージ、学校生活&部活紹介、中1からの4科目受験アドバイス、生徒による校内案内など。

帰国生対象学校説明会 ｜ 7／27（木） 10:00～

学校説明会（5･6年生対象） ｜ 10／7（土） 13:00～
11／18（土） 13:00～

※ともに一般生・帰国生対象
教育理念、4科目の傾向と対策、進路指導等について説明します。
保護者および教員による個別相談、教員による校内案内あり（希望者）。

マーガレット祭（文化祭） ｜ 10／28（土）
10／29（日）

エネルギーあふれる生徒の自治活動のようすをご覧ください。

クリスマス礼拝
（5･6年生対象／定員制） ｜ 12／16（土） 10:30～11:30

キリストの誕生を祝い、世界の平和のために祈るひとときです。

高3卒業論文発表会 ｜ 2018年
3／10（土） 14:00～15:30

21世紀を生き抜く力とは？ 学びの先の未来とは？
立教女学院6年間の一貫教育の集大成ともいえるプレゼンテーション！

立教女学院中学校・高等学校 〒168-8616 東京都杉並区久我山4丁目29-60 TEL：03-3334-5103

自主独立の精神を育む
Asano
Junior High School
為すべき務めを
為したる果てに
浅野中学校
〒221-0012　神奈川県横浜市神奈川区子安台1-3-1　TEL.045-421-3281(代)　FAX.045-421-4080
平成29年度の説明会（5・7・10月）や学校行事などの
最新情報は本校ホームページをご覧ください。
浅野中学校
検索
@asanogakuen

国立・私立中学校プロフィール

神奈川

青山学院横浜英和中学校

〈2018年度より男女共学化〉

神奈川 横浜市 共学校

20年にわたる手作りの姉妹校交流

青山学院横浜英和は、1880年（明治13年）、アメリカの婦人宣教師、ミスH.G.ブリテンにより横浜山手の地に創立されて以来、キリスト教主義学校として、隣人に奉仕できる心の育成に努めるとともに、生徒一人ひとりの個性と能力をいかす教育を行ってきました。そして、2016年度（平成28年度）からは青山学院大の系属校に、2018年度（平成30年度）からは男女共学となり、新たに生まれ変わろうとしています。

重視されている英語・国際教育

授業は完全週５日制・２学期制で、大学進学はもとより進学後の勉学にも対応できる教育課程と授業内容を組んでいるのが特徴です。

とくに、英会話と基礎段階である中１前半の英語は少人数で行われ、中１後半からは習熟度別、少人数クラス編成となっています。高校では、80以上の選択科目のなかから自分の進路に必要なものが自由に選べ、さらに、火曜・木曜放課後補講、土曜セミナーや夏期補講、高３受験講座など、さまざまな学力面でのフォロー体制が整っています。

青山学院横浜英和は、オーストラリアに２校、韓国に１校、アメリカに１校、計４校の姉妹校を海外に持っています。短期留学やホームステイ、海外研修旅行、受け入れプログラムなど、多様で活発な交流が行われています。2016年（平成28年）夏より、従来のオーストラリアに加えてニュージーランドでのターム留学も可能となりました。また次年度からの男女共学化にともない、男子が留学できる学校としてニュージーランドの１校と提携をしました。このような機会をとおしてグローバルな視野を養い、世界の人々とともに生きることを学んでいます。

また、中高６年間のコミュニケーションスキルプログラム、キャリアサポートプログラムがあり、他者と社会との関係のなかで、自己実現を考える力を育成しています。

SCHOOL DATA

- 神奈川県横浜市南区蒔田町124
- 横浜市営地下鉄ブルーライン「蒔田」徒歩８分、京浜急行線「井土ヶ谷」徒歩18分
- 現在は女子のみ506名（2018年度より共学）
- 045-731-2862
- http://www.yokohama-eiwa.ac.jp/

浅野中学校

神奈川 横浜市 男子校

「各駅停車」で育む自主独立の精神

1920年（大正９年）、実業家・浅野總一郎翁によって創立された浅野中学校・高等学校。大学進学実績のよさに加え、伝統である「自主独立の精神」を重視する明るい校風は、多くの保護者からの熱い支持を受け、今日にいたります。

青春の真っただなかに位置する中学・高校時代。浅野は、たくさんの経験・であい・ふれあいを大切にし、ゆっくり伸びのびと歩みながら６年間を大切に使って成長してほしいと願う、いわば「大学受験行きの特急」ではなく、「各駅停車」の学校です。

希望大学への進学を実現するカリキュラム

授業は６カ年を見通してカリキュラムを構成し、大学受験と関連した内容ならびに時間配当になっています。

中１・中２で中学の学習内容を履修しながら、基礎力を身につけます。国語、数学、英語、理科などの教科では中３で高校レベルの内容も学習します。これは、高２からの希望進路に応じた授業体系に移行するためで、オリジナルテキストの導入や中身の濃い授業が、進度をあげることを実現しています。

高２からは志望を基本にクラスが分かれます。長年のノウハウと実績に裏付けされた授業展開で、生徒の学力向上において大きな成果をあげています。

忘れてならないのは、浅野ではなによりも日常の授業を第一に考えていることです。日ごろから予習・復習の学習習慣を身につける指導が行われています。

徹底した学習指導がある一方、「学校は人間形成の場である」という基本をふまえ、日常のあいさつから人との接し方、ルールを守るといったことができて、初めて勉強に言及すべきだとも考えています。

中高一貫独自の指導体制と、当たり前のことを大切にする教育のなかで、浅野生は明るく自由な学園生活を送っています。

SCHOOL DATA

- 神奈川県横浜市神奈川区子安台１-３-１
- JR線・京浜急行線「新子安」徒歩８分
- 男子のみ817名
- 045-421-3281
- http://www.asano.ed.jp/

栄光学園中学校

えい こう がく えん

神奈川 鎌倉市 男子校

理想的な教育環境を実現

JR大船駅から徒歩15分。緑多き小高い丘陵地に栄光学園のキャンパスは立地します。

恵まれた教育環境のなか、栄光学園では、つぎの6つを教育理念として掲げています。「自分の力を喜んで人々のために生かすことのできる人間。真理を求め、たえず学び続ける人間。素直な心を持ち、人々に開かれた人間。確信したことを、勇気をもって実行する人間。己の小ささを知り、大いなる存在に対して畏敬の念をもつ人間。多くを与えられた者として、その使命を果たすことができる人間」。

そして、この理念に基づき、社会に奉仕できるリーダーの育成にあたっています。大学への良好な進学実績はあくまで結果であり、他者に貢献できる人間教育こそが本来の学園の目的です。自分で考え、判断し、実行することができ、さらに謙虚な反省をとおして自己を向上させられる人間の育成をめざしています。

その例をあげると、たとえば、毎週1時限「倫理」の授業があり、人間について幅広い理解力や判断力を養う場として、創立以来大事にされています。

自立をめざす学習指導

じっくりと人間教育にあたる栄光学園の姿勢は、学習においてもつうじるものがあります。自ら学ぶ「自学自習の精神」を養うことに努め、また学習内容の消化・定着をはかるため、毎日最低2時間の家庭学習の習慣化を課しています。

中高6年間は2年ごとに3つのブロックに分けられます。初級段階では基本の学習習慣と生活習慣を学び、中級段階でそれを発展させ、自発的・意欲的に学ぶよう指導します。そして6年間の最終段階では学んで体験してきたことを総合し、自らの可能性を追求する指導が行われます。

各ブロックで生徒の発達段階を考慮し、効率的に生徒たちの能力を育成していきます。

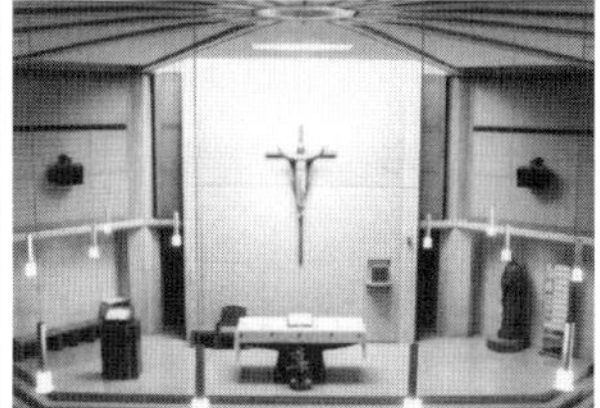

SCHOOL DATA

- 神奈川県鎌倉市玉縄4-1-1
- JR線・湘南モノレール「大船」徒歩15分
- 男子のみ552名
- 0467-46-7711
- http://ekh.jp/

神奈川学園中学校

か な がわ がく えん

神奈川 横浜市 女子校

「わたしをすてきにする」学校

神奈川学園中学校・高等学校の前身となる「横浜実科女学校」は、1914年（大正3年）、「女子に自ら判断する力を与えること」「女子に生活の力量を与えること」を建学の理念に開校されました。創立以来、宗教色のない学校として、「自覚」「心の平和」「勤勉」を校訓に、現代に生きる人間教育を進めてきました。

神奈川学園では、2000年（平成12年）から、生徒の「学習力」と「人間力」を育てることを目標とした「21世紀教育プラン」を実施しています。21世紀に求められる人間像は、「自立」と他者との「共生」だと考え、「人と出会い、社会と出会う」生き方の探究をプランの骨格としています。その柱となっているのが、中3で実施するホームステイを中心とした海外研修と、高1で沖縄、四万十川、水俣、奈良・京都、東北の5方面から選ぶ国内FWです。これらの研修は、日本文化の本質を実感し、世界の広さを知ることで一人ひとりに大きな成長をもたらします。

また、学習面では2008年（平成20年）からの完全中高一貫化にともない、6日制を採用し、無理のない先取り学習を実現し、高1までで必修科目をほぼ学び終えることが可能になりました。

一人ひとりを伸ばす

授業内容も独自性豊かです。各教科で採用しているオリジナルテキスト、中学3年間での「理科100実験」、個別の「まとめノート指導」など、生徒の知的好奇心を刺激し、確かな学力を育てる仕組みにあふれています。また、中学では2人担任制を採用し、一人ひとりをていねいに見守る体制を確立しています。

こうした取り組みの成果もあって、2017年（平成29年）3月卒業生は「難関」とされるG-MARCH以上の大学に、99名が合格しました。

神奈川学園は、一人ひとりの夢の実現を強く確かにサポートしています。

SCHOOL DATA

- 神奈川県横浜市神奈川区沢渡18
- JR線ほか「横浜」、東急東横線「反町」徒歩10分
- 女子のみ589名
- 045-311-2961
- http://www.kanagawa-kgs.ac.jp/

神奈川大学附属中学校

神奈川 横浜市 共学校

建学の精神は「質実剛健・積極進取・中正堅実」

横浜市に17万㎡ものキャンパスを有する神奈川大学附属中学校・高等学校。ぜいたくなほどの豊かな緑ときれいな空気が学校を包みます。

建学の精神は「質実剛健・積極進取・中正堅実」です。「質実剛健」は飾り気なく真面目で心も身体も強いこと。「積極進取」はなにごとも進んで行うこと。そして、「中正堅実」は質実剛健・積極進取の精神を自覚したうえで、ものごとの本質を見極め、自ら主体的に行動することです。

この建学の精神のもと、神奈川大附属では、生徒一人ひとりが自分のなかに潜む可能性を引き出し、伸ばし、たくましく生きる力を育んでいます。

学校としての基本姿勢は「進学校」ですが、そのなかであくまでも「個」を大切にし、自主独立の精神を尊重して、自分の足でしっかり立つことのできる人間の育成に努めています。

「生きる力」を養う6つの教育目標

こうした人材を育成するために掲げているのが、「生涯教育の立場」「男女共修の立場」「情報化社会への対応」「個別化・個性化の立場」「国際化への対応」「"生き方探し"の進路指導」の6つです。大学進学へ向けて受験科目の指導に重点を置きながらも、それだけに偏らない教育を行うことで、自主独立の精神を育む「生きる力」を生徒たちは身につけます。

進路指導は、6年間かけて生徒の「生き方探し」をすることと考えられています。職業観の育成から始まり、附属大学の授業体験を経て、就職まで考えた大学選択となります。特進クラス・習熟度別授業は行わず、すべての生徒が希望する大学に進学できるような指導が行われています。附属大学への推薦制度もありますが、建学の精神どおり、「積極進取」で一般受験にチャレンジし、6～7割の生徒がG-MARCH以上に進学しています。

SCHOOL DATA

- 神奈川県横浜市緑区台村町800
- JR線・横浜市営地下鉄グリーンライン「中山」徒歩15分、相模鉄道線「鶴ヶ峰」バス
- 男子355名、女子311名
- 045-934-6211
- http://www.fhs.kanagawa-u.ac.jp/

鎌倉学園中学校

神奈川 鎌倉市 男子校

校訓に掲げる「礼義廉恥」

古都鎌倉、建長寺の境内に隣接する鎌倉学園は、周囲を深い歴史と豊かな自然がおおいます。

中国の書物「管子」のなかにある「礼義廉恥」を校訓に、「知・徳・体」三位一体の教育が行われています。「礼義」とは、人として身に備えるべき社会の正しい道筋のこと、「廉恥」とは、心清くして悪を恥じ不正をしないということです。

豊かな宗教的環境から醸しだされる家庭的な友愛精神のなか、社会の進歩に適応できる能力・適性を育むための進路指導を重視しています。

適切な進路指導で高い進学実績

情操あふれる人間形成に努める鎌倉学園は、進学指導にも定評があります。中高一貫の徹底したカリキュラムにより、着実なステップアップがはかられています。

中学では、学ぶ習慣と意欲を身につけるとともに、基礎学力をしっかりと養います。そのため、日々の補習をはじめとして、学期末の特別講習や、土曜日に行われる「鎌学セミナー」などをとおして、徹底した基礎学力づくりが行われています。

そして、忘れてはならないのが、中高一貫教育のもとに行われる、国語・数学・英語の先取り授業です。一歩一歩完璧な理解を積み重ねながら展開されています。

真の「文武両道」をめざす鎌倉学園では、自由で伸びのびとした校風のなか、多くの生徒が自主的にクラブ活動に参加しているのも、特色といってよいでしょう。

また、建長寺の子弟教育のために創立された「宗学林」を前身とする鎌倉学園では、心身のバランスのとれた成長をめざすため、中1から高1まで座禅教室の時間が設けられています。そのほかにも多彩な行事を行うことで、バランスのとれた人格形成を心がけています。

SCHOOL DATA

- 神奈川県鎌倉市山ノ内110
- JR線「北鎌倉」徒歩13分
- 男子のみ530名
- 0467-22-0994
- http://www.kamagaku.ac.jp/

鎌倉女学院中学校

神奈川 鎌倉市 女子校

湘南地区女子中の草分け的存在

鎌倉女学院は「真摯沈着」、「尚絅」を校訓として特色ある女子教育を実践し、多くのすぐれた女性を世に送りだしてきました。現在は、心身ともに健康で国際性豊かな人間教育を目標として、国際社会で活躍できる知的で洗練された女性エリートの育成に努め、各々のめざす上級学校への進学に対応した、6年一貫教育を行っています。

そのなかで、中学3年間は、将来に向けて基礎学力をしっかり身につける大切な時期と考え、主要5教科（国数英社理）を重視する教育課程を編成し、日々のきめ細かい指導によって、無理なく着実に実力を養成していきます。

また、生涯にわたって楽しむことができる教養を身につけることを目的とし、茶道・華道・書道・バイオリン・フルートの5講座が学べる「特修」の設置など、生徒一人ひとりの能力を引きだす、いきとどいた教育をめざしています。

鎌倉から世界に発信する

学習面とともに重視されているのが、国際的な社会人となるためのさまざまな経験です。

たとえば、異文化を理解し、それと共生していくためには、自国の文化理解が不可欠です。古都鎌倉という学校環境をいかして歴史遺産に触れ、体験的に学ぶことによって、自国の歴史・文化の特色を理解していきます。

また、20年以上前から国際交流プログラムに取り組んでおり、現在は海外姉妹校交流プログラム（アメリカ）とカナダ英語研修（どちらも高校の希望者が対象）に加え、アジア研修を実施しています。

湘南地区の女子中学校の草分け的な存在としての伝統を持ちながらも、社会の国際化に対応する教育を柔軟に取り入れるなど、つねに進化をつづけているのが鎌倉女学院のよさだといえるでしょう。

SCHOOL DATA

- 神奈川県鎌倉市由比ガ浜2-10-4
- JR線・江ノ島電鉄線「鎌倉」徒歩7分
- 女子のみ500名
- 0467-25-2100
- http://www.kamajo.ac.jp/

鎌倉女子大学中等部

神奈川 鎌倉市 女子校

豊かな人間性、高い学力の育成をめざします

教育理念

鎌倉女子大学中等部では、建学の精神をもとに、自立して生きていく力を育むことを目標にしています。学習に対するスタンスは、「学校はわからないことを学ぶ場だ」という考えにのっとっています。多くの友人や先輩と学び、考えを分かちあい、成長への自信をつけることをめざしています。

学びの特徴

中等部には、国公立・難関私大の進学をめざす特進コースがあり、『教育の3本柱』として特色ある教育活動を展開しています。3本柱は、「人間性・学力・語学力」という3つのキーワードからなります。「人間性」の部分は、著名な先生によるエンカウンター講座・コミュニケーション講座があり、授業や日常のコミュニケーションの充実をめざしています。「学力」の部分は、苦手科目にも全力で取り組む、主体的な学習態度を育むことを目標にしています。そのなかでも、「わからない」ことを恥ずかしがらずに友人や先生と共有し、成長への自信をつけるプログラムも用意されています。また、週プランノートをもとに担任と面談し、学校で家庭学習のスケジュール管理を行っています。「語学力」の部分は、『鎌倉FITS（フィッツ）』プログラムがあります。これは英語のみに集中して学習するイングリッシュ・キャンプ、中3でのカナダ・バンクーバーへの短期語学研修などが用意されています。6年間の集中講座で英語に触れる機会を増やし、英検準1級の取得もめざします。

学校行事は、入学直後に行う2泊3日の「新入生オリエンテーション」、理科の「目」をとおして一日を過ごす「理科の日」、学年別の芸術鑑賞教室など、各学年の発達段階に応じた行事が多く設置されています。高2の修学旅行は海外です。これらの取り組みをとおして、自立して生きていく力を育みます。

SCHOOL DATA

- 神奈川県鎌倉市岩瀬1420
- JR線「本郷台」徒歩15分、JR線・湘南モノレール「大船」徒歩23分・バス10分
- 女子のみ122名
- 0467-44-2113
- http://www.kamakura-u.ac.jp/

東京 神奈川 千葉 埼玉 茨城 寮制

カリタス女子中学校

神奈川 川崎市 女子校

生徒の自律をうながす校舎

カリタス女子中高の「カリタス」とは、ラテン語で「慈しみ・愛」を意味する言葉です。カナダの聖マルグリット・デュービルが創立した修道女会の名称に由来しています。「祈る」「学ぶ」「奉仕する」「交わる」の４つの心を持った人間像をめざし、思いやりの心と自律した学びの姿勢を育んでいます。

現在、カリタス学園は、幼稚園から高校までを擁し、中学・高校は６年間の一貫教育を展開しています。

国際的センスを磨くふたつの外国語

カリタスでは、創立当初から英語とフランス語の教育に取り組んできました。複言語教育によって異文化理解を深め、より幅広く国際的な視野を身につけることができます。電子黒板やCALL教室などITを使った授業も取り入れられています。また、外国で自分の国や自分の考えをしっかり語るための教育、真の国際人を育てる教育も行われています。

新校舎をとおして新たな学習を提案

2006年（平成18年）に現在の校舎となってから、カリタスでは「教科センター方式」を採用しています。この方式は、すべての教科が教科ゾーンを持ち、生徒たちはつねに「教科教室」に出向いて授業を受けるというものです。この方式を採用することにより、生徒は教室で授業を待つのではなく、授業に必要な準備をして授業に向かう「自律した学習姿勢」を身につけるようになるのです。さらに、各教科ゾーンの「教科センター」には、授業の枠を越えて教科に関連する内容などが生徒の興味を引くかたちで展示され、生徒の知的好奇心を刺激しています。

そのほかにも、校舎は緑と光、空気をふんだんに取り入れており、学校全体がコミュニケーションの場となるように設計されています。カリタス女子中高は21世紀を見通した新たな教育活動を展開しています。

SCHOOL DATA

神奈川県川崎市多摩区中野島4-6-1

JR線「中野島」徒歩10分、JR線・小田急線「登戸」徒歩20分またはバス

女子のみ578名

044-911-4656

https://www.caritas.ed.jp/

あ行 か行 さ行 た行 な行 は行 ま行 や行 ら行 わ行

関東学院中学校

神奈川 横浜市 共学校

創立100年へ向けて

6日制カリキュラム

創立98周年を迎えた関東学院では、土曜日の午前中にも通常授業を行う週６日制カリキュラムを実施しています。そして、成績中位の生徒たちが当たり前にG-MARCHレベル以上の大学に合格することを念頭においた指導が行われています。

中２から高１まで、成績上位者を１クラスにした「ベストクラス」を設置。合わせて、英語では中２・中３、数学では中３・高１で習熟度別授業を実施しています。２クラスを３つに分け、きめ細かい指導で個々の能力を伸ばします。高２以降は文系、理系それぞれに「難関大学受験クラス」を１クラス設けています。このクラスは大学入試センター試験から大学入試がスタートするという姿勢で、目標が一致した生徒同士が切磋琢磨しあい、高い目標を実現させています。

進学実績では、併設の関東学院大への推薦での進学者は全体の約５％前後にとどまります。2017年（平成29年）３月の卒業生のG-MARCHへの合格者数は145名となるなど、実績も上昇しています。

個性を磨き、心を育てる研修行事

関東学院では毎年宿泊研修があります。「現場主義、地球的視点、人権と平和」というモットーで、教室外での「学び」も重要だと考えているからです。

高２で実施する全員参加の海外研修では、海外や国内の希望のコースに分かれ、平和について学び、考えていきます。

また、希望制でオーストラリアやセブ島、台湾での語学研修やハワイ島での理科研修も行っており、「人」や「世界」に積極的に会う場が用意されています。

さまざまな価値観を持った人とであい、教室のなかだけでは得られない「学び」を実践している関東学院です。

SCHOOL DATA

神奈川県横浜市南区三春台4

京浜急行線「黄金町」徒歩5分、横浜市営地下鉄ブルーライン「阪東橋」徒歩8分

男子525名、女子254名

045-231-1001

http://www.kantogakuin.ed.jp/

関東学院六浦中学校

神奈川 横浜市 共学校

10年後、20年後の社会を見据えた教育

関東学院六浦は、キリスト教の精神を基本とし、「人になれ　奉仕せよ」を校訓として掲げています。自己の利益にとらわれず、他者のために努力できる人として社会に貢献することを願い、生徒が各自の持っている才能を信じ、成長して、校訓を実践する人となることをなによりも大切にしています。

生きた英語に触れる

英語学習では、生きた英語に触れる機会を多くするために、７人の外国人教員が日々の英語の授業を担当しています。これからの英語力は、読む・書く・聞く・話すの４技能が求められ、グローバル社会で活躍するためには、この英語の４技能をツールとして獲得することが必要不可欠です。低学年から外国人教員による英語の授業を数多く実施し、10年後、20年後の社会を生徒たちが生き抜くための英語コミュニケーション能力を獲得していきます。とくに中１においては、週６時間の英語の授業のうち５時間を外国人教員と日本人教員によるチーム・ティーチングで行い、生きた英語に多く触れられる授業を展開します。

豊富な海外プログラム

今後さらにグローバル化が進むであろうことを予測し、生徒たちが海外を舞台に学びを深めることができるようなプログラムを数多く展開しています。中１から参加できるフィリピンのセブ島での語学研修では、１日８時間のマンツーマンの英語授業を約１週間受けることにより、効率よく学習できます。ほかにもカナダ夏季研修、オーストラリア・マレーシアへのターム留学、海外での教育ボランティアを体験するカンボジアでのプログラムなどを行っています。2016年度からは、学校独自の学費政策で長期留学への負担を大幅に軽減した、ニュージーランド提携校への長期留学プログラムも始まっています。

SCHOOL DATA

- 神奈川県横浜市金沢区六浦東1-50-1
- 京浜急行線「金沢八景」徒歩15分
- 男子299名、女子172名
- 045-781-2525
- http://www.kgm.ed.jp/

北鎌倉女子学園中学校

神奈川 鎌倉市 女子校

「高雅な品性」を育む教育

北鎌倉の緑美しい高台に、北鎌倉女子学園中学校・高等学校はあります。東邦大学の創立者である、額田豊博士によって1940年（昭和15年）に開校され、「豊かな知性と情感を具え、深い思考と的確な判断のもとに誠実に自らの人生を生き、やさしく他と調和しつつ社会に寄与する女性」の育成をめざしています。

週６日制を堅持し、６年間を「基礎確立期」、「基礎発展期」、「実力充実期」、「合格力完成期」の４つのタームに分けてそれぞれのタームごとに目標を設定しています。

「基礎確立期」では、学習習慣の確立と基礎学力の定着、「基礎発展期」では、課題の発見と克服、「実力充実期」では、総合力の向上、「合格力完成期」では、志望校合格に向けた実力の養成をめざします。

中学校ではめずらしい音楽科

北鎌倉女子学園には、普通コースとは別に、中学校では数少ない音楽コースがあります。

高等学校音楽科を含めた６年間の一貫教育は、音楽の基礎を固め、幅広く学んでいく理想的な環境といってよいでしょう。

また、普通コースでは、国語・数学・英語を理解度に応じた分割授業とし、高１進級時に「普通コース」と「特進コース」に分かれます。

そして、高２から「文理進学」、「特進文系」、「特進理系」と３コースに分かれ、それぞれ個人の希望進路に沿って実力を養成していきます。

そうした綿密なカリキュラムと、先生がたの手厚いサポート体制により、近年では、多様化する大学受験にも対応し、自分の夢をかなえる生徒が増えています。

北鎌倉女子学園中学校・高等学校では、あふれる自然と歴史ある街にかこまれ、勉強だけではなく、さまざまな学校行事や日常をとおして、豊かな品性と知性を育んでいます。

SCHOOL DATA

- 神奈川県鎌倉市山ノ内913
- JR線「北鎌倉」徒歩７分
- 女子のみ100名
- 0467-22-6900
- https://www.kitakama.ac.jp/

公文国際学園中等部

神奈川 横浜市 共学校

国際社会で活躍する人材を育てる未来志向の学校

公文国際学園は1993年（平成５年）、公文式学習の創始者、公文公によって創立されました。「国際学園」という名を校名に冠した背景には、「この学園から巣立っていく子どもたちが、やがて世界のなかでリーダーシップを発揮して諸問題を解決できるような、グローバルな視野を持つ個性的な人間になってほしい」との願いがこめられています。

学園には制服も校則もなく、あるのは生徒の自由と責任を謳った生徒憲章だけ。なにもかもが自由という意味ではなく、自分に与えられた自由を守るため、自分の行動に対して責任を持つように求められているのです。

公文式と３ゾーン制

公文国際学園の特徴的な勉強のひとつに公文式学習があります。

中１～中３では授業前に毎朝20分間朝学習を行っていますが、中２まではこの時間と、週１回決められた曜日の放課後に公文式教材での学習を行います。国語・数学・英語のなかから１教科必修で、他教科も希望すれば学習できます。中３からは任意となります。

そして、「３ゾーン制」というほかの学校には見られない制度を取り入れています。中高６カ年を基礎期・充実期・発展期と３つに分け、それぞれに教育目標を設定。各ゾーンごとに校舎と責任者を配しています。このゾーン制によって、生徒の発達段階に合わせた、より専門的で細やかな指導が行われます。

そのほかにも、公文国際学園には生徒主体の学校行事や体験学習がたくさんあります。中１での「寮体験プログラム」や、生徒自らが企画、投票し、当日の運営まで行う中３での「日本文化体験」がその代表です。魅力的な学校施設や男女寮といった教育環境も整っています。６年間という学園生活をとおして、これらのすべてが、自らの進路を切り拓く力を養い、将来、世界へと羽ばたいていく力となっていることにまちがいありません。

SCHOOL DATA

- 神奈川県横浜市戸塚区小雀町777
- JR線「大船」スクールバス８分
- 男子225名、女子255名
- 045-853-8200
- http://kumon.ac.jp/

慶應義塾湘南藤沢中等部

神奈川 藤沢市 共学校

貫かれる「独立自尊」「実学」の精神

1992年（平成４年）、慶應義塾湘南藤沢中等部・高等部は、藤沢市にある慶應義塾大と同じキャンパス内に男女共学・中高一貫６年制の学校として開校しました。創立以来、情操豊かで、想像力に富み、思いやりが深く、広い視野に立ってものごとを判断し、社会に貢献するために積極的に行動する人、知性・感性・体力にバランスのとれた教養人の育成をめざしてきました。

慶應義塾の各小・中・高等学校は、創立者・福澤諭吉の「独立自尊」という共通する教育理念を持っていますが、各学校の教育方針はそれぞれ独立しています。

慶應義塾湘南藤沢は、「社会の良識が本校の校則」という考えのもと、校則のない自由な雰囲気が特徴となっています。

異文化交流と情報教育

各クラスは、２名の担任教員制をとっています。そのため、生徒は、状況に応じて異なる担任の先生にアプローチすることが可能です。生徒の多様な感性と、ふたりの担任の異なる個性が融合して独特の雰囲気がつくりだされています。

「異文化交流」を教育の柱とする慶應義塾湘南藤沢では、帰国子女入試を経て入学してきた者が生徒の約25％という高い割合を占めていることも特徴です。ネイティブ・スピーカーの教員も多数おり、異文化の交流が自然なかたちで学校のなかに生まれています。

また、ふだんよりパソコンを利用した授業が行われ、中等部では情報活用・解析・プレゼンテーション能力の育成、高等部ではコミュニケーション・データ解析能力の育成を主眼においた情報教育が行われています。

こうして、これからの次代を担う生徒に最も必要だと思われる、外国語やコンピューターによるコミュニケーション能力、データ解析能力をしっかり身につけさせることがめざされています。

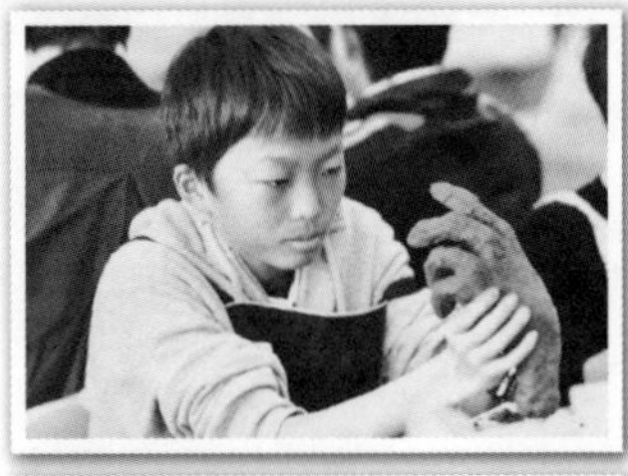

SCHOOL DATA

- 神奈川県藤沢市遠藤5466
- 小田急江ノ島線・相鉄いずみ野線・横浜市営地下鉄線「湘南台」バス15分、JR線「辻堂」バス25分
- 男子263名、女子243名
- 0466-49-3585
- http://www.sfc-js.keio.ac.jp/

慶應義塾普通部

神奈川 横浜市 男子校

「独立自尊」の精神を胸に

慶應義塾は、1858年に福澤諭吉が江戸に開いた蘭学塾を起源としています。「普通部」の名称は1889年、慶應義塾が大学部を開設するに先立って、従来の課程を総称するものとして定められ、1898年に16年間の一貫教育の仕組みができてからは、中学校の課程をさす名称となりました。

慶應義塾普通部では、「独立自尊」の４字に集約される義塾建学の理念を体現する有為の人を育てるため、大学までの独自の一貫教育体制のもと、長い歴史のなかで育まれた伝統を受け継ぎながら、日々の「学ぶ場」が営まれています。普通部生は日常の学業や多くの行事をとおして、自ら学び自ら考えることを繰り返すことで、また多くの人とのであいから、普く通じるゆるぎない知性と豊かな感性を身につけていきます。

将来を見据え、深く学ぶ

入学後は「受験」はなく、ほぼ全員が慶應義塾の高校を経て、慶應義塾大へ進学します。そのためどの教科もかたよりなく学ぶとともに、基礎基本を重視しつつ、いたずらに詰め込み主義に陥らないよう、さまざまな授業形態で深い理解をめざしています。たとえば、国語では作家時間と称して記述力・表現力を継続的に学ぶ授業があり、理科では２時間つづきの実験や観察が毎週あり、レポートを作成します。英語ではグループワークや多読の授業で実践的な学力をつけていきます。

1927年からつづく「労作展」、実社会で活躍する先輩がたから直接学ぶ「目路はるか教室」などの行事でも普通部生たちは多くのことを学んでいます。

１年生は24名×10クラスの少人数学級編成、2・3年生では40人×６クラスになります。卒業後は慶應義塾ニューヨーク学院も含めて４つの併設高校に普通部長の推薦で進学が可能です。ここで育った多くの卒業生が「社会の先導者」として活躍しています。

SCHOOL DATA

- 神奈川県横浜市港北区日吉本町1-45-1
- 東急東横線・目黒線・横浜市営地下鉄グリーンライン「日吉」徒歩５分
- 男子のみ708名
- 045-562-1181
- http://www.kf.keio.ac.jp/

相模女子大学中学部

神奈川 相模原市 女子校

「ワタシ」を育てる。「わたし」を見つける。

最寄りは、新宿や横浜からも35分ほどと、アクセスのよい小田急線相模大野駅。駅から「女子大通り」と名づけられた明るい通りを10分ほど歩くと、相模女子大学学園キャンパスに到着します。正門を一歩入ると桜並木と銀杏並木があり、アジサイ、キンモクセイ、スイセンなど、四季の花々が咲き誇る自然豊かなキャンパスが広がります。東京ドーム４つぶんの広大な敷地には、幼稚部から大学院までがそろい、この環境をいかした相模女子大ならではの活動が日々行われています。

命と向きあうさまざまな教育

中１では、「茶道」が必修となっており、ものごとや人に対して礼と真心を持って向きあう姿勢を学びます。

「マーガレットタイム」は、「命と向きあう」ことをテーマにした学びの時間です。調べ学習や体験学習、講演会や映画会、そしてディスカッションやプレゼンテーションなど、学びの形態は多様です。中３では助産師による「命の授業」を実施。命を育む可能性を秘めた女性としての未来を、より具体的に、より真剣に考える機会です。また、育児中のママと赤ちゃんを迎えるふれあい体験では、事前学習で妊婦体験や離乳食体験をして育児の大変さと責任、その喜びの大きさも含めて生徒たちは「母親の力」を実感。このほか、戦争と命について考える平和学習、人間と自然の関係を考える農業体験、医療の現場や臓器移植についての講演などを実施し、多角的に命について考える時間を設けています。

相模女子大・短期大学部を有する総合学園ですが、他大学を受験する生徒も全力でサポートしており、国公立大や早稲田大、慶應義塾大、上智大などの私立大への合格者も例年輩出しています。もちろん、相模女子大を希望する生徒には優先的な内部進学制度があり、興味・関心や適性に合わせて多様な選択肢のなかから進む道を選ぶことができます。

SCHOOL DATA

- 神奈川県相模原市南区文京2-1-1
- 小田急線「相模大野」徒歩10分
- 女子のみ243名
- 042-742-1442
- http://www.sagami-wu.ac.jp/chukou/

東京
神奈川
千葉
埼玉
茨城
寮制

サレジオ学院中学校

神奈川
横浜市

男子校

キリスト教精神に基づく人間形成

サレジオ学院は、1960年（昭和35年）にカトリック・サレジオ修道会により創立された目黒サレジオ中学校を前身とするカトリック・ミッションスクールです。創立以来、キリスト教精神に基づく豊かな人間形成をめざした教育が行われています。また、他人や動物、自然環境にいたるまで、すべてを大切なものとして受けとめる「存在の教育」にも力を入れています。

中1では週に2時間「宗教の授業」があり、聖書を教材として、「人間らしく生きること」についてサレジオ会の神父や先生といっしょに考えます。また、世の中のさまざまなできごとからテーマを見つけ、人生の道しるべとなるような話を聞く「朝の話」を、朝のホームルームのなかで週3回放送により行っています。

このようなキリスト教精神に基づいた人間教育に加え、生徒の夢をかなえるための進路指導もきめ細やかに行われています。

高校での募集を行わないサレジオ学院の6カ年一貫教育では、高2まででですべてが終えられる先取りのカリキュラムを組み、高3では大学受験のための演習を行います。毎日の授業に加え、勉強合宿や、春・夏・冬休みの講習なども実施します。6年間の積み重ねは、国公立大、難関私立大へのすばらしい進学実績となって表れています。

「家庭との協力」を重視

サレジオ学院は、家庭と協力した教育を重視して、「父親聖書研究会」や「母親聖書研究会」をつくり、聖書に触れながら教育の問題について考える機会を持っています。さらに、教育懇談会や地区別懇談会などをとおして、家庭との相互理解を深め、積極的に協力しあい、生徒の教育にあたっています。

家庭と学校に見守られ、「愛と信頼の教育」を受けることのできる場がサレジオ学院中学校です。

SCHOOL DATA

神奈川県横浜市都筑区南山田3-43-1
横浜市営地下鉄グリーンライン「北山田」徒歩5分
男子のみ546名
045-591-8222
http://www.salesio-gakuin.ed.jp/

自修館中等教育学校

神奈川
伊勢原市

共学校

伸びのびと「生きる力」を身につける

自修館中等教育学校の創立は1999年（平成11年）です。「自主・自律の精神に富み、自学・自修・実践できる『生きる力』を育成する」、「21世紀が求める人間性豊かでグローバルな人材を輩出する」ことを教育目標に、自修館では「探究」をはじめとする特色ある教育を展開しています。

「探究活動」「こころの教育」

自修館のユニークな取り組みのひとつが「探究」活動です。生徒一人ひとりが自分でテーマを設定し、調査・研究を進めていきます。文献による基礎研究を重ねるほか、「フィールドワーク」と呼ばれる取材活動を行い、専門家へのインタビューや現地調査によっても見識を深めていきます。こうした活動をつうじて自分で課題を解決していく能力を養っています。

特色ある取り組みのふたつ目は、「こころの教育」の「セルフサイエンス」です。EQ理論に基づき自分の行動パターンを振り返り、受け手の気持ちなどを考えていく授業です。前期課程では、命やモノを大切にすること・責任を持って自分の役割を果たすことの意義を学び、後期課程では、進路ガイダンスの時間として自分の将来について考えます。

理想とする学びのサイクル

教育スケジュールは「2.3.4システム」を採用しています。

2STAGE—6年間を大きく2期に分け、「自己の発見」と「自己の実現」というテーマを意識し、生徒はそれぞれのステージで自己の課題を認識します。

3STEP—「こころと身体の発達」に合わせ、基礎・発展・実践の3段階の学習ステップを踏み、しっかりと力を身につけます。

4STANCE—4学期制を導入し、各学期で休暇と学校行事を取り入れながら、一定のリズムでやりがいのある学びを実現します。

SCHOOL DATA

神奈川県伊勢原市見附島411
小田急線「愛甲石田」徒歩18分・スクールバス5分、JR線「平塚」スクールバス25分
男子434名、女子257名
0463-97-2100
http://www.jishukan.ed.jp/

あ行
か行
さ行
た行
な行
は行
ま行
や行
ら行
わ行

湘南学園中学校

神奈川
藤沢市

共学校

社会の進歩に貢献する明朗で実力ある人間を育てる

湘南学園中学校は、「グローバル社会の進歩に貢献する、明朗で実力ある人間を育てる」ことを教育目標にした、活気あふれる男女共学校です。学力を伸ばす一貫教育の充実を追求し、発達段階に合わせたより学習効果の高いカリキュラムを構成しています。学習サポート体制も万全で、中学段階では週に１回「放課後指名補習」（数学・英語）が、夏休みには「指名制補習」（国語・社会・理科）や「到達度別総復習」（数学・英語）が実施されます。高校段階では放課後補習に加えて、朝にも「希望講習」を展開し、夏休みには「夏期講習」や「合宿講習」が開かれます。

また、卒業生によって構成された「卒業生サポーターバンク」という心強いサポート制度もあります。合格体験講演会・相談会や大学キャンパスツアーへの協力、放課後指名補習や合宿講習での教員の補助役など、先輩たちのサポートは、生徒たちにとって大きな力となっています。

ユネスコスクールとして湘南学園ESDを推進

ユネスコスクール加盟校、スーパーグローバルハイスクール（SGH）アソシエイト指定校である湘南学園は、25年以上の歴史を持つ「総合学習」を軸に、「ESD＝持続可能な開発のための教育」の推進を掲げ、国内外で多くの体験や交流の機会を設けています。

たとえば、中３の研修旅行では、瀬戸内地方で民泊や多様な体験学習を行い、高２の国内４コース分散型旅行は、企画から生徒が携わり、事前に各地の諸問題を調査したうえで現地での活動内容を決めていきます。海外での取り組みは、台湾、カナダなどを訪れる海外研修のほか、交換留学制度なども整えています。また、校内に「グローバルサークル」を設立し、海外からの留学生との交流などをとおして、グローバルな視野を広げています。

豊富な体験によって、教育目標を体現する生徒を育てる湘南学園中学校です。

SCHOOL DATA

神奈川県藤沢市鵠沼松が岡4-1-32
小田急江ノ島線「鵠沼海岸」、江ノ島電鉄線「鵠沼」徒歩８分
男子330名、女子278名
0466-23-6611
http://www.shogak.ac.jp/highschool/

湘南白百合学園中学校

神奈川
藤沢市

女子校

キリスト教精神に基づき愛の心を学ぶ

湘南白百合学園の創立は、1936年（昭和11年）にフランスのシャルトル聖パウロ修道女会によってつくられた「片瀬乃木幼稚園」を始まりとします。以来、キリスト教精神に根ざした世界観・価値観を養い、神と人の前に誠実に歩み、愛の心を持って社会に奉仕できる女性を育成することを目的としています。

規律ある校風と人間性を養う宗教行事

毎朝の朝礼では聖歌を歌い、祈ることで１日が始まります。

中１から高３まで、聖書を学ぶ宗教倫理の授業が週１時間あり、年４回のミサも行われます。こうした活動をつうじ、生徒は「神とともに生きる自分、心の中にいつも神をおく」ことを意識しています。また、規律を守ることも大切にしています。

学園生活で培われた人間性は、大学や社会に進出して遺憾なく発揮され、湘南白百合学園の名をいっそう高めています。

的確な進路指導で確かな進学実績

社会に奉仕するためには高度な学問と教養を身につけることが重要です。

進路指導の確かさには定評があり、数多くの生徒が現役で難関大学へ進学するなど、大学進学実績でも優秀な成果を残しています。

きめ細やかなカリキュラムに加え、補習や補講も充実しています。先取り授業も積極的に行われ、高２までにほとんどの課程を習い終え、高３では大学受験を想定した演習に移行します。

また、語学研修プログラムを充実させ、生きた英語の習得に力を入れています。中学では韓国のインターナショナルスクールやオーストラリアでの研修、高校ではアメリカのカレッジでの研修が可能です。

すぐれた教育哲学により、名門女子校として神奈川県で独自の地位を築いている、湘南白百合学園です。

SCHOOL DATA

神奈川県藤沢市片瀬目白山4-1
湘南モノレール「片瀬山」徒歩７分、江ノ島電鉄線「江ノ島」徒歩15分、JR線・小田急線「藤沢」バス15分
女子のみ537名
0466-27-6211
http://www.shonan-shirayuri.ac.jp/

逗子開成中学校

神奈川
逗子市

男子校

伝統をいしずえとして新しい時代を開く

逗子開成中学校は1903年（明治36年）の創立から110年を超える伝統のある学校です。夏は海水浴客でにぎわう逗子も、海岸から１歩入れば、静かな学び舎が広がっています。

校名の開成とは、中国の古典「易経」にある「開物成務」に由来します。これは「人間性を開拓、啓発し、人としての務めを成す」という意味で、逗子開成の教育の原点にもなっています。

６年後の難関国公立大合格をめざす

逗子開成では国公立大現役合格を進学目標としています。中高６年間一貫教育から生まれるゆとりをいかし、まず入学後は基礎学力の徹底をめざします。その土台を基に、中３～高１では大学入試センター試験に対応できる学力を定着させ、高２～高３は受験の準備期間としています。授業は週５日制で、週末は自習室が開放されています。

土曜日には行事やクラブ、多彩な土曜講座があり、平日とは趣を変えたさまざまな体験ができます。

立地をいかした歴史ある「海洋教育」

海が近いことを誇りに、創立当初から行われているのが「海洋教育」です。クラブ活動などで一部の生徒が行うのではなく、カリキュラムとして全生徒に対して行っています。

その柱でもある、中１～中３までの生徒全員で行う逗子湾でのヨットの帆走実習は、生徒にとって貴重な体験です。また、ヨットを操るだけでなく、中１では自分たちが乗るヨットの製作も行います。海洋に関する講義も開かれ、生徒たちはヨットに関する基礎知識を学んだり、世界の海が抱える環境問題について考える機会を持ちます。

海が近く、長い歴史のある逗子開成だからこそできる海洋教育で、生徒たちは自然に向きあい自立の心を育んでいます。

SCHOOL DATA

- 神奈川県逗子市新宿2-5-1
- JR線「逗子」・京浜急行線「新逗子」徒歩12分
- 男子のみ837名
- 046-871-2062
- http://www.zushi-kaisei.ac.jp/

聖光学院中学校

神奈川
横浜市

男子校

カトリックを基盤とした中高一貫教育

聖光学院中学校・高等学校は、神奈川県屈指の進学校として知られ、毎年高い人気を博しています。

根岸森林公園にも隣接し、豊かな自然にかこまれた教育環境のもと、キリスト教精神を根幹とした６カ年一貫教育が行われています。聖書の学習をとおして、キリスト教精神とキリスト教文化を学び、豊かな心を育てることを教育の目標としています。

ていねいな授業づくり

大学進学実績においてめざましい成果をあげている聖光学院。その第一の要因は、充実した授業の成果にあります。

聖光学院では、手づくりのていねいな授業の実施が心がけられています。多くの授業が、教員自ら執筆・製本したオリジナル教材によって進められています。それを可能にするのが、校内に完備された町の印刷所ほどの印刷システムです。これにより、教員によって製本された教材の作成が可能なのです。

教材をはじめ、カリキュラムや授業の進行方法など、すべてにわたって生徒のための工夫と気配りがなされており、生徒一人ひとりの個性を大切に、その能力を伸ばす教育が実践されています。

ひとりの教員が全クラス担当する授業も

特徴的な授業方法のひとつに、ほとんどの科目で、ひとりの教員が学年５～６クラス全部を教えていることがあります。これは中１～高３まで、各学年で行われていることです。教員側は大変なことですが、それぞれの教員がより学年全体の生徒とかかわることが可能となり、大きな成果を生んでいます。

また、職員室の入り口には個別相談用のブースと立ち机が並び、職員室を訪れた生徒が気軽に教員に質問できる場所となっています。生徒と教員の距離が近く、生徒思いの教育が随所に見られる聖光学院です。

SCHOOL DATA

- 神奈川県横浜市中区滝之上100
- JR線「山手」徒歩8分
- 男子のみ690名
- 045-621-2051
- http://www.seiko.ac.jp/

聖(せい)セシリア女子(じょし)中学校

神奈川 大和市 女子校

「信じ、希望し、愛深く」

聖セシリア女子中学校は1929年（昭和４年）、「カトリック精神による豊かな人間形成」を教育目標に掲げて誕生しました。学園の校訓は「信じ、希望し、愛深く」です。１クラス約30名、１学年３～４クラスという少人数制で、温かな校風で誠実な生徒が多いことに定評があり、毎年100％近くの卒業生が「入学してよかった」と回答するほど充実した学校生活を送ることができる学校です。

授業は、「言語教科が進路を拓く」という理念のもと国語、英語はもちろん、数学も言語教育のひとつとして考え、重点的に学習しています。なかでも英語は、国際理解・文化交流のためにも必要であることから、語彙(ごい)力、読解力を高める「英語R」、英文法力を強化する「英語G」、ネイティブ教員と日本人教員で行う「英会話」の３領域をバランスよく履修し、「使える英語」の取得をめざします。さらに体験学習として、英語芸術学校との連携による「イングリッシュエクスプレス」を開講。英語でのミュージカル上演に向けて、英語の歌や台詞を仲間とともに覚えていくなかで、英語力と表現力、協調性を育んでいきます。

心を豊かにする情操教育・特徴的な課外活動

宗教の授業や教養選択科目（「外国事情」、「平和学習」など）を設置するほか、社会福祉の理念を学ぶ錬成会を実施したり、６年間継続的にボランティア活動に取り組んだりするなかで、他者のために生きる喜びを実感し、愛にあふれた人間へと成長していきます。

部活動は「クラブ」と「フォーラム」の２形態で行われており、希望制の課外活動として、（公財）井上バレエ団の講師によるバレエレッスンが取り入れられていることも大きな特徴です。バレエをとおして芸術に親しむとともに、豊かな情操や感性を育てます。

学校を「人間形成の場」ととらえる聖セシリア女子中学校は、多様な教育を実践し、魅力的な女性を社会へ輩出しています。

SCHOOL DATA

- 神奈川県大和市南林間3-10-1
- 小田急江ノ島線「南林間」徒歩５分、東急田園都市線「中央林間」徒歩10分
- 女子のみ308名
- 046-274-7405
- http://www.cecilia.ac.jp/

清泉(せいせん)女学院(じょがくいん)中学校

神奈川 鎌倉市 女子校

周りの人々を幸せにすること、これがほんとうの愛

湘南鎌倉の玉縄城跡に建つ清泉女学院中学高等学校。窓からは、理科の野外実習が行える自然豊かな７万㎡の敷地、そして江の島や箱根、富士山を見渡すことができます。スペインで創立されたカトリックの聖心侍女修道会を母体として1947年（昭和22年）に横須賀に開校し、人はそれぞれが「神から愛されたかけがえのない」存在であるというキリスト教精神を基に、生徒一人ひとりがしっかりとした自己肯定感を育み、自分の使命（ミッション）を発見していけるように教育活動を行っています。

また、「隣人を愛せよ」というキリストの教えに基づき、奉仕活動や福祉活動をつうじて「他者の喜びを自分の喜びとする」経験を大切にしています。

好奇心が未来への原動力に

「私はこうなりたい。」その熱い望みこそが未来を切り拓く力になります。清泉では、さまざまな価値観や言語・文化と触れあえる多様なプログラムを実践しています。

グローバルな視野を育むために、以前からEnglish Day（１年間の英語学習の総まとめとしての発表会）、English Camp（校内で実施するオールイングリッシュの特別プログラム）、ニュージーランド語学研修（12日間）、ニュージーランド短期留学（約３カ月）、また、昨年度から中３の希望者対象に、東京都世田谷区にある姉妹校清泉インターナショナル学園との１週間交流プログラム（国内留学）が開始。

さらに、今年度からはスカイプによる英会話・中国語・スペイン語を学ぶ多言語学習プログラム（FLIP(フリップ)）や、ベトナムスタディツアーが実施されます。

生徒全体でおおいに盛りあがる三大行事（清泉祭・体育祭・合唱祭）をはじめ、「人間力」を育む貴重な時間が用意されているのも清泉の魅力です。

SCHOOL DATA

- 神奈川県鎌倉市城廻200
- JR線・湘南モノレール「大船」バス５分
- 女子のみ533名
- 0467-46-3171
- http://www.seisen-h.ed.jp/

東京
神奈川
千葉
埼玉
茨城
寮制

洗足学園中学校

神奈川 川崎市

女子校

謙愛の心で社会に有為な女性を育てる

洗足学園は、社会に有為な女性を育てることを教育の目標に掲げ、前田若尾先生によって創立されました。

大学進学において、国公立大や難関私立大へ多数の合格者を輩出し、高い実績を残しています。もちろん、大学への実績だけが洗足学園の教育の成果ではありません。社会のなかで活躍し、社会に奉仕・貢献できる女性を育むことにその主眼はあります。

綿密に練りあげられたカリキュラムと進度や学習内容を保証するシラバス。10名のネイティブ教員との協力で進められる、英語教育における先進的な取り組み。調査・研究・考察・発表・議論を随所に取り入れた各教科での学習と、総合的な学習をつうじての、生きるための力となる学習。

このように洗足学園では、たんに大学合格だけをめざすのではなく、社会で必要とされる力を育てる魅力的な教育が実践されているのです。

2015年度（平成27年度）より対話型、探究型の授業を企図し、65分授業に移行しました。生徒自らが考え、発話をすることで21世紀型の学力を獲得していきます。

感性を磨き世界に視野を広げる

音楽大学を併設していることから、音楽の授業では楽器の演奏を取り入れています。中1はヴァイオリン・クラリネット・トランペット・フルートから楽器を選択し、専門の指導者のもと、グループで楽しく学ぶことができます。

また、洗足学園には20年以上にわたって実施されてきた海外留学と海外語学研修制度があります。夏休みに行うアメリカやイギリスへの短期間のホームステイから、1年間の長期のものまで選ぶことができます。

これらのプログラムによって生徒は視野を広げ、英語力アップにも大きな効果をもたらしています。

SCHOOL DATA

- 神奈川県川崎市高津区久本2-3-1
- JR線「武蔵溝ノ口」、東急田園都市線・大井町線「溝の口」徒歩8分
- 女子のみ746名
- 044-856-2777
- http://www.senzoku-gakuen.ed.jp/

捜真女学校中学部

神奈川 横浜市

女子校

キリスト教に基づき、真理を探究

捜真女学校の歴史は1886年（明治19年）、宣教師ミセス・ブラウンが7名の少女たちを教えたのが始まりです。その後、2代目校長のカンヴァース先生が、教育の究極の目標は「真理を捜すことである」と考え、1892年（明治25年）に校名を現在の「捜真女学校」と改めました。

自分を見つめる毎日の礼拝

キリスト教に基づいた人間形成は、捜真女学校の教育の柱であり、日々の中心となっているのが毎日行われる礼拝です。

礼拝では、担当教員が自身の経験をとおして語る聖書の話に耳を傾けます。教員が心を開いて、つらい経験や失敗談まで話すことで生徒たちとの信頼関係が築かれ、生徒たちも心を開き、素直な思いを礼拝で語るようになります。この信頼関係のなかでこそ、真の人格が育てられていくのです。また、自然教室などのキリスト教行事をとおして、神を知り、神に触れるさまざまな機会を設けています。

英語を学び、世界に触れる

捜真女学校がキリスト教教育とともに重視しているのが英語教育です。中学部では、1クラスをふたつに分けた少人数教育が行われています。もちろん英会話はネイティブの教員が担当し、英語の基礎の定着をめざします。

また、教室のなかだけで勉強するのではなく、英語を使用しての「異文化理解」を積極的に行っています。10日間のアメリカ短期研修や、3週間のオーストラリア短期研修、また3カ月もの長期にわたるオーストラリア学期研修など、希望者には手厚い留学サポートが用意されています。

2016年（平成28年）に創立130年を迎えた捜真女学校中学部。これまでの長い歴史のうえに、新しい価値を創造し、キリスト教に基づいた人間形成と、愛の心を持った優しくたくましい女性の育成を行っています。

SCHOOL DATA

- 神奈川県横浜市神奈川区中丸8
- 東急東横線「反町」・横浜市営地下鉄ブルーライン「三ツ沢下町」徒歩15分
- 女子のみ487名
- 045-491-3686
- http://soshin.ac.jp/gakuin/

あ行 か行 さ行 た行 な行 は行 ま行 や行 ら行 わ行

橘学苑中学校

神奈川 横浜市 共学校

行こう、世界へ(グローバル人材の育成)

橘学苑中学校・高等学校は創立以来、3つの精神を大切に受け継いできました。

一、心すなおに真実を求めよう
一、生命の貴さを自覚し、明日の社会を築くよろこびを人々とともにしよう
一、正しく強く生きよう

この精神に基づき、グローバルな視点で主体的に世界にでていくことのできる人間の育成をめざしています。

そのため海外での体験や外国のかたがたと接する機会を多く設けるなど、世界に視野を広げる教育に取り組んでいます。英語教育では、中1からネイティブ教員による会話の授業を取り入れ、中学の英語の授業はすべてT.T.制で行うなど、実践的な英語力の育成をめざしています。全員が英検にチャレンジし、英語による発表会も実施しています。また、中3で実施している「ロンドン海外研修」では、ホームステイや現地校での学習など、英語を使った生活を体験することで、英語への自信をつけ、異文化理解を深め、学習への意欲を高めています。ほかにも、希望者を対象に、「カナダ短期海外研修」を実施しており、イギリスとは異なる文化を持つ国での学習体験もできます。

特色ある高校コース制

高校には、3つのコースがあります。

国際コースは、1年間のニュージーランド留学が必修で、英語力や問題解決力、コミュニケーション力を身につけます。

デザイン美術コースは、創作活動に打ちこみながら表現力と創造力を養い、フランス研修旅行では、質の高い芸術作品に触れることによって学習への意欲を高めます。

文理コースは、進路別に特別進学クラスと総合進学クラスに分かれ、志望に沿った科目を重点的に学んでいくことができます。

創立の精神を大切に、世界につながる生徒をサポートする橘学苑中学校・高等学校です。

SCHOOL DATA

神奈川県横浜市鶴見区獅子ヶ谷1-10-35
JR線「鶴見」ほかバス
男子16名、女子17名
045-581-0063
http://www.tachibana.ac.jp/

中央大学附属横浜中学校

神奈川 横浜市 共学校

芯のある人を中央で育む。

中央大学附属横浜中学校・高等学校は、昨年、中高の全学年男女共学化が完了しました。中1から高3までの6年間は、心と身体とそのすべてを貫く自分の芯も大きく成長する時期です。そこで、中央大学附属横浜が提供するのは、学力と人間力の芯をきたえるための多彩な学習プログラムと多様な経験です。柔軟な判断と対応ができる、しなやかな考え方、自ら描いた未来を見据えて、停滞することなく歩みつづけるぶれない想いと折れない心を育てています。中央大学附属横浜の主役は生徒です。経験豊かな教職員と恵まれた教育環境のなかで未来の主役を育んでいます。

学びの循環で人間の土台をつくる

中学課程では、ネイティブ教員による少人数制の英語授業や、数学の先取り教育、国語における古典の授業など、英数国の基礎学力を徹底。日常の学習は小テストや長期休暇中の講習などでフォローアップします。

学校行事は日常の授業で学んだことを実践する場です。班別行動をともなう体験行事や自主性を重んじる部・同好会活動では企画力やコミュニケーション力を養います。また、校外研修では能・狂言の鑑賞や座禅を体験するなど「見て、触れて」自国文化への理解を深め、国際理解教育の土台を築きます。さらに希望者を対象に海外研修も実施しています。

日常の授業で身につけた知識を学校外で体験・検証し、循環させることで、人間の土台を築きます。

つながる世界、ひろがる未来

内部推薦制度により、多くの生徒が中央大学へ進学できます。しかし、附属生といえども、中高時代に身につけるべき学力は、しっかりと備えて大学へ進学します。当たり前のことに地道に取り組む6年間。基礎学力を重視したカリキュラムで自ら考え、行動し、社会で活躍できる力を育てます。

SCHOOL DATA

神奈川県横浜市都筑区牛久保東1-14-1
横浜市営地下鉄グリーンライン・ブルーライン「センター北」徒歩7分
男子239名、女子362名
045-592-0801
http://www.yokohama-js.chuo-u.ac.jp/

鶴見大学附属中学校

神奈川
横浜市
共学校

学びの心で世界をかえる

創立は1924年（大正13年）。90年を超える長い歴史のもと、これまでに4万名近い卒業生を世に送りだしています。2008年（平成20年）より完全共学化をはかり、新校舎も完成し、さらなる躍進のスタートがきられました。

教育ビジョンは、「自立の精神と心豊かな知性で国際社会に貢献できる人間（ひと）を育てる」。より高いレベルの進路を実現できる学力を養いつつ、禅の教育に基づく"こころの教育"をつうじて、優しさや思いやりなど豊かな人間性を育成しています。

「学力向上」「人間形成」「国際教育」を柱として

鶴見大学附属の教育目標は、「学力向上」、「人間形成」、「国際教育」です。この目標のもと、近年、さまざまな教育改革を実践し注目されています。

そのひとつが「完全週６日授業体制」。50分授業で、主要５教科を中心とした授業時間数を大幅に確保しています。

ふたつ目は、「教科エリア型フェローシップ」です。生徒は、授業中疑問に感じたことをすぐに教科メディアにある教員の研究室で質問し解決できます。自習室では、質問や宿題、受験勉強ができるほか、発展学習と苦手克服を目標とした補習授業を行います。

もちろん、国際的に活躍できる力を身につけるためのネイティブによる英会話授業や中３でのオーストラリア研修旅行など、国際教育も充実しています。

授業は、「進学クラス」と「難関進学クラス」に分かれて行われます。

「進学クラス」は、生徒一人ひとりに対するきめ細やかな指導をつうじて、基礎学力を確かに身につけ、学ぶ意欲を高めます。

「難関進学クラス」は、先取り授業や、より発展的な内容の授業を行い、一定レベル以上の大学への進学を目標とします。無理なくゆとりのある授業内容で、個々のスピードに合わせられることが特徴です。

SCHOOL DATA

神奈川県横浜市鶴見区鶴見2-2-1
京浜急行線「花月園前」徒歩10分、JR線「鶴見」徒歩15分
男子155名、女子122名
045-581-6325
http://www.tsurumi-fuzoku.ed.jp/

桐蔭学園中学校・中等教育学校

神奈川
横浜市
別学校

先進と伝統の教育で"学ぶ力"を育む

桐蔭学園では、2014年の創立50周年を機につぎの50年を見据えた教育改革に取り組み、「自ら考え判断し行動できる子どもたち」の育成を新たなビジョンに掲げました。そして、そのビジョンの具体的なアクションとして"アジェンダ８（８つの改革）"を策定しました。

先進の「アクティブラーニング型授業」

"アジェンダ８"の最優先のテーマは「アクティブラーニング型授業」です。アクティブラーニングは、生徒が主体的に学んだことを活用し、互いに学びあう授業です。ペアワーク・グループ学習・発表などをとおして、学習内容の定着をはかり、学ぶ楽しさや、やる気を育みます。大学や社会でも力強く学んでいける人材を育成していくための授業改革です。

伝統の「習熟度別授業」と「到達度教育」

学力を効果的に向上させるには、個々の学力に合った指導が必要です。数学や英語などでは習熟度別クラスを編成し、定期考査の成績に基づきメンバーを入れ替えます。また、基礎事項の定着のために、全教科、中学では70%以上、高校では60%以上の点数が取れるまで指導する、到達度教育を行っています。

教育力強化に向けての３校再編成

桐蔭学園では、新ビジョン実現に向けて教育力の強化をはかるため、中学校・中等教育学校および高等学校の再編成を行う予定です。2019年度入学生より中学校は募集を停止、中等教育学校のみの募集とし、男女共学となります。また高等学校は、2018年度入学生より「プログレスコース（難関国公立大・医学部対応）」「アドバンスコース（国公立大・早慶等難関私立大対応）」「スタンダードコース（国公立大・私立大対応）」の３コースに改編します。2018年度中学校入学生は、高校進学時、「プログレスコース」または「アドバンスコース」を選択することになります。

SCHOOL DATA

神奈川県横浜市青葉区鉄町1614
東急田園都市線「市が尾」「青葉台」バス15分、小田急線「柿生」バス20分
中学校男子647名・女子318名、中等教育学校前期課程（男子のみ）447名
045-971-1411
http://toin.ac.jp/

東海大学付属相模高等学校中等部

神奈川 相模原市 共学校

使命感と豊かな人間性を持つ人材を育てる

創立者・松前重義先生の建学の精神を受け継ぎ、「明日の歴史を担う強い使命感と豊かな人間性をもった人材を育てる」ことにより「調和のとれた文明社会を建設する」理想を掲げる、東海大学付属相模高等学校中等部。東海大を頂点とした中・高・大の一貫教育を行っています。

中・高・大の一貫教育

東海大相模では、学習・行事・部活動をバランスよく行うためのカリキュラムを考えています。基本的には、学校５日制のなかで、月１回土曜日にも授業を実施しています。また、じゅうぶんな授業時数の確保や進路に見合った学習指導の徹底をはかるために、２学期制を採用しています。

カリキュラム全体としては、幅広い視野に立ったものの見方・考え方を培うことを目的としています。中等部では、自ら考え自ら学ぶ力を培い、高校進学への基礎学力の定着をはかりながら、発展的に自学自習するシステムを実践しています。

例年90%ほどの生徒が東海大へ進学しています。この、東海大への進学は、高校３年間の学習成績、学園統一の学力試験、部活動、生徒会活動など、総合的な評価をもとに、学校長が推薦する「付属推薦制度」により実施されています。東海大は18学部77学科を持つ総合大学です。進路の決定に際しては、担任や進路指導の先生ときめ細かい相談を重ね、生徒それぞれに適した進路を選んでいきます。

大学との連携のひとつとして、進路がほぼ決定した高３の後期には、東海大の授業を経験できる「体験留学」が実施されています。これは、ひと足先に大学での授業を味わうことができるため、大学入学後の勉強におおいに役立っています。大学に直結した付属校のメリットをいかし、受験勉強という枠にとらわれない教育を実践している東海大学付属相模高等学校中等部です。

SCHOOL DATA

神奈川県相模原市南区相南3-33-1

小田急線「小田急相模原」徒歩8分

男子296名、女子181名

042-742-1251

http://www.sagami.tokai.ed.jp/

桐光学園中学校

神奈川 川崎市 別学校

安定した国公立・私立上位大学への進学

9年連続で国公立大学合格100名突破！

桐光学園中学校・高等学校は、男女別学の中高一貫教育のメリットをいかした独自のカリキュラムを展開。基礎学力の定着と学習習慣の確立をめざした小テストや放課後の講習、夏期講習、補習などのきめ細かな指導で生徒の個性を見極め、伸ばしています。サマーキャンプやスキー教室、合唱コンクールなど充実した学校行事、クラブ活動も大変さかんで、才能をおおいに発揮し活躍できる環境があります。

高２から国立文系・国立理系、私立文系・私立理系の４つのコース選択を行い、希望する進路に合わせた専門的な学習を進めることで、国公立大学の合格者は９年連続で100名を突破、MARCHの合格者数は全国１位となりました。

カナダ修学旅行と各種研修制度

充実した国際教育が行われていることも桐光学園の魅力です。高２全員が参加するカナダ修学旅行では、現地の高校生との交歓会を実施しています。

ほかにも、希望者を対象とした短期間の国内語学研修、イギリス・イートンカレッジへの語学研修、カナダへのホームステイと語学研修など、グローバル社会に生きる「新しいリーダー」の育成プログラムは年々充実度を増しています。

帰国生や留学生の受け入れとともに、外国の大学への受験数も増加しています。

他に類を見ない充実度「大学訪問授業」

日本の各学問分野を代表する大学教授を招き、桐光学園で年間約20回行う「大学訪問授業」では、過去に立花隆、茂木健一郎、村上陽一郎、香山リカ、内田樹、田原総一朗といった先生方の熱い講義が行われました。中１から高３までの希望者が受講でき、書籍にもなっています。

SCHOOL DATA

神奈川県川崎市麻生区栗木3-12-1

小田急多摩線「栗平」徒歩12分、小田急多摩線「黒川」・京王相模原線「若葉台」スクールバス

男子749名、女子433名

044-987-0519

http://www.toko.ed.jp/

東京
神奈川
千葉
埼玉
茨城
寮制

藤嶺学園藤沢中学校

神奈川 藤沢市 男子校

「世界は僕らを待っている」〜茶道・剣道必修〜

2001年（平成13年）、「国際社会に太刀打ちできる21世紀のリーダー育成」をめざし開校した藤嶺学園藤沢中学校。まだ開校17年という若い中学校ではありますが、母体となる藤嶺学園藤沢高等学校は創立100周年を超える歴史ある伝統校です。

藤嶺学園藤沢の教育で特徴的なのは、アジアに目を向けた国際人を養成していることです。21世紀の国際社会におけるアジア、オセアニア地域の重要性が増す現在、エコ・スタンダードとしての東洋的な価値観や文化を見直すことにより、国際教育の原点を世界のなかのアジアに求めていきます。

さらに、国際語としての英語教育をしっかり行いながらも、身近なアジア・オセアニアに目を向けた国際教育を実践し、勇気と決断力を持った国際人を育てています。

3ブロック制カリキュラム

学習においては、6年間を３ブロックに分け、基礎（中１・中２）、発展（中３・高１）、深化（高２・高３）と区切ることで、ムダのないカリキュラムを実現しています。

基礎ブロックは、すべての教科の土台にあたる基礎学力をつくる時期です。基礎学力を確実につけることを主眼に、授業のほかにも補習を行い、きめ細かく生徒を見守ります。

発展ブロックは、中学と高校の橋渡しをする時期。養った基礎を発展へとスムースに移行するための学習プランを用意しています。また、学力をさらに伸ばすために、希望者を対象とした発展補習も行います。

中高一貫教育の総仕上げを行う深化ブロックは、将来の進路を決定する大切な時期でもあります。志望系統別のクラス編成を行い、生徒一人ひとりの進路を確実に導けるようにします。

藤嶺学園藤沢中学校では、こうした計画的なカリキュラムにより、生徒が抱く未来への夢を実現できるようにサポートしています。

SCHOOL DATA

神奈川県藤沢市西富1-7-1

JR線・小田急江ノ島線・江ノ島電鉄線「藤沢」・小田急江ノ島線「藤沢本町」徒歩15分

男子のみ282名

0466-23-3150

http://www.tohrei-fujisawa.ed.jp

日本女子大学附属中学校

神奈川 川崎市 女子校

「自ら考え、学び、行動する」女性を育成

日本女子大学附属中学校は、生田の緑豊かな森のなかにあります。建学の精神は創立者・成瀬仁蔵が唱えた「自念自動」、すなわち「自ら考え、学び、行動する」ことです。1901年（明治34年）の開校当初から、学習面と生活面の両方で「自念自動」の精神を大切に、自主性を養う教育を実践してきました。

各教科の授業では、実験や実習、発表などを多く取り入れ、一人ひとりが意欲的に授業に参加できる環境を整えています。たとえば理科では、４つの理科実験室や天体観測ドームなどの施設をいかして実験を行ったり、周辺の緑豊かな森へでかけ、植物の観察をしたりします。理科ではこうした実験・観察を中学３年間で130回以上も実施し、実物に触れる機会を多く設けています。

音楽の授業でバイオリン演奏が必修なのも特徴です。これは、バランスのとれた人間性を養うための情操教育の一環で、音楽会では、日ごろの練習の成果を披露します。

さらに、国語・数学をはじめ、多くの授業で１クラスにつき２名の教員が担当するチームティーチングを実施。それにより、生徒の理解度に応じた適切な指導や、質問へのていねいな応答が可能になっています。

生徒の手で学校生活をより充実したものに

日本女子大附属は、学校に自治活動を導入した最初の学校だと言われており、勉強と同じくらい自治活動も重視されています。

運動会や文化祭などの行事は各行事委員を中心に企画運営され、ほかにも多様な委員会があり、学校運営に取り組んでいます。また、全員が学芸部・生活部・体育部・経理部のいずれかに所属し、学校生活が円滑に進むよう、各々が自分の仕事を全うしています。

学校生活のいたるところに「自ら考え、学び、行動する」という教育理念が息づく日本女子大学附属中学校は、社会で役立つ「真の教養」を身につけることができる学校です。

SCHOOL DATA

神奈川県川崎市多摩区西生田1-1-1

小田急小田原線「読売ランド前」徒歩10分

女子のみ743名

044-952-6705

http://www.jwu.ac.jp/hsc/

あ行 か行 さ行 た行 な行 は行 ま行 や行 ら行 わ行

にほんだいがく
日本大学中学校

国際社会で活躍できるリーダーを育成！

「思考力・判断力・表現力」を高める教育

日本大学中学校・高等学校では、2016年度（平成28年度）から「グローバルリーダーズ（GL）」「N.スタンダード（N.S）」のふたつのコース制になりました。いずれのコースも、体験を重視し、主体的に学んでいけるプログラムが多数用意されています。授業はどの科目もアクティブラーニング中心に進められ、ひとり１台のタブレットPCや各教室に設置された電子黒板を効果的に用い、グループワーキングやプレゼンテーションを多く取り入れて行われています。また、クリティカルシンキングの育成や大学との連携教育、各種検定へのチャレンジ、国内外での研修などをつうじて、自考自律の姿勢を養っています。

ネイティブスピーカーによる少人数制授業、放課後の課外講座、アメリカ・カナダ・オーストラリアでの海外研修など、生きた英語に触れる機会を増やし、見聞を広め、実践的な英語を身につけます。異文化理解を深め、コミュニケーション能力を向上し、グローバルに活躍できるリーダーとなる素地を形成していきます。

個の強みを伸長し、夢の実現につなげる

高校ではそれぞれの進路目標に合わせ、総合進学クラス、特別進学クラス、スーパーグローバル（SG）クラスの各クラスに分かれて、中学校での学びをさらに発展させていきます。医歯薬獣医系を含む16学部92学科を有する日本大学だけでなく、国公立大学、難関私立大学、海外の大学への進学など、本人の適性を最大限に伸ばすことができる進路へ進むためのバックアップがあります。

タブレットPCでのwebテストや映像授業、学内予備校のＮゼミ、チューターが常駐して学習のサポートをしてくれるスタディールームなど、夢の実現に向けて、学力を向上させていく環境が整っています。

SCHOOL DATA

- 神奈川県横浜市港北区箕輪町2-9-1
- 東急東横線・目黒線・横浜市営地下鉄グリーンライン「日吉」徒歩12分
- 男子378名、女子265名
- 045-560-2600
- http://www.nihon-u.ac.jp/orgni/yokohama/

にほんだいがくふじさわ
日本大学藤沢中学校

一人ひとりが輝ける環境

日本大学の教育目標である「世界の平和と人類の福祉とに寄与すること」を柱とし、「健康・有意・品格」の校訓のもと、心身ともにバランスのとれた「豊かな人間形成」と「国際的な素養の育成」をめざす日本大学藤沢高等学校。

この高校のもと、2009年（平成21年）に開校したのが、日本大学藤沢中学校です。半世紀以上の実績を誇る日大藤沢高校の教育のコンセプトを広げ、可能性とモチベーションを高める６年間をめざしています。

大学と連携したハイレベルな教育

英会話の授業では、クラスをふたつに分け、ネイティブと日本人のふたりの先生で授業が進められます。理解度に差がでやすい数学と英語においては中２から習熟度別授業が行われ、生徒の理解力に応じた授業が展開されます。また、夏休みや冬休みといった長期休暇を利用して全員参加の特別授業が行われるなど、多角的にさまざまな学習をすることができます。

さらに、多様な学部・学科を持つ日本屈指の総合大学である日本大のネットワークを活用した体験授業が実施されています。フィールドワークでは大学の施設を利用した農業実習が行われるなど、中学・高校・大学の「10カ年教育」を実施し、大学の施設を利用し、大学生とふれあうことで、より刺激的かつ高度な学習環境を構築しています。

そのため、高校進学時には原則として「特進クラス」をめざすことになります。つまり特進クラスに直結するハイレベルな教育の実践を前提としているのです。

日本大への進学希望者は「全員進学」を目標とした受験指導が行われていますが、大学附属校であっても、高い希望を持ち、国公立大や難関私立大へ進学することももちろん可能で、そうした受験に対応した授業を展開しています。

SCHOOL DATA

- 神奈川県藤沢市亀井野1866
- 小田急江ノ島線「六会日大前」徒歩8分
- 男子176名、女子190名
- 0466-81-0125
- http://www.fujisawa.hs.nihon-u.ac.jp/

東京　神奈川　千葉　埼玉　茨城　寮制

フェリス女学院中学校

神奈川 横浜市　女子校

「キリスト教」を基盤に

フェリス女学院中学校は、1870年（明治3年）にアメリカ改革派教会が日本に派遣した最初の婦人宣教師メアリー・エディー・キダーによって設立されました。

日本最初の女子校として、また大学進学にもすぐれた成果をあげる神奈川県の名門校として、高い知名度を誇り、今日にいたっています。147年というフェリスの歴史を支えてきたものは、「キリスト教信仰」に基づく教育を堅持することでした。それは、いまも変わることのないフェリスの教育原理となっています。

「他者のために」をモットーに

「キリスト教信仰」につぐ、フェリスの第2の教育方針は「学問の尊重」です。これは学院のモットーである「For Others＝他者のために」という言葉にも関係し、自分のためだけでなく他者のために役立ち、国際的にも通用する質のよい本物の学問を追究することを意味しています。

「進学校」といわれるほどにフェリス生が大学をめざすのは、こうした「他者のために」役立つ、より質の高い学問を求める姿勢の現れです。

また、第3の教育方針は「まことの自由の追求」です。創立以来「自由な校風」として知られるフェリスですが、ここでいう「自由」とは、外的規則や強制に頼らず、一人ひとりが自主性な判断で規制の意味を知り、他人への思いやりを持って行動することを意味しています。

こうした教育方針のもと、フェリスでは、「他者のために」各自が与えられた能力をいかして生きる、愛と正義と平和の共同社会・国際社会をつくる責任にめざめた人間の育成をめざしています。

さらに2014年（平成26年）には、新体育館が、2015年（平成27年）には、新2号館（校舎）が完成しました。

SCHOOL DATA

- 神奈川県横浜市中区山手町178
- JR線「石川町」徒歩7分、みなとみらい線「元町・中華街」徒歩10分
- 女子のみ550名
- 045-641-0242
- http://www.ferris.ed.jp/

あ行　か行　さ行　た行　な行　は行　ま行　や行　ら行　わ行

武相中学校

神奈川 横浜市　男子校

だれにでも輝ける日はかならず来る！

横浜から学校まで20分。武蔵と相模を見渡せる閑静な住宅街に立地し、東京からも県内からもアクセス抜群です。男子校は、男子の成長スピードに合わせた教育が持ち味。一人ひとりが6年のなかでしっかり自分を見つめ、個性を伸ばしながら自信を持って巣立っていきます。大器晩成型の生徒を育てることが得意な学校で、6年間の伸び幅には定評があります。自分を律し他人を思いやる道徳心ある男の子を育てること（道義昂揚）、だれにも得意不得意はありますがそのなかで光る個性を見つけて伸ばすこと（個性伸張）、学習でも部活動でもなにかをとことんやりぬくこと（実行徹底）、この3つが建学の精神です。小規模校のメリットである教師との距離の近さで、手塩にかけた教育を展開します。

体験をつうじ、自分に自信をつける

中1入学直後の北志賀宿泊研修に始まり、西湖キャンプ、つくば体験学習（理系男子養成プログラム）、スキー林間、修学旅行、等々と体験型行事も充実しています。大きな行事にはかならずトレッキングを組みこみ、体力と友情を育んでいます。

中学段階では、学習の定着をはかる毎日の小テストや、補習も充実。高校段階になると体系的な進路ガイダンスに加え、補習のバリエーションも広がり、学習・進路をサポートしています。

クラブは高校生と合同。中1から高3の縦のつながりも互いに貴重な人生経験です。

高校は「進学」「特進」ふたつの選択肢

高校はそのまま持ちあがり文武両道をめざす「進学クラス」を基本としますが、成績上位の希望者は高校入学生の「特進クラス」に入ることもできます。この春の卒業生36名中、国立大と慶應義塾大に6名が進学。上理MARCHにものべ14名が現役合格し、「偏差値40からの難関大合格」を現実のものとしました。

SCHOOL DATA

- 神奈川県横浜市港北区仲手原2-34-1
- 東急東横線「妙蓮寺」・「白楽」、横浜市営地下鉄ブルーライン「岸根公園」徒歩10分
- 男子のみ42名
- 045-401-9042
- http://buso.ac.jp/

ほうせいだいがくだいに
法政大学第二中学校

神奈川
川崎市

共学校

出会い、向き合い、「自分」をつくる。

130年におよぶ歴史を有する法政大学。その伝統の学風「自由と進歩」のもとに発足したのが、法政大学第二中学校・高等学校です。学力・体力、人格をきたえあげていく最も大切なこの時期、個性豊かな友人たちとの切磋琢磨のなかで、批判力と想像力の基礎を培い、豊かな感性を身につけることを目標に、中高大10カ年の一貫教育を視野においたオリジナルな教育活動を展開しています。

21世紀を担う新しい人間性と学力を培う

こうした教育目標のもと、中学校では高い学力を確実に身につけることをめざします。6年間の基礎となる1、2年次を30名以下の学級とし、きめ細かな指導を実施。さらに数学と英語では1クラスを分割する少人数授業も行います。社会・理科の実験・発表など、体験を重視することによって生徒一人ひとりの能力を引き出す教育も展開しています。

そして、高等学校では生徒の個性を豊かに開花させていくカリキュラム体系を取るとともに、教科教育・進路指導・生活指導において、生徒の発育・発達段階に対応した教育を創造的に行っているのが特徴です。

教科教育では、「調べ、討論し、発表する」という、自らの考えをまとめ他者に伝えることができる力を養う授業を積極的に進めています。また、進路・生活指導においては、生徒の生き方の視点から進路指導に重点をおき、つねに「自ら考え、自ら判断する」教育を大切にしています。

このように充実した教育内容を誇る法政大学第二は、さらなる教育内容の向上をはかるため、付属校の可能性を最大限に追求する大きな学校改革を推進しています。2016年度（平成28年度）入学生から中高同時共学化がスタートし、新校舎が完成。2017年（平成29年）4月にはグラウンドも含めたキャンパスの全面リニューアルが完了しました。詳細はHPでご確認ください。

SCHOOL DATA

- 神奈川県川崎市中原区木月大町6-1
- 東急東横線・目黒線「武蔵小杉」徒歩10分、JR線「武蔵小杉」徒歩12分
- 男子469名、女子151名
- 044-711-4321
- http://www.hosei2.ed.jp/

みそのじょがくいん
聖園女学院中学校

神奈川
藤沢市

女子校

カトリック精神に基づく人間教育

聖園女学院は標高50mの高台にあり、鳥獣保護区に指定された広大な雑木林にかこまれています。小鳥のさえずりを聴き、四季折おりの花を愛でながら過ごす6年は情感豊かな心を育みます。聖園女学院では学院生活のなかで「本物のあなたでありなさい」と生徒に語りかけます。「ありのままの自分を受け入れてもらえる」「無条件に愛されている」という安心感を持つことでキリストの愛を実感し、その愛で社会に貢献できる女性へと成長します。ミサ、クリスマスの集い、ボランティア活動などを体験することで、カトリック精神の価値観を学び、思いやりの心を育みます。

進学に向けた学習も人生の糧とする

聖園女学院での6年間は学びの連続です。なかでも、「学習」を人生の大きな糧としています。学習は、他者の立場でまとめられた法則や知識を積極的に受け入れること。本質的な意味で、他者の立場で考える取り組みとして大切にしています。中学では、国語・数学・英語に授業数の50％を費やし、基礎学力の定着をはかります。これは、高校での理科・地歴公民などで、自然界や世界に関する理解を深める地力となります。また、2017年度（平成29年度）から生徒一人ひとりがiPadProを所有し、授業で活用しています。デジタルデバイスを媒体とした新しい学習は、生徒の才能を多面的に育みます。3年目となるタブレットを用いたチームプロジェクトワークでは他者とともに生きるために「課題の発見・解決に挑戦する姿勢」を身につけます。中1・中2では「企業インターンシップ」、中3～高2では「グローバルワーク」に取り組みます。1年間のまとめは、全員が2カ国語で発表を行います。

国や文化を越えて互いに理解しあい、人類の平和と福祉に貢献できる英知と、相手を思いやる心の優しさを合わせ持った女性を育成するために全力で取り組む聖園女学院です。

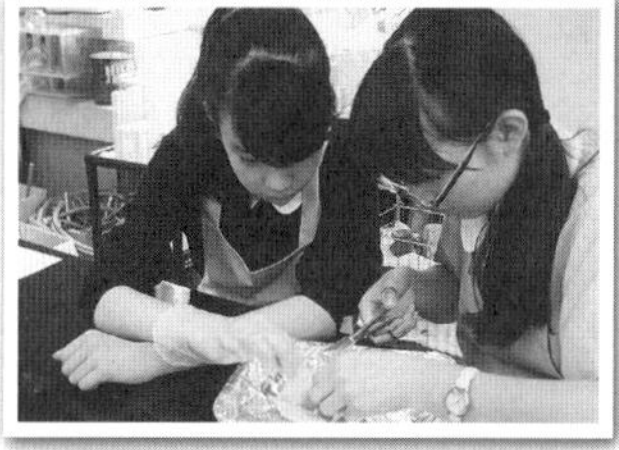

SCHOOL DATA

- 神奈川県藤沢市みその台1-4
- 小田急江ノ島線「藤沢本町」徒歩10分
- 女子のみ296名
- 0466-81-3333
- http://www.misono.jp/

神奈川 横須賀市 女子校

緑ヶ丘女子中学校

自立した女性を育てる6年間

ふたつの建学の精神

東京湾や横須賀港を見下ろす横須賀市の高台に立つ緑ヶ丘女子中学校。多くの緑にかこまれた落ちついた雰囲気のキャンパスが自慢の学校です。誠実さと真心を持って人生を歩んでほしいという意味の建学の精神「至誠一貫」のもと、キリスト教の「愛の精神」を心の糧にした教育を行ってきました。2014年度（平成26年度）からは人を思いやり、自らを律する心を持ってほしいと「温雅礼節」を建学の精神に加え、「新時代の社会で活躍し、貢献できる自立した女性の育成」をめざし、教育内容の充実をはかっています。

学習面では国数英を中心に、一人ひとりの個性、適性を考えたきめ細かな教育を展開。とくに英語は、実社会でも役立つ英語力を身につけること、異文化を理解すること、英語で自分を表現できることの3つを目標とし、少人数・能力別でていねいに授業を行うほか、海外研修や米軍・横須賀基地内の学校との交流（ベース交流）、英語系資格取得のための補講や面接練習なども実施します。

また、隔週土曜日に行う「サタデークラス」は、これからの社会で活躍するために求められる「情報収集・整理」「発信力」「コミュニケーション力」の向上をめざし、テーマを決めた活動を行います。

食育の観点から、「マリアランチ」（給食、希望者対象）が用意されています。地元食材を豊富に使用することで、食と命の大切さを学んでほしいという学校の思いがあります。

そして、「愛の精神」を大切にする緑ヶ丘女子では、聖書の時間や礼拝などをつうじて他人を思いやる心、社会に奉仕する心を養い、豊かな人間性を育みます。茶道や書道の授業も日本の伝統文化に触れ、心を育てる時間として重要視しています。このように国際社会で通用する自立した女性をめざし、社会に巣立つための素地を6年間で育てています。

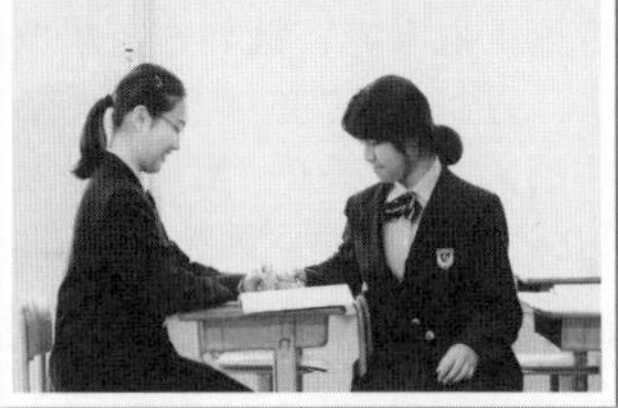

SCHOOL DATA

- 神奈川県横須賀市緑が丘39
- 京浜急行線「汐入」徒歩5分、JR線「横須賀」徒歩15分
- 女子のみ20名
- 046-822-1651
- http://www.midorigaoka.ed.jp/

神奈川 横浜市 共学校

森村学園中等部

自分の進むべき「路（みち）」を森村学園で

東急田園都市線つくし野駅から徒歩5分というアクセス良好な場所に立地しながらも、正門をくぐれば、新しくなった中高等部校舎、グラウンド、テニスコートなどの学園全体が一望でき、背後には広大な自然が広がる、森村学園。また、個性を認めあい、互いに尊重しあう家庭的な校風を持つ森村学園は、感受性の強い多感な6年間を過ごすのに環境の整った学校といえます。

多角的に「路」を見つける

現在のTOTO、ノリタケ、日本ガイシなどの創業者である森村市左衛門が、東京・高輪に創立したのが森村学園です。森村翁が実業界で得た人生訓「正直・親切・勤勉」を校訓とし、生徒が自分の「路」を進む力を自ら培うことができるように人間教育、進路指導を行っています。

進路指導では、「進路指導」と「進学指導」を区別化し、6年一貫教育のなかで生徒一人ひとりの夢の実現をサポートしています。

「進路指導」は自分の進むべき「路」を探すための指導です。人生の軸となる「将来なにになりたいのか」という問いかけを生徒に発しつづけていきます。

一方、「進学指導」では、生徒が希望する大学に合格できる学力を身につけさせる指導を行っています。高2から文系・理系コースに分かれて大学入試を意識した演習型授業へ移行し、高3では多くの科目で実際の入試問題を用いた演習授業を展開します。

また、グローバル化が進む時代を見据え、森村学園中等部では「言語技術」という独自設定科目を履修しています。つくば言語技術教育研究所の協力と指導のもと行われる「言語技術」の授業では、世界で通用するコミュニケーション能力の習得をめざしています。

これからの自分と時代を見つめ、自分の「路」を切り開いていける生徒を育成する森村学園です。

SCHOOL DATA

- 神奈川県横浜市緑区長津田町2695
- 東急田園都市線「つくし野」徒歩5分、JR線・東急田園都市線「長津田」徒歩13分
- 男子257名、女子349名
- 045-984-2505
- http://www.morimura.ac.jp/

山手学院中学校

神奈川 横浜市　共学校

世界を舞台に活躍できる能力を身につける

1966年（昭和41年）、「未来への夢をはぐくみ、その夢の実現をたくましくになっていく人」すなわち「世界を舞台に活躍でき、世界に信頼される人間」の育成を目的に創設された山手学院中学校・高等学校。マロニエ並木を歩いて到着するキャンパスは、富士山や鎌倉の山並みをのぞむ緑豊かな高台にあります。

「世界を舞台に活躍でき、世界に信頼される人間」を育てるという目標を実現するため、山手学院では、教室のなかで世界について学ぶだけではなく、柔軟な吸収力のあるこの時期に、直接「世界」に飛びこみ、体験することが大切だと考えています。

そのため、全生徒にその機会を与えるものとしてつくられたのが、「国際交流プログラム」です。「中３でのオーストラリアホームステイ」、「高２での北米研修プログラム」を柱として、「リターン・ヴィジット」、「交換留学」、「国連世界高校生会議」など、数多くのプログラムを実施しています。

メリハリのある学校生活で大学合格

山手学院では、週５日制・３学期制を採用しています。土曜日の午前中には土曜講座を実施。多彩な講座が設置され、中学生から高校生まで、多くの生徒が受講しています。さらに、中学入学生は「中高６年一貫コース」として、国公立大学への進学に向けて必要な、幅広く確かな学力を育成しています。

月～金曜日に集中して行われる授業。多彩な土曜講座。活発な部活動。この３つの活動によって生みだされるリズム感、メリハリのある学校生活が山手学院の特色です。

こうした生徒を伸ばすオリジナルな学習指導の結果、2017年度（平成29年度）は、国公立大へ68名、早慶上智大252名、MARCHには443名の合格者を輩出しています。また、現役合格者が多いのも大きな特徴で、2017年（平成29年）は卒業生の92.8%が現役合格しています。

SCHOOL DATA

- 神奈川県横浜市栄区上郷町460
- JR線「港南台」徒歩12分
- 男子409名、女子211名
- 045-891-2111
- http://www.yamate-gakuin.ac.jp/

横須賀学院中学校

神奈川 横須賀市　共学校

世界の隣人とともに生きるグローバル教育

人間力を育てる学び

横須賀学院は1950年（昭和25年）、青山学院高等部（横須賀分校）を受け継いで設立されました。その歴史的経緯から、2009年（平成21年）に教育提携協定を締結し、高大連携の取り組みを推進しています。

「敬神・愛人」を建学の精神に掲げ、中学では「共に生きる」のテーマのもと、日々の生活のなかで温かく豊かな人間関係を築きながら、愛と奉仕の実践を積み重ねています。

中高一貫コースでは、教科と図書館との連携によって、読書・レポート作成・プレゼンテーション力の育成に力を入れています。高１ではディベートも行い、大学での学びにつなげるプログラムも実施しています。中学学習室には専属の職員が常駐。19時まで開放し、定期試験や検定試験を強力にサポートしています。また、難関大学をめざし、模試を意識した指導を行う特別講座も開講。来年度からひとり１台のタブレット活用を開始し、学校と家庭学習のシームレス化をはかります。

将来につながるさまざまな経験

「世界の隣人と共に生きる」力と人格を育てるグローバル教育を推進しています。2015年度（平成27年度）より、中１全員で行う「イングリッシュデイズ」をスタートとした国内外語学研修プログラムをさらに充実させています。中３の３学期でのターム留学制度もスタート。帰国生の英語力保持にも最適な葉山インターナショナルスクールでのボランティアをはじめ、アジア学院訪問など、世界に視野を広げ、英語運用力を高めるプログラムも実施しています。英検やTOEIC Bridgeそのほか検定試験受検も推奨。海外長期留学希望者も急増中です。

またキリスト教青年会、聖歌隊、ハンドベルクワイアなどの活動もさかんで、地域の催しやボランティアにも積極的に参加しています。

SCHOOL DATA

- 神奈川県横須賀市稲岡町82
- 京浜急行線「横須賀中央」徒歩10分
- 男子140名、女子113名
- 046-822-3218
- http://www.yokosukagakuin.ac.jp/

横浜中学校

神奈川
横浜市
男子校

社会で必要な確かな学力と豊かな人間力の養成

　生徒が自分の夢や目標を実現するためには、さまざまな分野に対応する基となる「確かな学力」と、しっかりとした自分の考えや目標を持ち、将来を見据えて自分の世界を切りひらいていく力、人間的な幅や魅力を持った「豊かな人間力」が必要です。

確かな学力を身につける学習指導

　横浜では、「確かな学力」とは、定着させた知識を整理しまとめ、表現できる力であると考え、知識の定着のため生徒の学習を支援するYSAPを全学年で実施しています。「ベーシック」（中１・中２）、「アドバンス」（全学年）、「トップ」（高２・高３）の３つの講座で学力アップをはかります。少人数制で一人ひとりに対応し、アドバンス講座はクラブ活動終了後に受講が可能です。スピーチコンテスト、海外語学研修、サイエンスキャンプ、作文コンクールなど知識を活用する発信型プログラムで発信力も養っています。

豊かな人間力を育む４つの柱～LIFE～

　生徒はさまざまな体験を重ねることによって人としての幅を広げることができます。横浜では、ライフデザイン教育（L）・国際教育（I）・情操体験教育（F）・表現コミュニケーション教育（E）を「豊かな人間力」を育む４つの柱としています。そして、さまざまなプログラムをとおして、社会で信頼を受ける人材の育成をはかっています。

思考力や表現力を育む理科教育

　実験は中学３年間で約30回、簡易カメラやペットボトルロケットの製作など、教科複合的な教育も行います。また、JAMSTECやズーラシア・東京ガス工場などの見学会、磯の生物観察会・サイエンスキャンプなどの実習を行うなど、体系的な取り組みを実施しています。討論・レポート制作・発表会で、科学的思考力や表現力を育んでいます。

SCHOOL DATA

- 神奈川県横浜市金沢区能見台通47-1
- 京浜急行線「能見台」徒歩2分
- 男子のみ119名
- 045-781-3395
- http://www.yokohama-jsh.ac.jp/

横浜共立学園中学校

神奈川
横浜市
女子校

「ひとりを大切にする」キリスト教教育

　横浜の街並みを見下ろす山手の高台に横浜共立学園中学校はあります。創立は1871年（明治４年）、日本で最も古いプロテスタント・キリスト教による女子教育機関のひとつであり、横浜を代表する人気の女子校です。

　３人のアメリカ人女性宣教師により設立されたアメリカン・ミッション・ホームに起源を持つ横浜共立学園の教育の根底にあるものは、「ひとりの人間を無条件に尊重し愛する」キリスト教精神です。学園では、キリスト教に基づく教育が実践されています。

　そのキリスト教教育の基本は、「神を畏れる」ことにあります。「神を畏れる」とは、人間が神の前に謙虚になるということです。毎朝行われる礼拝をとおして、自分が神様からかけがえのない存在として等しく愛されていることを知ります。

　横浜共立学園が創立以来「ひとり」を大切にする教育を行ってきた根拠がここに存在します。

高い大学進学実績

　横浜を代表する私立女子校として知られているだけに、その大学進学実績には目を見張るものがあり、難関大学に数多くの合格者をだしています。医学部への進学者が多いのも特色のひとつで、総じて理系人気には高いものがあります。また、特筆すべきは、きわ立って高い現役合格率です。これは「まじめで、よく勉強する」生徒の性格を表す結果でもありますが、その背後には中高一貫の利点をいかし、効率を追求した横浜共立学園のカリキュラムの存在があります。

　しかし、名門進学校の横浜共立学園は、けっして受験一本槍の学校ではありません。生徒のほとんどが部活動に所属し、ボランティア活動も積極的に行われています。同じ部活動の先輩が一生懸命に勉強して現役で希望する大学に入っていく、それもよいプレッシャーになっているのかもしれません。

SCHOOL DATA

- 神奈川県横浜市中区山手町212
- JR線「石川町」徒歩10分
- 女子のみ554名
- 045-641-3785
- http://www.kjg.ed.jp/

横浜女学院中学校

神奈川 横浜市 女子校

「愛と誠」の人間教育

プロテスタントのキリスト教精神による女子の人間教育を行う横浜女学院中学校・高等学校。自分を深く見つめ真実の生き方を求める「キリスト教教育」、可能性を最大限に伸ばし知性と感性を深める「学習指導」、個性を尊重しあい、信頼と友情を築く「共生教育」の3つを教育理念に、イエスの教え「愛と誠」の人間教育を実践しています。

そんな横浜女学院の1日は、礼拝で始まります。礼拝は横浜女学院のキリスト教教育の基であり、全校礼拝やクラス礼拝、英語礼拝などをとおして、時代を越え世界につうじる、人間としての真実の生き方を学びます。

自分らしい幸せを見つける

2015年度（平成27年度）にスーパーグローバルハイスクール（SGH）アソシエイト校に指定され、ESD（持続可能な社会の発展に関する教育）を取り入れ、女性のグローバルリーダーを育成しています。各学年に応じた教科のクロス授業、ワークショップ、フィールドワーク、プレゼンテーションなどのさまざまな体験活動を積極的に行っています。よりよき自分、よりよき明日、よりよき社会のためであることを心に留め、目先の自己利益のためだけではないことを学んでいきます。

自分らしさの獲得

中1・中2の第1ステージでは、基礎学力の定着をめざして学習を進めていきます。週2回放課後の時間に「勉強クラブ」を実施し、自律・自立した学習活動を実施していきます。また、大学生による「学習コーチ」がつき、学習内容だけでなく、学習方法の悩みなどの相談にものってもらいながら、自らの学習スタイルを身につけます。

横浜女学院ならではのカリキュラムで、各々の可能性を最大限に伸ばし、学びと喜び と真理の探求をとおして、人生をより豊かにする知性と感性そして品性を高めていきます。

SCHOOL DATA

神奈川県横浜市中区山手町203
JR線「石川町」徒歩7分
女子のみ327名
045-641-3284
http://www.yjg.y-gakuin.ed.jp/

横浜翠陵中学校

神奈川 横浜市 共学校

モットーは「Think & Challenge!」

「Think & Challenge!」をモットーに、「考える力」と「挑戦する心」を育む横浜翠陵中学校。2016年度（平成28年度）から「英語力×人間力」を兼ね備えたグローバルリーダーの育成をめざし、新たに中高6カ年一貫の「グローバルチャレンジクラス」が始動しました。

「英語力」を伸ばすために、ネイティブ教員による英会話レッスンなどを行う「サマースタディーキャンプ」を導入するほか、ニュージーランドやイギリス、カナダへの海外教育研修、アメリカ、中国、メキシコとの交換留学制度を整えています。

そして、「トレッキングデー」や「ウインターキャンプ」などの行事に挑戦し、やり遂げた時に得る達成感を自信に変えていくことで、どんな困難にも立ち向かえる「人間力」を高めていきます。また、中学3年間をつうじて取り組む「翠陵グローバルプロジェクト」も特徴的です。グローバル社会に関する課題について研究を進め、最終的にプレゼンテーションをするもので、まさに「Think & Challenge!」実践の場といえるでしょう。

一人ひとりと徹底的に向きあう

小規模で温かい雰囲気が漂う横浜翠陵の基本姿勢は、「徹底的に一人ひとりの生徒と向きあう」ことです。学習活動をD＝Desire（好奇心と意欲の活性化）、U＝Understand（理解）、T＝Training（実践的な演習）の3段階に分類し、いま、なにを、なんのために行うのかを、教員と生徒が確認しながら学習を進めていきます。教員が個々の状況を把握しておくことで、それぞれの生徒が異なる場所でつまずいたとしても、必要なタイミングできめ細かいフォローアップを行えるのです。そうして「知りたい→分かった→できた」のプロセスをていねいに繰り返すことで、1歩ずつ着実に学力を向上させていきます。

新設クラスのもとで、新たな歴史がスタートしている横浜翠陵中学校です。

SCHOOL DATA

神奈川県横浜市緑区三保町1
JR線「十日市場」・東急田園都市線「青葉台」・相鉄線「三ツ境」バス
男子113名、女子48名
045-921-0301
http://www.suiryo.ed.jp/

横浜創英中学校

カナダ語学研修がきっかけで

進化をつづける横浜創英

2003年（平成15年）開校の横浜創英は、今春15期生を迎え「進化」しつづけています。建学の精神、「考えて行動のできる人」の育成をめざし、生徒は日々の授業・学校行事・部活動に取り組んでいます。授業への意欲関心を高めるための「仕掛け」として、独自の多彩な体験学習があるのが特徴です。また、すべての体験学習が中3の「カナダ語学研修」につながっていることも特筆すべき点です。

中1からの3名のネイティブスピーカーによるイングリッシュ・アワーは、20分間の「楽しい英会話」の時間です。英語だけを使い、日常的なコミュニケーションに必要な言葉を「耳から覚える」ことを基本とします。「読み・書き」はもちろん、「話せる」点を重視した「使える英語」の習得をめざす横浜創英の英語教育を体現する取り組みです。

中2の関西歴史研修（京都・奈良）では、3～4名の班に京都大の外国人留学生が入り、横浜創英生が英語で説明しながら京都市内を散策するユニークなプログラムがあります。そして中3では11日間の「カナダ語学研修」に全員が参加します。ひとり1家庭にホームステイをしながら、同じ年代のバディといっしょに学校へ通い、現地校での授業体験や異文化交流を行います。最終日のフェアウエルパーティーは「感動」で幕を閉じます。この「カナダ語学研修」へ向けての取り組みと11日間の貴重な「体験」と「感動」が、生徒たちの自己肯定感を育みます。

6カ年教育を終えた卒業生のなかには、「将来は国連で働きたい」という夢に向かって海外の大学へ入学した者もいます。横浜創英は、体験からの学びを大切にしています。幅広い知識・教養と柔軟な思考力に基づいて新しい価値を創造し、他者と協働する能力を育て、これからの社会に貢献ができる人材を育成することをめざして進化しています。

SCHOOL DATA

- 神奈川県横浜市神奈川区西大口28
- JR線「大口」徒歩8分、京浜急行線「子安」徒歩12分、東急東横線「妙蓮寺」徒歩17分
- 男子53名、女子81名
- 045-421-3121
- http://www.soei.ed.jp/

横浜隼人中学校

「必要で信頼される人」を育成

横浜市にありながらも、遠くに富士山を仰ぐ緑豊かな自然環境にある横浜隼人中学校・高等学校。敷地面積は、なんと約5万4000㎡もの広さです。学校全体を写した航空写真を見ると、その広大なキャンパスの姿に驚かされます。また、2015年（平成27年）には新校舎が完成しました。そんな恵まれた教育環境のもと、生徒が将来、それぞれの場で重要な役割を担える「必要で信頼される人」に育つことをめざした教育が行われています。勉強だけでなく、「他人への思いやり」、「環境へのやさしさ」、「差別や偏見のない広い視野」、そして「困難に打ち勝つ勇気」を身につけることを大切にした教育が行われているのです。

「横浜隼人」21世紀の教育

さらにすぐれた教育環境をつくりだすため、横浜隼人では、「『横浜隼人』21世紀の教育」という教育プログラムを実践しています。これは、生徒の能力・適性に合わせ、一人ひとりの生徒の無限の可能性を広げていくための具体的な施策で、「進学のためのプログラム」と「人間形成のためのプログラム」が柱となっています。

「進学のためのプログラム」では、基礎・基本を重視して多様な学習プログラムが実践されています。通常の授業に加え、放課後の時間（ハヤトタイム）・講習・さまざまなテストなどの充実した学習プログラムにより、学習習慣を定着させ、将来の大学受験を容易にします。さらに、生徒の能力に合わせ、中2より習熟度別授業を実施するとともに、毎月第1・3・5土曜日は授業を行っています。

「人間形成のためのプログラム」では、生徒同士、そして生徒と教員とのコミュニケーションを大切にしています。スポーツ・クラブ活動を積極的に奨励する「部活動」、英語で教えるイマージョン教育などのプログラムを展開する「国際人を創る」ための取り組みを行っています。

SCHOOL DATA

- 神奈川県横浜市瀬谷区阿久和南1-3-1
- 相鉄線「希望ヶ丘」徒歩18分
- 男子141名、女子73名
- 045-364-5101
- http://www.hayato.ed.jp/

横浜富士見丘学園中学校

〈2018年度より横浜富士見丘学園中等教育学校から校名変更〉

神奈川 横浜市

女子校

未来を幸せに生きる自立した女性を育む

横浜富士見丘学園は新しい時代を生きる「品位ある自立した女性」の育成をめざし1923年（大正12年）に創立されました。

「敬愛」「誠実」「自主」の校訓のもと、コミュニケーションが可能な「活きた英語力」、変化する社会に必要とされる「ジェネリックスキル」、難関大学進学を可能にする豊富でしっかりとした知識を身につけると同時に、学んだ知識を活用することができる「確かな学力」の育成を３つの柱に、新たな教育改革に取り組んでいます。

体験的な学びで身につける英語力

英語教育では、英語イマージョン授業（中１）、ネイティブ副担任制（中1・2）をはじめとする多彩なプログラムにより、日ごろから英語に触れ、英語を使う環境をつくることで、英語を「聞く」「話す」力を育成します。また、オーストラリア研修（中３全員）、２カ月半のオーストラリア短期留学（中３～高２、希望者）、セブ島英語マンツーマン研修（中１～高３、希望者）などの海外研修は英会話を実践し体得するだけでなく、自立心も育むプログラムです。

確かな学力とジェネリックスキル

徹底した自立学習と充実した授業や講習により、難関大学への合格力となる高い学力を身につけると同時に、アクティブラーニングを取り入れた多様な課題解決型、探究型学習プログラムで、コミュニケーション力、協働性、プレゼンテーション能力など、社会で必要とされる高度な社会的スキル（ジェネリックスキル）を育成することで、学んだ知識を活用することのできる、確かな学力を身につけます。

横浜富士見丘学園は、多彩な教育プログラムで、知的で品位ある人間性と、洗練された国際感覚を持ち、社会に貢献することのできる「未来を幸せに生きる女性」を育成します。

SCHOOL DATA

- 神奈川県横浜市旭区中沢1-24-1
- 相鉄線「二俣川」徒歩15分
- 女子のみ98名
- 045-367-4380
- http://www.fujimigaoka.ed.jp/

横浜雙葉中学校

神奈川 横浜市

女子校

抜群の教育環境を誇る

横浜雙葉の象徴である三角帽子の鐘楼を中心に、山手の高台にはコロニアル風の校舎が広がります。独特の風が吹きわたる山手地区でも、ひときわ色濃く異国情緒を醸しだすかのようです。丘の上からは港や市街が、さらに富士山や房総半島も見通せます。

横浜雙葉は1872年（明治５年）、最初の来日修道女マザー・マチルドによってその基礎が築かれました。1900年（明治33年）にカトリック学校横浜紅蘭女学校として始められ、1951年（昭和26年）に現在の名称に改称されました。「徳においては純真に、義務においては堅実に」という校訓と、キリスト教の精神を象徴する校章は、全世界の「幼きイエス会」系の学校に共通となっています。

生徒の夢を紡ぐ校舎とカリキュラム

最新の情報ネットワークを駆使した西校舎には、図書館やITワークショップルームをはじめ宗教教室などが配置されています。大きな吹き抜けには光が降りそそぎ、白い壁と大理石の床が清潔なコントラストをなします。生徒たちは、このすばらしい校舎で貴重な青春のひとときを過ごします。

創立100周年を機に大きく刷新されたカリキュラムは、さらに進化し、文系と理数系を問わず強化し、少人数授業を導入するなど、定評ある横浜雙葉の教育がいっそうきめ細やかなものになっています。

横浜雙葉に入学すると、在校生が織りなす新入生のためのミサで出迎えられます。ミサはクリスマスのほか、年に数度実施されます。

横浜雙葉は敬虔なカトリックの学校ですが、宗教を強制せず、信仰の有無も合否判定に影響させません。

生徒一人ひとりが、家庭的なかかわりをとおして自分の使命を見出し、未来の共生社会を築くために具体的にグローバルな視点を持ち、行動できる力を育んでいる横浜雙葉中学校です。

SCHOOL DATA

- 神奈川県横浜市中区山手町88
- みなとみらい線「元町・中華街」徒歩6分、JR線「石川町」徒歩13分、JR線「山手」徒歩15分
- 女子のみ565名
- 045-641-1004
- http://www.yokohamafutaba.ed.jp/

＼自分にあった学校見つけよう!／

2017神奈川全私学中高展

神奈川の全私学［中・高］141校が横浜みなとみらいに集合!

- ●参加校による特色ある展示・パフォーマンスブース
- ●部活動による華やかで活気あるステージイベント
- ●必見! 制服展・校章展・部活動写真展
- ●保護者のための講演会・参加校資料コーナー（アネックスホール）
- ●大学資料コーナー・学費支援相談コーナー・教材販売コーナー
- ●来場者全員に神奈川県全私立中学・高等学校案内（ガイドブック）プレゼント!

パシフィコ横浜 展示ホールC·D

詳細はHPをご覧ください 神奈川私学 検索

入場無料 10:00▶16:00

主催:神奈川県私立中学高等学校協会 〒221-0833横浜市神奈川区高島台7-5私学会館内 TEL045-321-1901
後援:神奈川県／神奈川県教育委員会／神奈川の高校展実行委員会／神奈川県私学保護者会連合会

国立・私立中学校プロフィール

千葉

市川(いちかわ)中学校

千葉 市川市 共学校

人間教育と学力伸長の両立

2003年（平成15年）の校舎移転を契機に、共学化や土曜講座などの新たな試みに取り組んでいる市川中学校・高等学校。よき伝統の継承（不易）と進取の精神（流行）が市川の持ち味です。

市川ならではの人間教育

「個性の尊重と自主自立」という教育方針のもと「独自無双の人間観」「よく見れば精神」「第三教育」の３本の柱を立てています。

「独自無双の人間観」とは、「人はそれぞれ、素晴らしい個性・持ち味があり、異なった可能性を持つかけがえのないものだ」という価値観を表します。

「よく見れば精神」（一人ひとりをよく見る教育）は「生徒一人ひとりに光をあて、じっくりと『よく見る』精神が、生徒の潜在能力を引き出し、開発し、進展していく」というものです。

また「第三教育」とは、家庭で親から受ける「第一教育」、学校で教師から受ける「第二教育」につづき、自ら主体的に学ぶ生涯教育をさします。この建学の精神のうえに「真の学力」「教養力」「サイエンス力」「グローバル力」「人間力」の５つの力を養成する「リベラルアーツ教育」が基本教育方針です。

国公立大学や難関私立大学への多数の進学実績とともに、市川ならではの人間教育が、多くの保護者の支持を集める大きな理由となっているようです。

市川型アクティブラーニング

日本、世界の新しい潮流を見据えて市川型アクティブラーニングとして、「ALICEプロジェクト」（アクティブラーニングfor市川クリエイティブエデュケーション）がスタートしています。第三教育を実践してきた市川では、これまでの教育のなかにあったアクティブラーニングのメソッドを体系化し、さらに発展させていきます。

SCHOOL DATA

千葉県市川市本北方2-38-1

京成線「鬼越」徒歩20分、JR線・都営新宿線「本八幡」、JR線「市川大野」バス

男子605名、女子385名

047-339-2681

http://www.ichigaku.ac.jp/

暁星国際(ぎょうせいこくさい)中学校

千葉 木更津市 共学校

世界に輝く人間をめざす

豊かな緑に包まれ、18万㎡もの広大な敷地を有する暁星国際中学・高等学校。暁星国際学園の歴史は、東京の暁星学園の開校に始まります。暁星学園では、創立当初より、多数の帰国生徒が学んできました。1979年（昭和54年）に帰国生受け入れをおもな目的として暁星国際高等学校を開校し、２年後には暁星国際中学校を併設。1984年（昭和59年）、暁星国際中・高および暁星君津幼稚園は暁星学園から分離し、学校法人暁星国際学園となりました。1995年（平成７年）に暁星国際小学校を、2004年（平成16年）には新浦安幼稚園を開設し、現在にいたります。

キリスト教精神に基づく教育

教育目標は、「あなたがほかの人にしてほしいと願うことを人にしてあげること」というキリスト教精神に基づき、①国際的感覚にすぐれ②新時代に対応する③諸機能の調和した④健全な社会人を育成すること、です。

これらの目標達成のため、暁星国際学園は開校以来一貫して寮を併設しています。寮での共同生活をとおして人間を形成し、自立心やコミュニケーション能力の育成に努めてきました。さらに帰国子女や留学生を積極的に受け入れて、多様な文化を受容して広く友愛を育むことのできる環境を整えています。

暁星国際学園では、特色あるコース制①「レギュラーコース（特進・進学）」②「インターナショナルコース」③「ヨハネ研究の森コース」④「アストラインターナショナルコース」を設けて、日々の授業に最善の配慮を行い、生徒の個性を尊重した指導をしています。2013年度（平成25年度）には「アストラインターナショナルコース」に女子の生徒が誕生しました。また、グローバル化に対応できる生徒育成のため、とくに英語教育に注力しています。ネイティブと日本人教員による授業が毎日それぞれ1時間ずつあり、豊富な内容で徹底した語学教育を実践しています。

SCHOOL DATA

千葉県木更津市矢那1083

JR線「木更津」・「姉ヶ崎」・「川崎」・「新浦安」、JR線ほか「横浜」スクールバス

男子105名、女子82名

0438-52-3291

http://www.gis.ac.jp/

国府台女子学院中学部

千葉 市川市 女子校

心の教育を大切に個性に応じた指導を展開

「敬虔・勤労・高雅」を三大目標とする国府台女子学院中学部。仏教の教えを現代に受け継ぎ、「智慧」と「慈悲」の心を育てています。週１時間行われている仏教の授業では、仏教の思想や歴史について学び、仏教以外の宗教、宗教間紛争などの時事問題についても考えていきます。こうした教育をつうじて、偏りのない道徳心や倫理観、歴史観を育んでいるのです。

学力を確実に養い幅広い進路に対応

中学部では中１・中２で基礎学力を充実させ、演習により知識を定着させます。中３では選抜クラスを１クラス編成し、数学・英語では習熟度に応じた授業が展開されます。探求力・表現力・コミュニケーション力を高める情報リテラシー、アメリカ海外語学研修やタイ・カンボジア異文化研修など、学習意欲を引き出す取り組みがあるのも魅力的です。

また、「心の教育」に力をそそいでいるのが特徴で、芸術鑑賞や茶道教室などの行事をとおして、繊細な感性や慈しみ、思いやりの心を育んでいます。

そして高等部では、普通科と英語科が設置され、それぞれの希望進路に応じた指導が展開されています。

普通科では、高１は普通クラスと選抜クラス、高２からは文系か理系か、国公立系か私立系かという目標に応じて５つのコースに分かれます。高３は、多様な選択科目と少人数制の実践的なカリキュラムが設けられているのが特色です。また、普通科には美術系大学をめざす美術・デザインコースも設置されています。

英語科は、開設30年の歴史ある科です。必修とされているアメリカ語学研修や充実した授業で英語力を磨き、グローバル社会で活躍できる国際人をめざします。

心の教育を大切に、生徒の個性に応じた指導を展開する国府台女子学院中学部です。

SCHOOL DATA

- 千葉県市川市菅野3-24-1
- 京成本線「市川真間」徒歩5分、JR線「市川」徒歩12分またはバス
- 女子のみ607名
- 047-322-7770
- http://www.konodai-gs.ac.jp/

芝浦工業大学柏中学校

千葉 柏市 共学校

創造性の開発と個性の発揮

増尾城址公園に隣接した自然にかこまれ、恵まれた教育環境にある芝浦工業大学柏中高。建学の精神「創造性の開発と個性の発揮」のもと、①広い視野（興味・関心・知的好奇心）の育成、②豊かな感性と情緒の育成、③思考力の強化と厚みのある学力の養成を教育方針に掲げ、その教育が展開されています。

多様な進路に対応するカリキュラム

高校のカリキュラムはグローバル・サイエンス（GS）とジェネラルラーニング（GL）の２コース制です。このクラス編成は、生徒の個性に合った学習をより進めていくためのものであり、GSはアクティブ・ラーニングを実施しながら東京大をはじめとする最難関国公立大をめざすクラス、GLは補習などを適宜実施しつつ５教科７科目を高いレベルで学習し、国公立大、難関私立大をめざすクラスです。中学は2016年度（平成28年度）からグローバルサイエンスの取り組みをスタートさせています。

芝浦工大柏では、ほぼ全員が４年制大学への進学を志望し、生徒の約３分の２が理系志望、約３分の１が文系志望となっています。そのため進路指導は、生徒の興味、適性、志を大切にしています。そして、生徒一人ひとりが持てる能力をじゅうぶんに発揮でき、生きがいを持って進める道を見出せるように、学習、ホームルーム、面談をとおして、きめ細かな進路指導を行っているのが特徴です。

受験対策は、高１～高３で夏期講習会を実施するほか、各学年で希望者を対象に放課後の講習・補習を行い、実力養成に努めます。東京工大２名、東京医科歯科大１名など最難関国公立大で現役合格者を輩出。その他、横浜国立大、東京外大、筑波大、千葉大などを含めた現役国公立大学・大学校合格者は48名、早慶上理合格者はのべ113名、国公立・早慶上理・G-MARCHいずれかの合格をつかんだ生徒の率も52%になっています。

SCHOOL DATA

- 千葉県柏市増尾700
- 東武野田線「新柏」徒歩25分・スクールバス、JR線・東武野田線「柏」スクールバス
- 男子397名、女子173名
- 04-7174-3100
- http://www.ka.shibaura-it.ac.jp/

渋谷教育学園幕張中学校

千葉 千葉市 共学校

「自らの手で調べ、自らの頭で考える」

幕張新都心の一角、「学園のまち」に渋谷教育学園幕張中学校・高等学校はあります。まわりには県立高校、県立保健医療大、放送大、神田外語大、千葉県総合教育センターなど多くの文教施設が集まり、まさに学ぶには理想的な環境といえます。

創立は1983年（昭和58年）、中学校の創立は1986年（昭和61年）と、比較的若い学校と言えますが、毎年多くの卒業生を東京大をはじめとする超難関大学に送りだしており、千葉県屈指の進学校です。

また、渋谷教育学園幕張といえば、先駆的なシラバスの導入でも有名です。このシラバスは、つねに改訂や工夫が行われ、充実度の高い大学合格実績をしっかり支えていると言ってよいでしょう。

しかし、けっして進学だけを重視している学校ではありません。「自らの手で調べ、自らの頭で考える」という意味の「自調自考」を教育目標に掲げており、生徒の自発性を尊重した教育を行っています。そして、心の成長・陶冶をめざし、他者への理解、思いやり、連帯性を重視しています。

国際人としての資質を養う

生徒の眼前にグローバルな世界と未来が開けていることを考え､渋谷教育学園幕張では、外国人教員による少人数外国語教育、長期・短期の海外留学、海外からの帰国生および外国人留学生の受け入れを積極的につづけています。

この環境を地盤として、異なる知識や体験の交流、共有化を進め、また、日常的学習の場も含めて国際理解へのよりいっそうの視野の拡大をはかっているのです。

敬愛され、伸びのびと活動し、貢献しうる日本人の可能性をさらに追求し、21世紀の地球と人間生活の反映に貢献できる人材の育成をめざす渋谷教育学園幕張中学校・高等学校です。

SCHOOL DATA

- 千葉県千葉市美浜区若葉1-3
- JR線「海浜幕張」徒歩10分、京成千葉線「京成幕張」徒歩14分、JR線「幕張」徒歩16分
- 男子612名、女子296名
- 043-271-1221
- http://www.shibumaku.jp/

秀明大学学校教師学部附属秀明八千代中学校

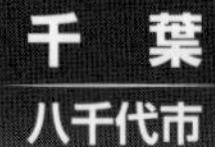

千葉 八千代市 共学校

独自の中大連携教育とPGTプログラム

秀明大学学校教師学部附属秀明八千代中学校は、2015年度（平成27年度）、秀明八千代中学校から校名を変更し、新たな歴史をスタートさせました。

その教育の特徴としてあげられるのが、秀明大の学校教師学部との連携教育、そして独自の「PGTプログラム」です。

連携教育としては、大学教授による特別授業や大学生による学習サポート、大学生といっしょに行う行事などがあります。すぐれた教師を数多く輩出する学校教師学部の指導力を、中学校の教育にいかすことで、生徒は｢学ぶ楽しさ｣「知るよろこび」を日々感じながら学校生活を送ることができます。

もうひとつの特徴である「PGTプログラム」とは「Practical Skills（実践力）」「Global Skills（国際力）」「Traditional Skills（伝統力）」を身につけ、未来を生きるための力を育むものです。プログラムの一例をご紹介すると、実践力を身につけるための｢バケツ稲作り｣や奉仕活動といった体験型学習、国際力を養うためのイギリス人教師による少人数英会話授業や全員参加のイギリス英語研修、伝統力を培うための食育や心の学習などがあります。

到達度に応じたていねいな指導体制

個々の到達度に応じたきめ細かな指導体制も魅力です。国数英の３教科で少人数到達度別授業が行われ、放課後や土曜、長期休暇には、多くの講習・補習が開かれます。さらに、英語においては、勉強方法の相談をしたり、個別指導を受けたりできるイングリッシュ・スタディ・センターも用意されています。

また、漢検・数検・英検にも積極的に取り組んでおり、各検定の成績最優秀者を表彰するなど、生徒の学習意欲を引き出す取り組みも行われています。

独自のプログラムとていねいな指導で生徒を伸ばす秀明大学学校教師学部附属秀明八千代中学校です。

SCHOOL DATA

- 千葉県八千代市桑橋803
- 東葉高速線「八千代緑が丘」･JR線「津田沼」「木下」･新京成線「薬園台」･北総線「千葉ニュータウン中央」バス
- 男子52名、女子25名
- 047-450-7001
- http://www.shumeiyachiyo.ed.jp/

昭和学院中学校

千葉 市川市 共学校

キャンパスも、教育体制も、学校全体が一新

JR線・都営新宿線・京成電鉄線から歩いても15分（バス5分）という、大変便利な千葉県市川市の閑静な住宅街に昭和学院中学校はあります。

その建学の精神は、創立者伊藤友作先生がしめされた校訓「明敏謙譲」、すなわち「明朗にして健康で、自主性に富み、謙虚で個性豊かな人間を育てる」ことにあります。この変わらぬ建学の精神のもと、四季折々の豊かな自然の息吹を感じる未来型創造キャンパスで、中・高の6年間を過ごすことができます。

効果的な学習指導

昭和学院では、中高一貫という私学の特性をいかし、6年間の教育課程をつうじて生徒の能力・適性に応じたきめ細やかな進路指導を行っています。

中学1年から特進クラスをおくなど、習熟度に応じたきめ細かいクラス編成と教育内容を実施しています。

英語教育も充実しており、オールイングリッシュの英語授業や国内イングリッシュキャンプ、海外語学研修などに取り組みます。3年間の朝読書をとおして想像力を育み、プレゼンテーションに発展させるなど、論理的思考力や想像のフィールドを広げ、すべての学習の基盤を築いていきます。

また、学力の向上だけでなく、昭和学院では中学生としての基本的な生活習慣を身につけることにも力をそそいでいます。

生徒会を中心に「あいさつ運動」をはじめ、福祉施設訪問などの「ボランティア活動」もさかんです。また、中学1年からキャリア教育を始め、生徒一人ひとりの進路設計を考えさせます。社会人としての責任やマナーなどを学び、進路設計にいかしています。

確かな学力・豊かな心・健やかな身体を育むための教育を基本方針とし、部活動への参加も奨励し、高いレベルの文武両道の精神が伝統となっています。

SCHOOL DATA

千葉県市川市東菅野2-17-1

JR線・都営新宿線「本八幡」・京成本線「京成八幡」徒歩15分

男子116名、女子243名

047-323-4171

http://www.showa-gkn.ed.jp/js/

昭和学院秀英中学校

千葉 千葉市 共学校

独自のプログラムで伸びる進学実績

「明朗謙虚」「勤勉向上」を校訓とする昭和学院秀英中学校・高等学校。「質の高い授業」「きめ細やかな進路指導」「豊かな心の育成」という3つの実践目標のもと、独自の充実したカリキュラムを展開しています。

昭和学院秀英の授業は、ただの詰めこみではなく、生徒の思考力・実践力・表現力を高め、もっと生徒が学びたくなるよう、日々教員が努力し、改善をしているところに大きな特徴があります。

たとえば、昭和学院秀英には独自の作文教育と読書教育があります。これは1985年（昭和60年）の創立以来つづけられているもので、「読む」「考える」「書く」を繰り返すなかで「自ら考える」習慣を身につけ、思考力・実践力・表現力を養います。

また、国際的視野と語学力を身につける人材育成をはかるため、高1の夏休みに、希望者（120名）がアメリカで約3週間、ホームステイを実施する海外語学研修があります。

全員が「特進クラス」

昭和学院秀英はいわゆる「特進クラス」といった特別なクラスは設置していません。中・高の6年間にわたって質の高い授業を生徒全員に行うことで、他校で「特進」「特別」と呼ばれるクラスと同様の内容、レベルの教育を提供することができるのです。

生徒のほぼ100%が4年制大学への進学をめざしているため、進路指導は進路に適応した指導と助言が行われ、高校1年次では不得意科目克服のための補習、2・3年次では進学のための補習を放課後などを活用して実施、また春期・夏期・冬期の休暇中には講習も実施しています。

国公立大・私立大への優秀な入試合格実績とともに早稲田大・慶應義塾大・上智大をはじめとする有名私立大への指定校推薦もあり、難関大学への進学実績が伸びつづけている昭和学院秀英中学校・高等学校です。

SCHOOL DATA

千葉県千葉市美浜区若葉1-2

JR線「海浜幕張」徒歩10分、JR線「幕張」・京成千葉線「京成幕張」徒歩15分

男子230名、女子305名

043-272-2481

http://www.showa-shuei.ed.jp/

聖徳大学附属女子中学校

千葉 松戸市 女子校

「和」の精神を基に「女子力」と「学力」の向上

聖徳大学附属女子中学校・高等学校は、千葉県松戸市郊外の静かな環境のなか、社会で自分らしく輝ける女性を育んでいます。

教育理念である「和」の精神に基づき、「思いやる力」「かなえる力」「助け合う力」を養う全国屈指の人間教育プログラムが特徴です。その一例として、正しい礼儀作法を身につける「礼法」の授業、食材の生産者や調理してくれたかたがたへの感謝を大切にしながら全校生徒と教員全員で昼食をとる「会食」の時間などがあげられます。こうした学びをつうじて、生徒は将来幅広い分野で活躍するための学芸・情操を身につけていきます。

志望に応じたクラス編成

聖徳大学附属女子には、中1から進路希望別に3つのクラスが用意されています。

「S選抜クラス」は、個々の理解度や習熟度に合わせたきめ細かな学習指導により、確かな学力を身につけ、国公立・最難関私立大をめざします。高校では「S選抜コース」として編成され、志望大学に応じたプログラムで戦略的な受験指導が行われます。

「選抜クラス」は、国公立・難関私立大を目標とします。放課後や長期休業中に行われるゼミが特徴です。なかには東大生から学習指導が受けられるゼミもあり、生徒の学びをサポートしています。高校では、「特進コース」となり、習熟度別授業等により個々の学力を無理なく伸ばしていきます。

「進学クラス」は、日々の学習と、部活動や行事を両立し、資格取得にも積極的に挑戦するクラスです。高校では幅広い進路に対応する「進学コース」へ進みます。

また、高校には音楽科も設置されており、希望者は音楽科へ進学することも可能です。

中高一貫教育ならではのムリ・ムダのない最適なカリキュラムと人間的な成長に大切な教養教育を重視し、人生を輝かせる「女子力」と「学力」を向上させていきます。

SCHOOL DATA

- 千葉県松戸市秋山600
- 北総線「北国分」「秋山」徒歩10分、JR線「松戸」「市川」・京成線「市川真間」バス
- 女子のみ191名
- 047-392-8111
- http://www.seitoku.jp/highschool/

西武台千葉中学校

千葉 野田市 共学校

「西武台シンカ論」で突き進む

2011年（平成23年）より、東京大・東京工大・一橋大などの難関国公立大および早稲田大・慶應義塾大・上智大などの難関私立大への現役合格をめざす「中高一貫特選コース」がスタート。2012年（平成24年）4月より校名を西武台中学校から変更した西武台千葉中学・高等学校は、「西武台シンカ論」を新時代へのマニフェストとして掲げています。

これは、生徒一人ひとりのニーズに応えて個性と能力を伸ばし、志気と体力を高め、「可能性の実現」へ導いていくものです。

現役合格を力強くサポート

西武台千葉で新しく導入された中高一貫特選コースは、中高6カ年を3つのステージに分けて展開します。

第1ステージは、中1から中2までの「基礎期」。第2ステージは、中3から高1までの「発展期」。そして第3ステージが、高2から高3までの「進路実現期」です。

高2修了までに高3の内容を学習し、高3では主として大学入試センター試験や志望大学の2次試験問題の演習期間にあて、難関大学の現役合格を力強くサポートしていきます。

また、第2ステージまでは、従来からある「進学コース」との入れ替えを毎年行い、生徒同士が切磋琢磨することで、学力の向上や高いモチベーションの維持をはかっています。

学習内容の特徴としては、一貫用テキストの使用、日本人教師と外国人講師のチームティーチングによる英語力の強化など、きめ細かな教育を提供しています。

部活動も活発

また、西武台千葉では、運動部と文化部合わせて18の部が活動しており、中学生の8割以上がいずれかの部活動に参加しています。学習、部活動、学校行事などをとおして、知・徳・体のバランスがとれた豊かな人間形成をめざしているのです。

SCHOOL DATA

- 千葉県野田市尾崎2241-2
- 東武野田線「川間」徒歩17分またはバス
- 男子66名、女子77名
- 04-7127-1111
- http://www.seibudai-chiba.jp/

専修大学松戸中学校

千葉 松戸市 共学校

生徒一人ひとりの“夢プラン”を支える

専修大学松戸中学校・高等学校は、「国際舞台を視野に入れる」「難関大学をめざす」「報恩奉仕」を教育方針とし、ハイレベルな国際教育と理数系教育、充実した学習環境を提供しています。

英語・理数教育の充実が強み

専大松戸の教育において特筆されるのは、英語教育と理数教育の充実です。

英語教育は、国際人を育むことを目標に、中学卒業時には全員が英語検定準2級以上の取得をめざしています。

アンビションホール（高志館）を国際交流・英語学習の中核として位置づけ、英会話の授業やランチタイムアクティビティで利用しています。週7時間ある英語授業のうち、2時間はネイティブ教員と日本人教員によるチームティーチングが実施されています。

中学3年の6月にはアメリカ・ネブラスカ州への13日間の修学旅行を行っています。姉妹校との交流、体験授業への参加、ホームステイが3つの柱となり、「使える英語力」の向上と国際感覚の養成をはかります。

理数教育では、数学は中学2年までに中学課程を修了し、中学3年より高校課程に進みます。高校3年では演習授業を中心に展開しています。理科は中学時より物理、化学、生物、地学に分けた専門別授業を行っています。2012年度（平成24年度）からは「理科実験」を中学1年・中学2年で1時間ずつ行い、さまざまな実験を取り入れた授業をつうじて、生徒の理数系への関心を高めています。生徒にとってはむずかしい点も、補習などでフォローアップしていきます。

さらに、体育の授業数も増えたことで、部活動と合わせ、勉強だけに偏らないバランスがとれた人間力を養います。生徒一人ひとりのモチベーションを高め、“夢”の実現を全力で支援する専修大学松戸中学校・高等学校です。

SCHOOL DATA

- 千葉県松戸市上本郷2-3621
- JR線・地下鉄千代田線「北松戸」徒歩10分、新京成線「松戸新田」徒歩15分
- 男子250名、女子235名
- 047-362-9102
- http://www.senshu-u-matsudo.ed.jp/

千葉日本大学第一中学校

千葉 船橋市 共学校

「真・健・和」の精神のもと自立した人間へと成長

千葉日本大学第一中学校の開校は、1968年（昭和43年）。日本大学の付属校として、日本大の建学の精神「自主創造」をベースに、学校独自の校訓として「真・健・和」を掲げています。これには「まっ直ぐな気持ちで真理を探究し、心身ともに壮健で、自他の人格を尊重して社会の一員として協力し合う精神を持てるような人格の完成を目指す」という意味がこめられています。

特徴は「6年間持ち上がり担任制」を採用していること。教員グループが各学年の入学～卒業までを見守る体制をとりながら、6年間を2年ずつ前期、中期、後期に分け、成長に合わせた教育を実践しています。

前期では、主要教科の授業時数を増やし、確かな実力を身につけていきます。中期では中高一貫のメリットをいかして高校の学習内容を先取りし、高1からは国公立大や最難関私大をめざす「特進クラス」と、日本大の各学部、難関私大をめざす「進学クラス」に分かれます。希望者は日本大への推薦制度を使って志望学部への進学が可能です。後期では、高2で進学クラス、特進クラスともに文理分けがなされます。そして、教科書の範囲は高2で終え、高3では、より実践的な力を育むための多彩な講座を用意しています。

日本大の付属校として連携教育を実施

日本大への推薦制度が整うばかりでなく、各学部の特色や内容を大学の先生から説明してもらう説明会も開催し、隣接する日本大理工学部とは、放課後などを利用した高大連携教育を行っています。さらに夏休みには、日本大の医・歯・薬学部で体験授業、看護体験ができる「医歯薬系研修」、理工学部や文学部などの授業を体験できる「夏季体験授業」を希望者向けに実施しています。

創立50周年事業として進む新校舎の建設工事も今年完了予定で、新しいシンボルのもとでの進化が期待される学校です。

SCHOOL DATA

- 千葉県船橋市習志野台8-34-1
- 東葉高速鉄道「船橋日大前」徒歩12分、新京成線「習志野」徒歩18分、JR線「津田沼」・新京成線「北習志野」バス
- 男子407名、女子275名
- 047-466-5155
- http://www.chibanichi.ed.jp/

千葉明徳中学校

千葉　千葉市

共学校

無限の可能性を引き出し、輝かせる

2011年（平成23年）に開校した千葉明徳中学校。教育理念「明明徳」に基づき、さまざまな活動をとおして生徒一人ひとりのすぐれた特質を引き出し、輝かせるための教育を行っています。この理念を具現化するために「人間性の向上（こころを耕す学習）」と「学力の向上（文理両道のリベラルアーツ）」を２本柱とし、教育を展開しています。

「心を育てる」「知を磨く」

自分と他者との関係性に気づくことは、社会を生きぬくためにとても重要なことだという考えに基づいて、千葉明徳では「つながり」という視点から心を育てる教育を行っています。それが千葉明徳独自の「こころを耕す学習」です。おもな取り組みには、さまざまな体験学習や「自分を識る学習」などがあげられます。もうひとつの柱として、子どもたちの持つかぎりない可能性を引き出すために、「文理両道のリベラルアーツ」という総合的・重奏的な教育に挑戦しています。文系・理系に偏ることなく、基礎基本にじっくり取り組み、深く幅広い教養を養います。週６日制で豊富な授業時間を確保し、学習するうえでいちばん大切な原理原則を理解することに力をそそいでいます。また、始業前の20分間を利用し、朝学習を実施したり、成果のあがらない生徒に対しては放課後に補習を行い、基礎学力の定着をはかっています。

千葉明徳では、高校入試のない利点をいかし、６年間を効率的に、そして有意義に過ごすことができます。また教科によっては中高一貫教育の効率性を活用して先取り学習を行い、すべての学年で補習、講習を充実させたりするなど、中学と高校が完全に連携し、目標達成に向けて全力でサポートしています。

緑豊かで落ちついた環境のなかで、生徒たちの人間性と学力を向上させることにより、社会を力強く生きぬく若者（行動する哲人）を育てるのが千葉明徳中学校です。

SCHOOL DATA

- 千葉県千葉市中央区南生実町1412
- 京成千原線「学園前」徒歩１分
- 男子60名、女子70名
- 043-265-1612
- http://www.chibameitoku.ac.jp/junior/

東海大学付属浦安高等学校中等部

千葉　浦安市

共学校

国際協調の精神を持つ人間性豊かな人材を育成

建学理念を基盤とする国際協調の精神を持ち、広い視野に立った人間性豊かな国民の育成を目標に、「大学の先にある人としての在り方生き方を考える生徒」、「高い目標をもち限界までチャレンジする生徒」、「思いやりをもち相手のことを考える生徒」、「自主的・意欲的に取り組むことが出来る生徒」を育てています。学習と部活動を両立し、学力形成と学校行事や文化・体育活動により、いきいきと主体的、能動的な生活を展開する「東海大浦安学び方スタンダード」を実践しています。

教科学習では、知育偏重でない総合教育を展開し、数学、英語は習熟度別授業を実施。５教科では、授業時数の増加、ティームティーチングを採用し、基礎学力の徹底をはかります。英語は、外国人講師による少人数英会話授業を導入。学校週６日制のもと、土曜日は、「思いやり」「キャリア教育」「課題学習」を軸に、社会参画、自己の将来設計につながる「総合的な学習の時間」「土曜講座」を行い、勤労の意義、正しいものの見方、判断を学び、コミュニケーション力を高め、グローバルな人材育成に努めています。

夢の実現に向けた東海大学への進学

中等部卒業後は、ほとんどの生徒が付属高等学校へ進学します。中等部での学びをさらに深化させ、学習や課外活動に積極的に取り組みながら、「人としての在り方生き方」を探究する態度、最後まで挑戦する力や論理的・科学的思考力を醸成し、グローバリゼーションを見据えたコミュニケーション力を向上させ、国際感覚を持った生徒を育成します。

推薦により、全国に広がる全18学部77学科の東海大への道が開けています。国内８キャンパス、３つの短期大学、ハワイ東海インターナショナルカレッジがあり、将来の夢の実現に向けた多彩な教育プログラムが用意されています。2017年（平成29年）は、卒業生の77.3%が東海大関係へ進学しました。

SCHOOL DATA

- 千葉県浦安市東野3-11-1
- JR線「舞浜」徒歩18分・バス10分、JR線「新浦安」・地下鉄東西線「浦安」バス10分
- 男子236名、女子98名
- 047-351-2371
- http://www.urayasu.tokai.ed.jp/

東邦大学付属東邦中学校

千葉 習志野市

共学校

「自分探しの旅」にでよう

東邦大学付属東邦中学校は、1961年（昭和33年）に、東邦大学の附属校として開校されました。併設の高等学校は1952年（昭和27年）に開設されています。

母体の東邦大学は、医学部・看護学部・薬学部・理学部・健康科学部の５学部および医学部付属の３つの病院を持ち、自然科学の研究、教育、医療に重要な役割を果たしてきた大学として広く知られています。

週６日制、週35時間を確保して行われる正課の授業では、「精選と深化」による指導計画を工夫して、演習や実験実習を多く盛りこみながらも、高２までに主要教科の全学習範囲を終えます。

カリキュラムはリベラルアーツ型で、選択科目を多様に設けることで生徒の進路実現をサポートします。

Exploring Study（自分探し学習）

東邦大東邦中では、建学の精神「自然・生命・人間」の具体的な道筋として、「自分探しの旅」を学びのテーマとしています。

これは、学習はもちろんのこと、部活動や学校行事など、さまざまな体験を積みながら、つねに真の自分を探し、見つめようという意味であり、生徒にとっては将来の進路選択における心がまえであるとともに、人生や人間についての根源的な問題へとつうじるテーマとなっています。

そして、生徒一人ひとりが幅広く、また能動的に「自分探しの旅」をつづけていくために用意されている多彩な学習を体系化したものが「Exploring Study（自分探し学習）」です。

進学校として生徒の進路実現をサポートするプログラムであり、また、生徒がやがて大学に進学して専門的な学問研究などに挑戦する際、それに必要な厚みのある知識を定着させ、人間社会に貢献できる高い志と豊かな人間性を育てるものとなっています。

SCHOOL DATA

千葉県習志野市泉町2-1-37

京成線「京成大久保」徒歩10分、JR線「津田沼」バス

男子518名、女子394名

047-472-8191

http://www.tohojh.toho-u.ac.jp/

二松學舍大学附属柏中学校

千葉 柏市

共学校

人間力向上につながる独自の教育

二松學舍大学附属柏中学校は、二松學舍初の附属中学校として、2011年（平成23年）に誕生しました。その教育を語るうえで欠かせないのが「論語教育」です。「論語」を、生きる力を育む最良の教材と考え、素読や暗唱に取り組んでいます。毎年、漢文検定試験にも挑戦し、中１が初級、中２が中級、中３が上級に合格するように努力を重ねています。

こうした伝統の教育に加え、授業内容のデータ化や動画を用いた実験解説など、タブレットを使ったICT教育も始められています。

2015年度（平成27年度）には、従来の2コース、難関国公立大、最難関私立大をめざす「特選コース」と、国公立大、難関私立大、二松學舍大を目標とする「選抜コース」に加え、「グローバルコース」が新設されました。異文化を理解し、多様な価値観を認めることを目標に、ネイティブスピーカーの教員による授業やグループ学習形式のアクティブラーニングを積極的に取り入れた真の国際人を育むコースです。また多彩な語学研修があり、異文化を体験できます。

自問自答力を養う５つの教室

二松學舍大柏では、将来、他人のこと・社会のこと・地球環境のことを考え、役に立つ人間になることを目標に、「自問自答力（自ら体験し、自ら問題を発見し、自ら答える力）」を育んでいます。

そのために、環境教育をテーマとする「沼の教室」、最先端の学問を学ぶ「都市の教室」、奈良・京都で日本の文化に触れる「古都の教室」、スキー研修を行う「雪の教室」、田植えから稲刈りまでを体験する「田んぼの教室」、異文化を体験するグアムでの「世界の教室」があります。そして、こうした学びの集大成として、中３では約8000字の「研究論文自問自答」にも取り組みます。

独自の教育で生徒の人間力を向上させる二松學舍大学附属柏中学校です。

SCHOOL DATA

千葉県柏市大井2590

JR線・地下鉄千代田線・東武野田線「柏」、東武野田線「新柏」、JR線「我孫子」スクールバス

男子72名、女子65名

04-7191-5242

http://nishogakusha-kashiwa.ed.jp/

日出学園中学校

ファミリーとして学ぶ楽しさを実感できる

日出学園は、1934年（昭和９年）に幼稚園・小学校として創立されたのが始まりです。以来、1947年（昭和22年）に中学校が、1950年（昭和25年）に高等学校が開設され現在にいたっています。建学の精神は校訓「誠・明・和」の３文字にこめられ、「誠」は心を重んじる教育、「明」は自主的・積極的な明るさをつくる教育、「和」はともに力を合わせることの大切さを学ぶ教育を意味しています。

生徒の進路に合わせた授業を展開

日出学園中高の在校生は、ほとんど全員が大学進学を希望しています。中高一貫教育のメリットを最大限にいかしたカリキュラムが組まれており、中学では、各教科の基本的な内容の習得・理解定着をめざします。高校では、各自が進路志望に応じた教科を選択し、自主的に学習することによって大学入試に対応できる学力を養います。2013年度（平成25年度）より学校週６日制に変わりました。カリキュラムも新しくなり、より充実した環境で学習に取り組むことができます。

学習の基礎をしっかりと固めるため、数学と英語においては、中２から習熟度別少人数授業を実施しています。それぞれの学力に対応した授業を受けることで、学力向上をはかります。また、国語においては、教科書を中心に授業を進めていく「国語」と、文法や言語活動を中心に進めていく「言語表現」に分けて授業を行っています。すべての学習の基礎となる「読む・書く・話す・聞く」力をつけていくことを目標にしています。

このように、学習面において細やかな配慮がいきとどき、生徒たちは伸びのびと、そして着実に学力を養いつつ成長しています。その結果、近年は国公立大・難関私立大などへの合格実績も次第に上昇してきています。

中高６年間の一貫教育のなかで、勉学の楽しみを味わいながら、豊かな心を持つ人間を育てる、日出学園中学・高等学校です。

SCHOOL DATA

千葉県市川市菅野3-23-1
京成線「菅野」徒歩5分、JR線「市川」徒歩15分またはバス
男子106名、女子136名
047-324-0071
http://high.hinode.ed.jp/

麗澤中学校

次代のグローバル社会で求められる力を養成

「感謝の心・自立の心・思いやりの心」を育みながら、知力を磨きあげる「知徳一体」の教育を実践する麗澤中学校・高等学校。日本の文化や行動様式には、次代のグローバル社会に必要とされている本質が多くあります。その日本人としての「あたりまえ」を伸ばし、すぐれた発信力を持つ“地球規模で高い能力を発揮できる人材”を輩出するため、麗澤は５Ｌの育成に取り組んでいます。５Ｌとは Language（英語力）・Logical Thinking（論理的思考力）・Liberal Arts（教養）・Literacy（情報活用力）・Leadership（リーダーシップ）のこと。

５Ｌを高めることで、すぐれた知識と知性、ものごとの本質を見極める深い洞察力や判断力、周囲を牽引する圧倒的な行動力を養います。そして、連綿と受け継がれる麗澤教育のエッセンスや豊富な体験型学習、最先端の教育理論に裏打ちされたカリキュラムなどで５Ｌを磨き、国際社会で高い能力を発揮する「本物の叡智」を兼ね備えた人材を育成します。

叡智コース紹介

2015年度（平成27年度）からは新たに２コース制をスタートさせました。

■アドバンスト叡智コース…高度な教科学習を基盤に、５Ｌをさらに強化する「Ｌアワー」を設置。グローバル社会で求められる論理的な思考力に裏打ちされたコミュニケーション能力、体験・体感を基に考え抜く知的体力をも培い、東京大に上位で合格する力、グローバルリーダーとして必要な力を養成します。

■エッセンシャル叡智コース…「実践的英語教育」や「言語技術教育」などをさらに充実・発展させ、次代のグローバル社会に必要とされる本質的な力を養成します。文武両道を実践しながら、難関大学をはじめとする幅広い選択肢のなかから最適かつ最善の進路をめざします。創立以来受け継いできた伝統と、新たな改革を重ね、より充実した教育で次代に求められる生徒を育てます。

SCHOOL DATA

千葉県柏市光ヶ丘2-1-1
JR線・地下鉄千代田線「南柏」バス5分
男子193名、女子232名
04-7173-3700
http://www.hs.reitaku.jp/

和洋国府台女子中学校

千葉 市川市 女子校

「凛として生きる」を掲げ、自立した女性の育成をめざす女子校

和洋国府台女子中学校は、1897年（明治30年）、堀越千代により設立された伝統ある女子校です。2017年度（平成29年度）4月、和洋女子大学・高校のある国府台キャンパスに中学の校舎が統合しました。

国際的に活躍できるコミュニケーション能力を身につけ、知性と品格を備えた社会に貢献できる女性をめざし、6年間のカリキュラムも一新しました。日本の伝統文化を学びながら、海外のすぐれたものを取り入れる国際教育と科学的なものの見方を身につける教育で、自立した女性を育成。中高大の一貫校ながら、他大学進学者も多く、自分の未来を選択できる学校です。

こうした教育理念のもと、茶道を取り入れた「礼法」では日本女性としての心を磨きます。また、箏を学ぶ「邦楽」では心の“琴線”をふるわせ、日本古来の“響き”を体得しています。合唱コンクールでは、音のハーモニーの大切さを学ぶとともに、さらなる友情の輪を広げています。

生きた英語をしっかり学ぶ

ネイティブ教師による英会話の授業は、1クラスを3分割し10人程度の少人数で実施。3年間をとおして毎週1時間、能力別のきめ細かな指導をしています。英会話を楽しむことを第一目標に、歌やゲームなども取り入れています。言葉の壁を越え、理解しあえる喜びは、自信や学習意欲の向上につながります。また、文化のちがいを学ぶことで、国際人としての感覚を養います。

6年一貫教育のなかでは、語学研修も豊富にそろえています。中学では3年間の集大成として、卒業後の春休みに8日間のイギリス研修を希望者対象に行っています。冬休みに佐倉セミナーハウスで英語宿泊研修（2泊3日）の機会があります。高校では希望者にオーストラリアの姉妹校への短・長期の留学などが用意されています。

SCHOOL DATA

千葉県市川市国府台2-3-1

京成線「国府台」徒歩10分、JR線「市川」・「松戸」、北総線「矢切」バス

女子のみ196名

047-371-1120

http://www.wayokonodai.ed.jp/

国立・私立中学校プロフィール

埼玉

浦和明の星女子中学校

埼玉 さいたま市 女子校

「一人ひとりを大切に」

「正・浄・和」という校訓のもと、お互いを「かけがえのない人間」として尊重し、「一人ひとりを大切にする」校風がある浦和明の星女子中学校。「一人ひとりを大切に」というと、少人数教育を思い浮かべるかもしれませんが、浦和明の星女子が考えるそれは、「その生徒をその生徒としてみる」「その生徒がその固有の使命に生きるよう手助けする」という意味です。

モットーである「Be your best and truest self（最善のあなたでありなさい。最も真実なあなたでありなさい。）」は、あなたはあなたであるよう、真剣に努力することを求め、そして「ほんものの自分」をめざして成長することを期待しています。

バランスのとれたカリキュラムと進路指導

カリキュラムは6年間の一貫教育です。生徒の理解や進度を考慮した、3段階に分けたプログラムを組んでいます。

中1・中2は「基礎学力の定着」期、中3・高1は「学力の充実」期、そして高2・高3は「学力の発展」期です。それぞれの時期に合わせた学習で確実に学力を養成していきます。

さらに、授業を中心としたていねいな日々の勉強を大切にしているため、授業内容は6年間をとおしてどの教科も創意工夫されています。週5日制ですが、毎月第1週の土曜日は「自主の日」として、希望する生徒が自主的に学校で活動できるようになっています。

また、進学校にありがちなハードな補習や勉強合宿は行いません。たんに試験を目的にした勉強は、学びの一端ではあっても、学習そのものではないと浦和明の星女子では考えられているからです。

大学進学は大切なことですが、大学に入ることが最終目標ではありません。生徒の自己実現を助けていくような進路指導が心がけられています。

SCHOOL DATA

- 埼玉県さいたま市緑区東浦和6-4-19
- JR線「東浦和」徒歩8分
- 女子のみ526名
- 048-873-1160
- http://www.urawa-akenohoshi.ed.jp/

浦和実業学園中学校

埼玉 さいたま市 共学校

実学に勤め徳を養う

2005年（平成17年）春、伝統ある浦和実業学園高等学校のもと、「すべての生徒に価値ある教育を」をスローガンに開校した浦和実業学園中学校。初年度から多くの受験生の注目を集め、新たな完全一貫制の教育がスタートしています。

校名の「実業」が表すものは、「社会にでて実際に役立つ学問、アクティブな学問」のこと。浦和実業学園では生徒一人ひとりの個性を存分に伸ばすことにより、国際社会に羽ばたく人材育成をめざしています。その教育には3つの柱が存在しているのが特徴です。

個性を伸ばす3つの柱

ひとつ目は「英語イマージョン教育」です。中1～中3の全クラスにネイティブの副担任を配し、生徒と生活をともにし、育てるという感覚で「英語に浸る」イマージョン教育環境で学校生活を送りながら、より実践的な英語力を身につけることをめざしています。

ふたつ目は「徳育」です。総合的学習や各種行事など、学校生活全般をとおして、あいさつ、思いやりの心、感謝といった心の教育を行います。これは社会生活における「生きる技術」ともいえるものです。

3つ目は「キャリア教育」です。生徒本人の自主性を重んじる進路ガイダンスを年4回、6年間で合計24回実施します。

生徒が考える将来像を最大限に尊重しながら将来のプランニングを行い、その人生計画を実現するためのきめ細かなサポート体制を整えています。職業体験学習をはじめ、外部のさまざまな職種の人びとから話を聞く「講話」の時間もあります。

教育カリキュラムは週6日・35単位の授業を組み、系統的かつ効率的な授業を展開するとともに、進学希望に対応した選択教科プログラムを導入し、各学年に応じた進学指導を行い、生徒の希望を確実にサポートしています。

SCHOOL DATA

- 埼玉県さいたま市南区文蔵3-9-1
- JR線「南浦和」徒歩14分
- 男子67名、女子77名
- 048-861-6131
- http://www.urajitsu.ed.jp/jh/

大妻嵐山中学校

埼玉 比企郡 女子校

伝統の女子教育を継承しつつ時代とともに進化

建学の精神「学芸を修めて人類のために -Arts for Mankind-」を大切に、学祖・大妻コタカがめざした「思いやりのある自立した女性」、「教養豊かな聡明な女性」の育成と、社会の展望に応える「国際的な視野を持った女性」の育成をめざします。急速な広がりを見せるグローバル社会のなかで「世界につながる 科学する心、表現する力」を合言葉に、大妻嵐山中学校は、これまで重視してきた「理科教育」と「国際理解教育」をさらに発展させていきます。

理数系の授業を重視

大妻嵐山の周辺は豊かな自然環境に恵まれており、キャンパスには「大妻の森（自然観察園）」や「ビオトープ（野生生物の生育場所）」があります。「科学する心」、「表現する力」を養うため、理数系の体験学習を重視した授業を行っており、理科は週に５時間の授業のうち、かならず１回は実験の授業となっています。そうした活動のひとつに「国蝶オオムラサキの飼育・観察研究」があります。生徒はオオムラサキとのふれあいをつうじ、大きな感動とともに生命の尊さや自然の営みを学びます。飼育のための下調べから、レポート作成、プレゼンテーションにより、考える力、発表する力を養います。

留学を推進し、語学教育を重視

国際理解教育にも重点を置き、英語劇などを行う「イングリッシュフェスティバル」といった校内行事をとおして総合的な英語コミュニケーション能力を高めます。週に６～７時間ある英語の授業では、ネイティブスピーカーの教員や、セブ島にいる現地講師とのオンラインでの英会話により、会話力も向上させます。英検にも挑戦し、中２での「英会話合宿」や中３での「イギリス語学研修（希望制）」など、学校で習った英語を実践できる校外学習の機会も数多く設定されています。

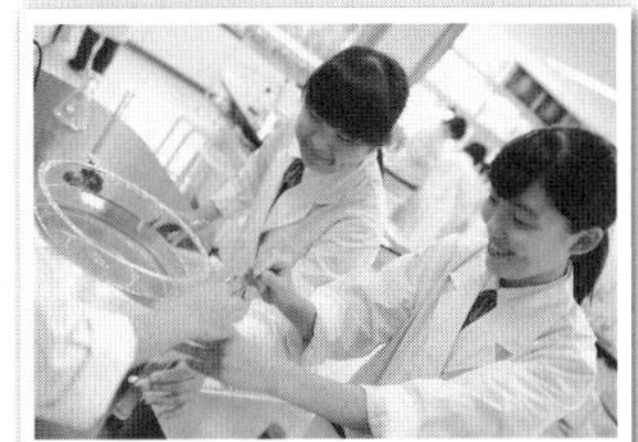

SCHOOL DATA

- 埼玉県比企郡嵐山町菅谷558
- 東武東上線「武蔵嵐山」徒歩13分
- 女子のみ96名
- 0493-62-2281
- http://www.otsuma-ranzan.ed.jp/

大宮開成中学校

埼玉 さいたま市 共学校

３つの教育目標で国際感覚豊かなリーダーを

大宮開成中学校は一人ひとりの個性を大切にする指導と国際教育をつうじ、高い志を持った21世紀のリーダーの育成をめざしています。この目標を達成するために、「国公立・最難関私立大学に現役合格」「国際教育」「人間教育（自主・自律教育）」の３つを教育目標に掲げています。

2016年（平成28年）４月に、「知の拠点」として新図書館棟を開設しました。１階は蔵書４万冊の「図書館」、２階は200席の「自習室」になっており、多くの生徒が活用しています。

トップレベルをめざす英数特科クラス

「国公立・最難関私立大学に現役合格」の実現を目標として、６年一貫教育を２年ごとの３ステージに分けている大宮開成。

第１ステージ（中１・中2）では、「基礎学力の完成」をめざします。第２ステージ（中３・高１）では「選択能力の完成」を、そして第３ステージ（高２・高３）では「現役合格力の完成」をめざし、各ステージごとに到達目標を明確化して学習を行っています。

「英数特科クラス」では、中学段階から数学と英語を集中的に特訓し、最難関大学合格をめざします。中学から平常授業に加えて数学・英語の「特科授業」を、平日週１回と毎週土曜日に実施。早い段階から国公立大受験に必要な５教科７科目にじゅうぶん対応できるカリキュラムで授業を展開し、東京大、一橋大などへの合格者を輩出しています。

人間力を育てる「国際教育」「人間教育」

「国際教育」は、受験英語のみならず、「使える英語」を修得する「英語教育」と、日本文化学習や異文化学習をとおした「国際理解教育」のふたつが柱となります。

そして、大宮開成の「人間教育」をつうじて逞しい人間として自立・自律する力を６年間の学校生活・指導によって培っていきます。

SCHOOL DATA

- 埼玉県さいたま市大宮区堀の内町1-615
- JR線「大宮」徒歩19分・バス7分
- 男子158名、女子157名
- 048-641-7161
- http://www.omiyakaisei.jp/

開智中学校

心豊かな創造型・発信型の国際的リーダーの育成

「新しい学びの創造」をめざし、「先端クラス」を立ちあげてから、今年で9年目を迎えます。

「先端クラス」ではグループワークなどを最大限に活用した「学びあい」「協働学習」の授業を展開しています。たんに知識を取得するのではなく、考えながら主体的に学び発信力を身につけます。また、「哲学対話」では互いに対話をとおして思考を深める経験を積み重ねることで、生活のなかでであうさまざまな問題に立ち向かう力を養います。

一方、「一貫クラス」では生徒の学ぶ意欲を育てる質の高い授業を展開しています。習熟度別授業やわかりやすい授業で、きめ細かい指導体制を導入。そのうえで、先端クラスでの取り組みの成果を基本に、グループワークでの「学びあい」も実践しています。道徳の授業内での「ワークショップ」では、クラスの仲間とともに相手の立場に立って考え、人の気持ちを共感できる心を培います。

予備校いらずの授業体制

教科学習の特徴として、一貫クラスの数学・英語では習熟度別授業を展開します。高1では、先端クラス、一貫クラスⅠ・Ⅱ類の習熟度によるクラス編成になります。高2では、理・文・医系に分かれ、大学入試演習も行いながら高校の学習を修了します。高3では東大文系・理系、国公立早慶文系・理系、医系の5コースに分かれ、各自大学入試に必要な科目を重点的に選択し学習する演習授業がスタートします。自らの学びをすすめるため、最大9時間の自習時間も導入しています。

開智の生徒はその多くが予備校に通学しません。柔軟な指導力を持った強力な教師陣の質の高い授業と、生徒の自由選択による放課後の特別講座によって学力が最大限に伸びるからです。このように開智中学・高等学校では自ら学ぶ、創造型・発信型の心豊かな国際的リーダーを育てる教育をめざしています。

SCHOOL DATA

埼玉県さいたま市岩槻区徳力西186

東武野田線「東岩槻」徒歩15分

男子544名、女子352名

048-795-0777

http://www.kaichigakuen.ed.jp/

開智未来中学校

新たな教育を開発する「進化系一貫校」

開智未来中学・高等学校は、開智学園2番目の中高一貫校として、2011年（平成23年）4月、埼玉県加須市に開校しました。

開智未来は「知性と人間を追求する進化系一貫校」を基本コンセプトに、開智中学校（さいたま市）の教育を受け継ぎつつ新たな教育をさらに開発し、教育活動の構造化をめざす学校です。

多くの独自教育プログラム

開智未来では、ハイクオリティーな教育の開発として、校長先生自らが中学3年間指導にあたる哲学の授業を行っています。ほかにも、中1の里山フィールドワークや中3の琵琶湖湖沼フィールドワークなどの環境未来学、未来型知性を育成するICT教育、コミュニケーション型知性を育む「学び合い」、東大ゼミをはじめとする知性を磨く早朝ゼミなど、多くの独自教育プログラムを実践しています。

また、グローバリゼーションをキーワードに、中2のブリティッシュヒルズ英語合宿、高2のワシントンフィールドワーク、希望者によるカリフォルニア大バークレー校へのリーダー養成研修、オーストラリアやニュージーランドへの海外教育研修など、豊富な海外経験をつうじ、「国際社会に貢献するリーダー」を育てています。

さらに2017年度（平成29年度）よりタブレットを導入し、教科の授業での活用やフィールドワークの発表など、より先進的な利用を進めています。

さらなる進学実績に期待

今春は中高一貫部1期生103名が卒業し、東京大をはじめ、旧帝大に4名、早慶上理ICUに26名と、難関大学への合格者数が急伸しました。

今後のさらなる飛躍が期待される開智未来中学・高等学校です。

SCHOOL DATA

埼玉県加須市麦倉1238

東武日光線「柳生」徒歩20分、JR線・東武日光線「栗橋」、JR線「古河」・「鴻巣」、東武伊勢崎線「加須」・「羽生」・「館林」スクールバス

男子138名、女子118名

0280-61-2021

http://www.kaichimirai.ed.jp/

春日部共栄中学校

埼玉　春日部市　共学校

世界に羽ばたくリーダーを育てる

優秀な大学進学実績を残してきた春日部共栄高等学校を母体として、2003年（平成15年）、埼玉県春日部市に誕生した春日部共栄中学校。

新たに中学校をつくるにあたり、教育理念として「これからの日本を、世界を支えるべきリーダーを養成すること」を掲げています。そこには、旧来型の「進学教育」を超えた新たな教育のあり方を模索する姿勢が明確にしめされており、注目を集めています。

自学力を伸ばす「リーダーズカリキュラム」

春日部共栄では、学力向上を目標とする中高一貫カリキュラムに加え、生徒それぞれが夢をかなえる力を勝ち取るための「リーダーズカリキュラム」を重視しています。これはさまざまな分野で高く深い専門性や、各分野を横断する高い教養と知識を得るための分野別プログラムのことです。

たとえば、英語的分野では、毎朝のリスニング、暗誦コンテスト、スピーチコンテスト、K-SEP（中３を対象とする10日間のプログラム。カナダの大学生10名ほどが先生となり、英語やカナダについて学びます）などが実施されています。

また、国語的分野では、「ことば」を重視した「共栄読書マラソン」、百人一首大会、文学散歩など、大学受験のためだけではない多様な学びの機会が用意されています。

確かな教育力

最難関大合格をめざす「グローバルエリート（GE）クラス」、難関大合格をめざす「グローバルスタンダード（GS）クラス」。ともに「世界のリーダー」・「世界で幅広く活躍できる人材」の育成を視野に入れ、教育を行います。また、年間８回開催される各界の最先端で活躍されているかたがたによる「講演会」は、柔軟な思考力と豊かな発想力を培います。

SCHOOL DATA

埼玉県春日部市上大増新田213

東武スカイツリーライン・東武野田線（東武アーバンパークライン）「春日部」スクールバス10分

男子205名、女子197名

048-737-7611

http://www.k-kyoei.ed.jp/jr/

国際学院中学校

埼玉　北足立郡　共学校

独自の教育で新たな地平をめざす

2013年（平成25年）に開校した国際学院中学校。建学の精神に「誠実、研鑽、慈愛、信頼、和睦」を、教育の柱に「国際理解」「進学指導」「人格形成」の３つを掲げています。

世界181カ国、約１万校がネットワークを組むユネスコスクール認定校の１校で、国際理解教育では最先端をいく学校です。ユネスコスクールに加盟して以来、「将来にわたって持続可能な社会を構築するために必要な教育」であるESD教育（持続発展教育）にも積極的に取り組み、とくに国際理解教育と環境教育に力をそそいでいます。今年10月には、加盟校同士の会合であるInternational Friendship Week を開催。これは、世界各国のユネスコスクールを１国に募り、生徒の交流や、テーマに沿った会合を開くもので、日本での開催は国際学院が初めてです。ほかにも、毎年、おもにアジアの交流校を学校に招致し、ホームステイや交流を行っています。世界に通用する人格を備え、思考力や語学力を身につけた人物となり、「世界に友人をつくる」という目標に向かって前進しています。

高校の教育で培った進学指導を実践

ふたつ目の教育の柱として「進学指導」をあげています。主要教科の授業ではチームティーチングを実施し、授業時間を標準時間より多めに設定しています。そして、国語・数学・英語では先取り学習を行い、効率よく授業を展開するために電子黒板やiPadなどのIT機器を積極的に導入しています。

「人格形成」も柱のひとつ。学校行事や部活動も大切にしており、文化祭や体育祭などのほかにも、マレーシアへの海外研修など、国内外を問わず、さまざまな場所へと出かけていきます。また、全国で活躍する部もあり、どの部も積極的に活動しています。

2016年（平成28年）には新校舎が完成。自然に恵まれた広大なキャンパスのもとで、意欲的な学校生活を送ることができます。

SCHOOL DATA

埼玉県北足立郡伊奈町小室10474

埼玉新都市交通伊奈線ニューシャトル「志久」徒歩12分、JR線「上尾」・「蓮田」スクールバス

男子17名、女子24名

048-721-5931

http://jsh.kgef.ac.jp/

埼玉栄中学校

埼玉 さいたま市 共学校

主体性と創造性を育む

建学の精神に「人間是宝（人間は宝である）」を掲げる埼玉栄中学校・高等学校。

生徒の将来を考え、一人ひとりに秘められている可能性をいかに開発させるかということに教育の根源をおいています。

中高一貫教育システム

6年間を3期に分けた一貫教育を行い、豊富な授業時間と効率的なカリキュラムによって、生徒の可能性を伸ばします。

中1・2は「基礎力養成期」とし、学習の習慣化と基礎学力を定着させます。

中3～高2は「応用力確立期」とし、自らの適性や能力を知り、自己の将来を考える時期として目標をしっかりと見定め、努力します。

そして高3を「総合力完成期」として、自己実現に挑戦するための最後の仕上げを行います。

また、コースとして、「医学クラス」、「難関大クラス」、「進学クラス」を設けています。

とくに「医学クラス」は2016年（平成28年）に開設し、世界で活躍できる医師を育てることが目標です。どのコースも生徒一人ひとりの学力を総合的に向上させ、現役での希望大学進学をめざすのが目標です。そのために「0、7時限補習」「デイリーレポート」「スタディサプリ」などの取り組みを用意しています。

主体性を育て創造性を高める

また、生徒の可能性を引き出すため「チーム制」による指導を実施。ひとりの生徒を複数の教師があらゆる角度から分析し、個々の特性、能力を正確に把握し伸ばしていきます。そして、「できるまで、わかるまで」を合い言葉に生徒個々の現状を把握し、細分化した学習計画を立てるきめ細かな指導がなされます。

2016年に新校舎が完成し、さらなる期待が寄せられる埼玉栄中学校・高等学校です。

SCHOOL DATA

埼玉県さいたま市西区指扇3838
JR線「西大宮」徒歩3分
男子256名、女子171名
048-621-2121
http://www.saitamasakae-h.ed.jp/

埼玉平成中学校

埼玉 入間郡 共学校

2017年4月「English Careerコース」スタート

開校21年目をむかえた埼玉平成中学校は基礎から英語を本気で学びたい生徒のため、「English Careerコース」をスタートさせました。多くの授業時間と親身な指導によって、だれでも無理なく自然に英語がマスターできるコースです。これからも埼玉平成中学校は、「言葉に強い生徒を育てる」ため「英語力」の向上に学校をあげて取り組んでいきます。

「英語力」を磨くプログラム

1　中高6年間で全生徒が2回の海外旅行

中3の2学期には、南半球ニュージーランド・オークランドへ3週間の短期留学。高2の2学期には、アメリカ合衆国西海岸6日間の研修旅行を実施します。

2　「英語」の授業時数は公立中の約3倍

中等部3年生は1週間で10.5時間。習熟度に応じたていねいな指導が行われます。

3　さまざまな英語関係の検定に挑戦

英語検定・GTEC・TOEFLなど。昨年度は高3生が英検準1級に合格しました。

4　「英語力」向上のために教材を厳選

主教材は「Progress in English 21」。

補助教材は「Bright English Grammar」。

5　埼玉平成中学校に広がる「英語」環境

放課後はネイティブと語りあえる英会話サロン「English Station」に生徒が集まり、全員が英会話を楽しめます。また、図書館の英字新聞で、最新の時事問題を英語で読むことができます。夏休み中には「校内ミニ留学」でネイティブ教員が英会話特別講座を開講。さらに、英語絵日記「Picture Diary in English」で長期休暇中の思い出を英文で綴り、文化祭では英語スピーチコンテストを開催します。こうした英語教育により今年度の英語のセンター試験では、平均180点を達成しました。

2017年度大学入試では、東北大（医学部）・筑波大・首都大学東京・埼玉大・早稲田大・東京理科大・明治大・立教大・中央大・法政大ほか多数の合格者を輩出しています。

SCHOOL DATA

埼玉県入間郡毛呂山町下川原375
東武越生線「川角」徒歩7分、西武新宿線「狭山市」・西武池袋線「飯能」・「入間市」・JR線「武蔵高萩」・「高麗川」・「河辺」スクールバス
男子31名、女子23名
049-294-8080
http://www.saitamaheisei.ed.jp/

栄東中学校

知る・探る・究める 栄東のアクティブ・ラーニング！

アクティブ・ラーニングとは

いま注目を集める栄東中学校のアクティブ・ラーニング（以下、AL）。端的に言えば、能動的・活動的な学習という意味です。教師が一方的に生徒に知識伝達する講義形式ではなく、課題研究やグループワーク、ディスカッション、プレゼンテーションなど、生徒の能動的な学習を取りこんだ授業を総称するものです。

自ら課題を見つけ、それを解決していく能動的な学びを積極的に取り入れていくことで、自律的な学習態度を身につけることが期待できます。

ALで育成しようとする力には、問題発見力や課題解決力、論理的思考力などがあり、それらは知識を基礎にしなければ育ちません。学びにおける基礎・基本があり、そのうえでALによって個性や応用力を育むべきであると栄東では考えられています。来るべき大学受験を乗り越え、第1志望校に合格してもらいたい、という目標に変わりはありません。基礎学力は徹底的に育成し、そこで得た知識が大学や実社会で「使える知識」となるようにALは働きかけていきます。

東大クラスと難関大クラス

中学校には「東大クラス」と「難関大クラス」が設置されています。

東大クラスは、将来に向けて高い目標を掲げ、幅が広く奥の深い学習を行います。難関大クラスは、東大クラスと同じカリキュラム、授業進度で学習を進めます。進級の際に東大クラスへ移る生徒もいます。入学後に学力が大きく伸びる生徒がいるからです。当然、クラスの別にかかわらず、ALが教育の根幹に置かれています。

生徒の学力に応じた柔軟な対応と、細やかな指導のもと、難関大学への合格者数は順調に増加しています。

SCHOOL DATA

埼玉県さいたま市見沼区砂町2-77
JR線「東大宮」徒歩8分
男子542名、女子415名
048-666-9200
http://www.sakaehigashi.ed.jp/

狭山ヶ丘高等学校付属中学校

豊かな人間性を育み確かな学力を養成する

2013年（平成25年）、狭山ヶ丘高等学校のもとに、狭山ヶ丘高等学校付属中学校が誕生しました。

高校では、開校以来、自己と向きあう「自己観察教育」を重視してきました。その教育は中学でも受け継がれ、「黙想教育」「茶道教育」「対話教育」の3つを柱に、豊かな人間性を育んでいます。

また軽登山、農作業なども生徒を大きく成長させる独自の取り組みです。軽登山では、秩父や奥多摩の山々を年に3回登ることで、心身ともにたくましくなることができます。農作業では、基礎を学んだのち、各々に分け与えられた土地を使って、作付け計画から収穫まで、生徒自身の力でやりとげるため、責任感を持って行動できるようになります。

高校のノウハウをいかした学習指導

狭山ヶ丘には、高校で培った「生徒をやる気にさせる」ノウハウがあり、それを用いて中学段階から「自ら学ぶ」生徒に育てあげていきます。

そのために活用されているのが「生活の記録」です。学習時間やその日一日のよかった点・反省点などを書きこむもので、自分の行動を振り返ることで、自己管理能力が養われていきます。また、その記録を教員がチェックするため、一人ひとりに対してきめ細やかなサポートが可能になっています。

そのほか、高校でも実施されている朝や放課後のゼミが特徴的です。各学年を対象に、国数英の3科目において、基礎力の定着をめざすもの、応用問題に取り組み、さらなる学力の向上をはかるものなど、さまざまな内容のものが実施されています。

そして高校に進学すると、希望進路に合わせて3つのコースに分かれ、さらに学力を高めることができます。

確かな学力と豊かな人間性を育む教育が魅力の狭山ヶ丘高等学校付属中学校です。

SCHOOL DATA

埼玉県入間市下藤沢981
西武池袋線「武蔵藤沢」徒歩13分
男子98名、女子88名
04-2962-3844
http://www.sayamagaoka-h.ed.jp/js/

淑徳与野中学校

埼玉
さいたま市

女子校

高い品性　豊かな感性　輝く知性

淑徳与野中学校は、2005年（平成17年）４月に開校しました。仏教主義に基づく独自の女子教育を行う淑徳与野高校と同じく、中学校も仏教主義に基づいた心の教育を大切にしています。これは、むずかしい教義を教えるということではなく、「つねに周囲に対する感謝の気持ちを忘れずに生きていく」ことを大切にする教育です。国際化が進み、価値観も多様化しているこの時代において、ますます求められる教育といってよいでしょう。

母体となっている淑徳与野高校は、難関大学に多くの合格者を輩出する埼玉県有数の進学校です。卒業生の約93.6%が、現役で４年制大学へ進学しています。中高一貫生は、全員が５教科型のクラスに進学し、みんなで国公立大・早稲田大・慶應義塾大・上智大などの難関大学への合格をめざします。

独自の国際教育と最新の学校設備

学習面では、英語教育にとくに力を入れています。国際社会で通用する英語力が備わるよう、中１～中３で週１時間、ネイティブによる授業を行ったり、英検２次対策の面接授業を実施するなど、きめ細かいカリキュラムが組まれています。さらに、中２では台湾への研修旅行を実施、高２ではアメリカへの修学旅行を行い、全員が３泊４日のホームステイを経験します。このほかにも、さまざまな短期留学プログラムが用意されています。

学習に集中できるよう、校舎は自然に包まれた心地よい環境になっています。２階・３階の屋上庭園（エコガーデン）にはビオトープや野草園があり、校舎の前面は緑で覆われています。

2015年（平成27年）４月に高校校舎が中学校の隣接地に移転し、中高一貫校として、今後さらなる連携を深めた教育が期待されます。伝統の仏教主義と、グローバルな社会に対応する国際教育で生徒たちの夢をかなえる淑徳与野中学校です。

SCHOOL DATA

- 埼玉県さいたま市中央区上落合５-19-18
- JR線「北与野」・「さいたま新都心」徒歩7分、JR線「大宮」徒歩15分
- 女子のみ361名
- 048-840-1035
- http://www.shukutoku.yono.saitama.jp/

城西川越中学校

埼玉
川越市

男子校

未来を切り拓くための学力を養う

1992年（平成４年）に城西大学付属川越高校に併設された城西川越中学校は、躍進著しい埼玉の私立中高一貫校の先駆的存在です。６年間の一貫教育を行う男子校として、大学進学を目標に定めた進学校となっています。

大学進学に対しての明確な姿勢は、学校が「合格者を作る」システムを掲げて「難関国公立大学」への進学を目標としていることからも感じられます。カリキュラムは、中１・中２を「基礎力養成期」、中３・高１を「応用力育成期」、高２・高３を「実践力完成期」と位置づけ、それぞれの時期に最適なものを構築しているのが特徴です。そのなかで、課外補習や模擬試験など、生徒一人ひとりをバックアップする体制が整っています。

大学進学に向けてのコース制は、高２から文系理系に分かれ、高３でさらに細かく国公立系と私立系に分かれます。それぞれの目標・適性に合った科目選択ができるように配慮されています。また、2012年度（平成24年度）より「特別選抜クラス」がスタートしました。

英語教育にも力を入れており、どの学年も、１日の始まりには早朝リスニングが行われます。１時間目が始まる前に、20分間集中して取り組みます。このリスニングにより、英語のコミュニケーション能力を伸ばし、集中力も養います。

クラブ活動できずなを深める

城西川越中では、ほぼ全員の生徒がクラブ活動に参加し、運動系から文化系まで、幅広い分野で活動が行われています。クラブ活動は、心身をきたえ、学年を超えて活動するなかで協調性や社会性を身につける貴重な場です。生徒たちは、学業に一生懸命取り組むとともに、クラブ活動にも全力をそそいで両立をめざしています。

城西川越中学校は、大学進学を見据え、心豊かな人間を育成していきます。

SCHOOL DATA

- 埼玉県川越市山田東町1042
- JR線・東武東上線「川越」、東武東上線・越生線「坂戸」、西武新宿線「本川越」、JR線「桶川」スクールバス
- 男子のみ212名
- 049-224-5665
- http://www.k-josai.ed.jp/

昌平中学校

埼玉 北葛飾郡 共学校

伸びざかり、注目の中高一貫校

大学進学実績において、東京大現役合格をはじめとした著しい伸びを見せている昌平高等学校に、2010年（平成22年）、中高一貫校「昌平中学校」が誕生しました。

現在、昌平高校は入学者全員が大学進学希望です。その希望をかなえるのは当然のこととして、他者を思いやる優しさ、困難に立ち向かうたくましさ、自ら知を求める積極性を合わせ持ち、広く社会に貢献・奉仕する人材の育成をはかってきました。

「努力すれば報われる」「才能は働きかけによって開花する」ことを昌平は実証してきました。そして、もっと早い時期からその才能と向かいあうために、中学校が開設されたのです。

才能を伸ばすためのさまざまな教育

才能開発教育の軸となる「授業」は、

- 土曜日は授業実施(ただし第４土曜は休日)
- 平日は６時限授業（月・水・金）、７時限授業（火・木）
- 放課後に希望者対象の８時限講習を週２回実施（火・金、SHプログラムを使用）
- 講習を含んだ週あたりの授業時間数合計は35～37時間
- 長期休暇中（夏・冬・春）の講習授業実施

以上のような特徴があげられます。多くの授業時間が確保され、さらに数学・英語では中３で習熟度別授業が行われています。

また、パワー・イングリッシュ・プロジェクト（国際理解、英語力強化）として、

- 英検の全員受検運動
- 積極的なTOEIC Bridge受験
- 姉妹校（オーストラリア）との交流（短期留学、ホームステイ受け入れ）
- 複数のネイティブ教員の配置
- 英語授業時間数の大幅な充実

などがあります。さらに2017年(平成29年)より埼玉県初となるIB（国際バカロレア）認定校となり新たにスタートしています。

SCHOOL DATA

- 埼玉県北葛飾郡杉戸町下野851
- 東武日光線「杉戸高野台」徒歩15分・スクールバス5分、JR線・東武伊勢崎線「久喜」スクールバス10分
- 男子109名、女子94名
- 0480-34-3381
- http://www.shohei.sugito.saitama.jp/

城北埼玉中学校

埼玉 川越市 男子校

自律した人間育成と難関大学進学の両立

1980年（昭和55年）、都内有数の進学校である城北中学校・高等学校と「教育理念」を同じくする男子進学校として設立された城北埼玉高等学校。その附属中学校として2002年（平成14年）に城北埼玉中学校は開校されました。

校訓は「着実・勤勉・自主」です。この校訓のもとに「人間形成」と「大学進学指導」を２本の柱とした教育を行っています。

人間形成における教育目標は、自らの生活を厳しく律することのできる強い意志を持った人間の育成です。

そして、その人間性とは「個性豊かな教養と情操にあふれ、社会において自らの果たすべき使命をきちんと自覚しうる自律的なものであるべき」としています。

高校のノウハウをいかしたカリキュラム

城北埼玉では、毎年多くの国公立大・難関私立大へ生徒を送りだしている城北埼玉高校の指導ノウハウをさらにパワーアップさせ、６年間の一貫した教育課程により国立大への全員合格をめざした大学進学指導を実践しています。

２年ずつの３ブロックに分けた教育が行われ、心身ともに著しい成長過程を迎えるこの時期を、より実りあるものにするために成長過程に合わせたカリキュラムを設定します。

中１・中２の「基礎力習得期」では「学力不振者を出さない」指導体制が展開されます。

中３・高１は「実力養成期」で、自律的・自主的な姿勢を養うとともに、さまざまな教科や分野に接して学習の探究心を深め、適性や志望への意識をうながすことを目標とします。

そして、高２・高３は「理解と完成期」です。より高い学力とさまざまな教養を習得しながら、大学進学にふさわしい人間性と学力を備え、全員国立大合格をめざし、受験に必要な科目にしぼった学習が展開されます。

SCHOOL DATA

- 埼玉県川越市古市場585-1
- JR線「南古谷」・東武東上線「上福岡」スクールバス10分、西武新宿線「本川越」スクールバス20分
- 男子のみ379名
- 049-235-3222
- http://www.johokusaitama.ac.jp/

西武学園文理中学校

海外も含めた多彩なステージへ

西武学園文理中学校は、創立以来、「真のレディー＆ジェントルマン・エリート教育」により、「高い知性や教養、豊かで誠実な人間力を身につけた、社会に貢献する人物」を育ててきました。昨年度からはスローガン「グローバルな視野と21世紀型スキルを培う」を掲げ、その教育をさらに進化させています。

学力と進路を切り拓く力を育む

西武学園文理では、中高の６年間を２年間・３年間・１年間に分け、学力を高めます。中１・中２は「基礎力養成期」として、学習習慣を身につけながら、基礎力の充実に努めます。中３～高２の「応用力養成期」では、高２までに高校課程を修了し、基礎学力をもとに応用力を磨きます。そして高３の「入試実践力完成期」では、大学入試に直結した演習と課外ゼミにより、実践力を養います。

こうした学習システムに加え、コース制も取り入れられています。中１は「文理進学コース」と「文理国公立進学コース」、中２からは、今年度新設された「英語が使える日本人の育成」をめざす「グローバルコミュニケーションコース」も加わり、３つのコースが編成されます。高校進学後も進路に応じたクラスが用意され、その結果として、毎年国公立大（東京大合格25年連続、2016年は１名合格）、難関私立大、医歯薬系学部に合格実績を残しています。

また、学力とともに自ら進路を切り開く力を養うことも重視されています。職業研究会、職場見学・体験など、進路について考える機会が設けられる一方、芸術鑑賞や教養を育む講座を用意し、生徒の自主性と個性を引き出していきます。そのほか、異文化に触れ、国際感覚を養うイタリア研修（中３）など、国際教育が充実しているのも魅力です。

こうした教育により、海外を含む多彩なステージで活躍できる「真のレディー＆ジェントルマン」を育む西武学園文理中学校です。

SCHOOL DATA

埼玉県狭山市柏原新田311-1

西武新宿線「新狭山」、JR線・東武東上線「川越」、東武東上線「鶴ヶ島」、西武池袋線「稲荷山公園」、JR線・西武池袋線「東飯能」スクールバス

男子189名、女子185名

04-2954-4080

http://www.bunri-s.ed.jp/

西武台新座中学校

「一生モノの英語」を身につける「西武台式英語」

西武台新座中学校では、「グローバル社会で活躍できるたくましい人間力の育成」をめざし、「高い学力」、「グローバル・リテラシー」というふたつの力を重視した教育が行われています。

「高い学力」とは、高い専門性や一流の学問を身につけることを目的とした、難関大学に合格できるレベルの学力を意味しています。

「グローバル・リテラシー」とは、「実社会で役立つ英語力」「多様な人びとと協同できる共生力」「新たな世界を切り拓く価値創造力」の３つを総合した力のことです。

そのなかでも、一生モノの英語力をめざす西武台新座の“英語教育”は、とくに注目を集めています。

「一生モノの英語」の土台づくり

中学では、日本初となる「The JINGLES（ザジングルズ）」を英語学習の基礎段階で導入しています。これは、発音するための筋肉をきたえ、科学的に発音トレーニングを行うプログラムです。発音できない言葉は理解できにくいという考えのもとで、発音を重視した学習を行っています。そして、リスニングやスピーキングの能力を向上させ、そこから総合的な英語力に発展させていきます。

使用教科書はＺ会の「New Treasure」です。「教科書」をそのまま教えるのではなく「教科書」で英語の根幹や語句のコア・イメージなどを教える独自の手法をとっています。これにより、丸暗記の英語教育からの脱却をめざしています。

そのほかに「やさしいものをたくさん読む＝Be a bookworm！（本の虫になりなさい！）」をコンセプトにした授業が展開されています。基礎期では、英語圏で使用されている絵本を教材として厳選し、「英語を日本語で理解する」ことにとらわれず「英語で英語を理解する」ことをめざしています。

SCHOOL DATA

埼玉県新座市中野2-9-1

JR線「新座」・東武東上線「柳瀬川」スクールバス15分、西武池袋線・西武新宿線「所沢」スクールバス25分

男子52名、女子50名

048-424-5781

http://www.seibudai.ed.jp/junior/

<ruby>聖望学園中学校</ruby>

心を磨き、確かな学力を養成する

聖望学園中学校は、埼玉県のなかでも人間教育と進学教育を充実させている学校として注目されています。6年間一貫教育のなかで組まれた洗練されたカリキュラムと教育システムが、大学進学実績の伸長に結びついています。

その大きな特徴は、中学で能動的な学習習慣を身につける「ISMプログラム」、日々の学習を振り返る「R-ISMノート」、数学と英語の基礎学力定着をはかる「ME学習会」、高校でのサテライト講座、予備校講師による土曜講習、高3の受験演習などです。

とくに、中学段階で重視されているのは、「基礎学力の徹底」と「自立の促進」で、国語・数学・英語については、標準を上回る授業時間が設定され、英語では少人数授業が行われています。ひとり1台のiPadや電子黒板を利用した双方向性を高めたICT教育の充実により、創造力と思考力を高めるグローバル教育をめざしています。

キリスト教に基づく心の教育

聖望学園は、基本的な志向としては明確な進学校と言えますが、それだけに偏った教育でなく、建学の精神であるキリスト教主義を大切にし、心の教育をはじめとする人間教育を重視しています。

そうした教育方針は、学園のモットーである「敬愛信義」という4文字によく表れています。まず「敬」は、神様を敬うことで、同時に神様の被造物である生きもの・自然などを敬うことをさしています。つぎの「愛」とは、文字どおり人びとを愛することです。3つ目の「信」とは信仰です。信仰を持って望みを掲げ、その実現をめざします。そして最後の「義」は、正義のことです。勇気を持って正義を貫く人へ成長することを目標としています。学園は一丸となり、授業だけでなく、行事・部活動・課外活動などをとおして、これらのモットーを実現しようとしています。

SCHOOL DATA

- 埼玉県飯能市中山292
- JR線「東飯能」徒歩13分、西武池袋線「飯能」徒歩15分
- 男子68名、女子66名
- 042-973-1500
- http://www.seibou.ac.jp/

東京成徳大学深谷中学校

国際教育と規律ある指導で生徒を育成

2013年（平成25年）4月、面倒見のよさと熱意あふれるすぐれた指導力が魅力の東京成徳大学深谷高等学校に中学校が誕生しました。

高校で実施した卒業生保護者アンケートでは、「この学校の先生は面倒見がよい」と回答した保護者が93%。「子どもが楽しく充実した高校生活を送れた」と回答した保護者が94%と高い評価を得ています。

そんな高校から誕生した中学校。隣接する総合体育館（Fアリーナ）は、体育館機能だけでなく、美術室や音楽室といった特別教室のほか、合宿施設も設けられており、施設面も充実しています。

国際教育の強化

国際教育では、英語の授業はもちろん、総合的な学習の時間や学級活動にもネイティブスピーカーがかかわり、生きた外国語（英語）を学ぶことができます。

また、これまで学んだ外国語を実際に使えるように、そして、高校の3年間で国際教育をより発展させるため、中学校では海外修学旅行や学期留学などを実施しています。

アットホームな校風

生徒と教員の距離が近く、アットホームな雰囲気や校風が伝統となっている東京成徳大学深谷高校。

その伝統を守りつつ、教職員たちは毎日生徒たちを力いっぱい励まし、確かな学力と豊かな人間性を育てています。

また、たくましいおとなになれるように、あいさつをはじめとした規範意識や生活態度の確立、部活動の奨励など、規律ある心身をきたえる指導も行っています。

東京成徳大学深谷中学校は、生徒一人ひとりの夢を実現するため、高校での経験をいかし、さまざまな面で生徒たちをサポートしています。

SCHOOL DATA

- 埼玉県深谷市宿根559
- JR線「深谷」徒歩25分・スクールバス7分、秩父鉄道「行田市」、JR線・東武東上線・秩父鉄道「寄居」、東武東上線「森林公園」ほかよりスクールバス
- 男子16名、女子19名
- 048-571-1303
- http://tsfj.jp/

東京農業大学第三高等学校附属中学校

本物に触れて学ぶ6年間

2009年（平成21年）春に誕生し、今年で9年目を迎える東京農業大学第三高等学校附属中学校。

母体となる東京農業大学第三高等学校の建学の精神である「いかなる逆境も克服する不撓不屈の精神」「旺盛な科学的探究心と強烈な実証精神」「均衡のとれた国際感覚と民主的な対人感覚」の3つを柱とした教育を実施しています。

実学教育をベースとして人材を育成

東農大三中の大きな特徴は「実学教育」をベースに学力・進路選択力・人間力を育てるというところにあります。

6年間を「基礎力充実期」、「応用発展期」、「進路実現期」の3期に分けた学習カリキュラムのもとで、大学受験に向けた学力を育てていきます。加えて、屋上菜園でのダイズ栽培や、そこで収穫したダイズをもとにした味噌づくり、ワグネルポットを用いた比較分析など、学びの本質を追求します。

また、中1から年に数回実施されるキャリア教育講演会や、東京農業大と連携した独自のプログラムなどで能動的に進路選択力を身につけていきます。

さらに、日々の情操教育や、前述したような東農大三中ならではのさまざまな体験、中2での宿泊語学研修（グローバルイングリッシュキャンプ）、中3でのホームステイ（ニュージーランド、希望制）といった国際教育をとおして人間力を培うことができます。

学習環境も充実

学習環境の充実も見逃せません。開校と同時に中学生のためにつくられた新校舎は、各階に設置されたさまざまな用途で使用できるオープンスペースや、使いやすく設計された理科実験室、屋上菜園、スタジオつきの放送室など、日々の学校生活を快適に送ることができるよう設計されています。

SCHOOL DATA

- 埼玉県東松山市大字松山1400-1
- 東武東上線「東松山」ほかスクールバス
- 男子110名、女子77名
- 0493-24-4611
- http://www.nodai-3-h.ed.jp/

獨協埼玉中学校

学力だけでなく心も育てる

8万㎡もの広大で緑豊かなキャンパスに、近代的施設・設備を備える獨協埼玉中学校・高等学校。

「自ら考え、判断することのできる若者を育てること」を教育目標とし、6年間のゆったりとした時間のなかで、じっくりとものごとに取り組み、調べ、考え、判断する生徒を育てています。もちろん、そのためには「健康な心と体」や「豊かな感性」、「さまざまな知識」が必要です。これらの考えをベースに、じっくりと培われた「自ら考え、判断することのできる力」を育てているのです。

自分の目で見て、判断できる力をつける

獨協埼玉では、実験や経験をとおしてものごとの本質を見つめる「帰納的手法による学習」を重視しています。理科では実験を中心に、英語は一部の時間を少人数、習熟度別授業でネイティブの先生に教わります。

また、自分の目で見て、判断できる力をつけるためには「個の基礎体力」が必要と考え、文系、理系とむやみに線を引かず、この時期に学ぶべきことをしっかり身につける学習を行っています。

また、教科学習だけではなく、幅広い教養を身につけ、深い感性を磨きながら、自分自身の生き方を身につけることができる総合学習のプログラムも多く用意されています。

生徒一人ひとりの興味や関心を引き出しながら、自分なりのテーマ設定ができるよう、総合学習の時間において行われている生きた教材を使った指導はそのひとつです。

たとえば、中1はネイチャーステージと位置づけ、地元の農家の協力を得て、田んぼで稲を育てます。四季の変化のなかでその生育のようすを観察することで、地域の文化や環境問題にも関心を持つきっかけとなります。

ゆったり、じっくりと、ていねいに時間をかけて、学力だけでなく心も育てていく獨協埼玉中学校・高等学校です。

SCHOOL DATA

- 埼玉県越谷市恩間新田寺前316
- 東武スカイツリーライン「せんげん台」バス5分
- 男子298名、女子196名
- 048-977-5441
- http://www.dokkyo-saitama.ed.jp/

武南（ぶなん）中学校

埼玉 蕨市　共学校

BUNAN Advanced 始動！

21世紀のグローバルリーダーを育てる

武南中高一貫校は「BUNAN Advanced」を掲げ、21世紀のグローバルリーダーを育てるために、「Innovation＝社会を変革する心」、「Intelligence＝豊かな教養を愛する心」、「Integrity＝人間力を高める心」、「International Mindset＝世界を知る心」を大切にしています。

これらの心を育む源は「何事にも笑顔で挑戦する強い精神」です。そのような精神を持ち、そして「日本人」「アジア人」としてのアイデンティティを兼ね備えた「世界で通用する」タフな若者の育成に力を尽くします。

その一環として、中2ではアジア研修、高1では英語圏への研修などを実施しています。アジア研修ではベトナムに1週間滞在し、現地の国立中学校との1日交流をはじめ、JICA（国際協力機構）の現地での活動先を訪問し、スタッフ（海外青年協力隊員を含む）からの指導も受けます。日本人がアジアで実際に活躍している姿に触れ、世界で通用する人材へのイメージをより具体的に持つことができます。

最先端の教育環境を整備

高い目標を抱いてスタートする武南は、それに見合う教育環境の整備にも抜かりはありません。2012年（平成24年）の6月には「中高一貫 BUNAN Advanced校舎」が完成しました。

アクティブラーニング用の開かれたスペース「ラーニングコモンズ」が各階の中心に位置し、それをHR教室や特別教室が取りかこみます。また、全館が無線LANでつながり、全教室には電子黒板を設置、生徒はタブレットPCを持ち、ICT（情報コミュニケーション技術）教育にはこれ以上ない環境が提供されています。同時に屋上のビオトープなど生徒に安らぎを与える場所も用意されています。

SCHOOL DATA

- 埼玉県蕨市塚越5-10-21
- JR線「西川口」徒歩10分
- 男子44名、女子26名
- 048-441-6948
- http://www.bunan.ed.jp/j-highschool/

星野学園（ほしのがくえん）中学校

埼玉 川越市　共学校

「6年先のずっと先まで、頼れる羅針盤を手に入れる。」

2000年（平成12年）春に中高一貫教育をスタートさせた星野学園中学校。教育の根底には、120年の歴史を誇り、難関大学へ多数の合格者を輩出している併設校の星野高等学校のノウハウがそそぎこまれています。

星野学園では、自由で柔軟な自立した人間を育てる伝統のリベラルアーツ教育の思想を原点に、「習熟度別学習指導」、「国際人教育」、「情操教育」という3つの柱で中高一貫教育を実践しています。確かな学びを提供する一方で、教養を養い、豊かな人間形成をはかることにも注力しているのです。

3つの柱で6年間にわたる人格形成

一人ひとりの力を最大限に伸ばすために、多彩なカリキュラムやコース編成による「習熟度別学習指導」を行っています。理数選抜クラスと進学クラスの2クラスがあり、中2からは数学と英語で習熟度別展開授業をします。レベルに応じた内容と進度によって学習の定着度を高め、個々の能力を最大限に伸ばしていきます。高校では補習・長期休暇時の講習・難関大学特別講習や進路指導等、生徒の現役合格を力強くあと押しします。

中3の夏には、中学の修学旅行でオーストラリアを訪れたり、ドイツの学生を招いて「日独交流コンサート」を開催したりと、海外体験や異文化交流行事をつうじた「国際人教育」にも力を入れています。週に1回、ネイティブスピーカーの教員による英会話の授業も実施し、4技能の基礎を徹底的に学習し、応用力を養える英語教育も充実しています。

さらに、合唱祭・芸術鑑賞・文化祭などの、さまざまな学校行事やクラブ活動（全入制）をつうじた「情操教育」によって、生徒たちは文武両道の学校生活を過ごしています。

これら3つの柱によって、豊かな教養やコミュニケーション能力、問題解決能力などを身につけ、バランスのとれた人格形成をめざす星野学園中学校です。

SCHOOL DATA

- 埼玉県川越市石原町2-71-11
- JR線・東武東上線「川越」、西武新宿線「本川越」、JR線「宮原」・「熊谷」・「東大宮」、西武池袋線「入間市」スクールバス
- 男子113名、女子325名
- 049-223-2888
- http://www.hoshinogakuen.ed.jp/

東京
神奈川
千葉
埼玉
茨城
寮制

本庄第一中学校

埼玉 本庄市 共学校

生徒と教師が互いに響きあう

2015年（平成27年）に創立90周年を迎えた本庄第一高等学校。その併設校として2016年（平成28年）4月に開校したのが本庄第一中学校です。学園理念の「響生」とは、「影響を受け、影響を与え、柔軟さと豊かさを育む」こと。生徒と教員がお互いに影響を与えあいながら、よりよい学校づくりをめざして日々の生活を送っています。

「7つのもちろん」と「3つのしっかり」

本庄第一中では、教育方針の「高い学力の養成」「人間力の育成」「希望進路の実現」を達成するため、「7つのもちろん」と「3つのしっかり」が設定されています。

「7つのもちろん」とは、本庄第一中独自のカリキュラムのことをさします。併設の本庄第一高への内部進学にこだわらない指導を実践していることもそのひとつです。外部の公立トップ高校や難関私立高校への進学も応援する体制をとっているため、先取り学習は行わず、中学段階の学習内容を完璧に身につけることに重点をおいています。着実に学力を伸ばしていくために、主要5教科の授業時間は公立中学校の約1.5倍、英語にいたっては約1.8倍もの時間を用意。さらに中3の2学期からは、すべての授業が「高校入試問題演習」に切り替わります。もちろん、希望者は本庄第一高へ内部進学が可能です。

そのほかにも、全員が中3までに英検3級を取得することをめざし定期的に英検を受験したり、登下校時間を保護者にメール配信するなど安全対策にも万全を期しています。こうした特徴ある取り組みを「7つのもちろん」として掲げているのです。

また、日々の生活のなかで、「あいさつ」「学習」「健康（身体づくり、心づくり）」をしっかりと行っていこうというのが「3つのしっかり」です。学力面だけではなく、生活面の指導、部活動への積極的な参加にも力を入れている、今後の発展が楽しみな学校です。

SCHOOL DATA

- 埼玉県本庄市仁手2167-1
- JR線「本庄」スクールバス
- 男子39名、女子48名
- 0495-24-1332
- https://www.hon1.ed.jp/jhs/

本庄東高等学校附属中学校

埼玉 本庄市 共学校

心 素直に、知性 輝く。

豊かな人間性と確かな知性を育成

自分を取り巻くあらゆる人やものに対して素直な気持ちで向き合ってみる――「素直な心」が「感謝」の気持ちと「謙虚」な姿勢を生み、「学ぶ心」を育てます。

この「学ぶ心」を軸として各教科の学習と多くの体験を重ねるのが本庄東高等学校附属中学校の学びです。

日本をとおして世界へのまなざしを育む国際理解教育は、和楽器や茶道の体験から伝統芸能鑑賞、京都・奈良校外研修などの日本文化理解と、洋書講読や英語でクッキングなどの特別講座、オーストラリア修学旅行といった異文化理解の体験が盛りだくさんです。

また、各自の興味・関心を引き出しその可能性を広げるキャリア教育は、職業調べと仕事体験、企業訪問、大学の学びを知る学問研究などで、将来についての具体的で明確なビジョンを形成させます。こうした学びにより、確かな知性と豊かな人間性を育てています。

プルーラル・アクティビティ

本庄東では、中高一貫の学習プランにより先取り学習と反復を徹底するとともに、補習やサポートタイムを実施し基本事項の定着をはかります。中学の履修内容は中2、大学入試に必要な内容は高2の学年末までにほぼ修了。各教科の基礎力を土台に、中学では調べ学習やグループ討論、ジグソー学習などをとおして、多角度から立体的に問題を考察し、その成果を発信するプルーラル・アクティビティ（多元的学習活動）を展開しています。知識の詰めこみに偏りがちな「平面的」学習に終始せず、「立体的」に問題にアプローチしてものの考え方を実践として身につけるトレーニングを積み重ねていきます。それにより、個々の「主体的に考える力」をきたえ、論理性や多様性、独創性などが求められる現代社会を生き抜く「人間力」を養います。

SCHOOL DATA

- 埼玉県本庄市西五十子大塚318
- JR線「岡部」スクールバス
- 男子155名、女子167名
- 0495-27-6711
- http://www.honjo-higashi.ed.jp/

あ行 か行 さ行 た行 な行 は行 ま行 や行 ら行 わ行

立教新座中学校

埼玉 新座市

男子校

主体的に行動する人材を育てる

約10万㎡におよぶ広大なキャンパスを持つ立教新座中学校・高等学校。緑にかこまれた校舎で、生徒たちは伸びのびと毎日を過ごしています。立教新座では、教育の主眼を「キリスト教に基づく人間形成」においており、授業、学校行事、クラブ活動など、学校生活のすべてに祈りの姿勢をもってのぞむことを重視しています。

そして、その教育理念のもとで、「テーマをもって真理を探究する力を育てる」「共に生きる力を育てる」を目標に、自由を尊び、平和を愛し、責任感に富む「強くしなやかな個性と品格をもった生徒」を育てています。

実際の授業では、生徒が主体的に見つけたテーマについて調べ、発表し、友人とディスカッションをするというゼミ形式の授業がさかんに行われています。また、生徒たちが自らの進路や興味関心のある分野をより深く学習するため、高3からは、自由選択の講座も設置されています。

さらに、他者・自然などへの深い理解と共感性を育てるためのボランティア活動や、異文化・環境との共生に関する体験学習も積極的に実施しています。

推薦入学で立教大学へ

立教学院に属している立教新座中・高では、立教大への推薦入学の制度が整っており、毎年約80%近い生徒が進学しています。高校3年間の学業成績などを総合して推薦入学が決まり、学部・学科については、「学内の序列上位者より選択することになる」とのことです。

そうしたなかで、他大学への進学も応援しています。高2から、他大学進学クラスが設置され、ほかのクラスとは異なるテキスト・内容での授業が展開されます。受験に適した選択科目を取ることで受験に備え、これまでにも東京大や京都大をはじめとする多くの難関大学に合格者を輩出しています。

SCHOOL DATA

- 埼玉県新座市北野1-2-25
- 東武東上線「志木」徒歩12分、JR線「新座」バス10分
- 男子のみ621名
- 048-471-2323
- http://niiza.rikkyo.ac.jp/

埼玉私学フェア2017

気になる学校の先生とたっぷり相談

個別相談で自分の最適受験校を探す

熊谷展
2日間
開催

7月29日 ㊏　10時～17時
30日 ㊐　10時～16時

会場：キングアンバサダーホテル熊谷　3階

川越展
2日間
開催

8月19日 ㊏　10時～17時
20日 ㊐　10時～16時

会場：ウェスタ川越　多目的ホール

大宮展
2日間
開催

8月26日 ㊏　10時～17時
27日 ㊐　10時～16時

会場：ラフレさいたま 櫻ホール・欅の間

埼玉県内私立中学・高校　※は中学校を併設

（参加校は会場によって異なります。ホームページでご確認ください）

秋草学園	川越東	城西大学付属川越※	武南※
浦和明の星女子※	慶應義塾志木	正智深谷	星野※
浦和学院	国際学院※	昌平※	細田学園
浦和実業学園※	埼玉栄※	城北埼玉※	本庄第一※
浦和ルーテル学院※	埼玉平成※	西武学園文理※	本庄東※
浦和麗明	栄北	西武台※	武蔵越生
叡明	栄東※	聖望学園※	武蔵野音楽大学附属
大川学園	狭山ヶ丘※	東京成徳大学深谷※	武蔵野星城
大妻嵐山※	志学会	東京農業大学第三※	山村学園
大宮開成※	自由の森学園※	東邦音楽大学附属東邦第二	山村国際
開智※	秀明※	獨協埼玉※	立教新座※
開智未来※	秀明英光	花咲徳栄	早稲田大学本庄高等学院
春日部共栄※	淑徳与野※	東野	

国立・私立中学校プロフィール

茨城

江戸川学園取手中学校

茨城 取手市 共学校

授業が一番！ 茨城有数の進学校

2017年11月で創立40周年を迎えます

毎年優秀な進学実績を残している江戸川学園取手中学校・高等学校。今年も東京大に5（含推薦1）名、早稲田大に65名、慶應義塾大に31名、東京理科大に122名が合格。また、医学部に強い学校としても知られており、今年も国公立大医学部に24（含筑波大8）名、私大医学部には62名の合格者を輩出しています。「授業が一番」をモットーとした教育の成果が、如実に表れているといってよいでしょう。中等部では、基礎学力の定着のため「苦手科目を作らない」ことを重視し、生徒がなにごとも「自ら主体的に取り組む」という精神を身につけられるように指導しています。具体的な授業の内容で特徴的なものとしては、100分授業を取り入れていることがあげられます。基本の授業時間は50分ですが、この100分授業を取り入れることで、国語の論述問題や、数学の難問などに対応できるようになっています。

昨年度から「東大ジュニアコース（30名）」「医科ジュニアコース（30名）」「難関大ジュニアコース（180名）」の3コースとなりました。これにより中・高6カ年で最短最強のカリキュラムが実践されていきます。

こうした取り組みに表れているように、生徒の夢を実現させることをめざし、ぶれることなく、より現実的な手段を講じていくという点が特徴的です。高等部では1993年（平成5年）から「普通科コース」に加えて「医科コース」が設けられています。将来、世界の医療現場で活躍する人材を育てることを目標とする「医科コース」の成果は、前述の大学進学実績にも表れています。

また、課外活動に積極的に取り組む生徒も多く、昨年度の科学の甲子園茨城大会で優勝、全国大会6位の成績をおさめました。規律ある進学校として、生徒たちの夢を応援していく江戸川学園取手中学校です。

SCHOOL DATA

- 茨城県取手市西1-37-1
- JR線・地下鉄千代田線「取手」・関東鉄道常総線「寺原」徒歩25分
- 男子427名、女子511名
- 0297-74-0111
- http://www.e-t.ed.jp/

常総学院中学校

茨城 土浦市 共学校

社会に貢献できる人材の育成をめざす教育

1996年開校の常総学院中学校は、併設校の常総学院高校（1983年開校）との6年間中高一貫教育を行っています。大学や職業に対する意識の育成と専門職として社会に貢献できる人材の育成を目的に、メディカルコースとリベラルアーツコースを設置し、施設見学や多分野の職業講演などの課外活動を充実させています。2コースともに主要教科は中1・中2で中学課程を修了し、中3で高校課程に入ります。また、社会のグローバル化に対応するために、自己発信能力が必須と考え、1分間スピーチ・クラスディスカッションに取り組んでいます。なお、これまで中2から設置していた成績上位の「アドバンストクラス」を2016年度から中1にも設置し、東京大などの旧帝大や医学科への合格をめざし、ハイレベルな授業を提供しています。

特色ある英語教育

英語は国際社会において重要なコミュニケーション手段としての役割を担います。そのため、常総学院では英語の授業をRE（Regular English）とCE（Communicative English）のふたつに分けて週11時間行っています。

そのうち週6時間のREでは、おもに単語・文法・読解を中心に授業が行われます。また、週5時間のCEは、1クラスを3分割した少人数制で実施し、すべてネイティブスピーカーの教師が会話・リスニング・作文を中心に授業を行っています。中1・中2ではスピーキングテストが実施され、また中1で実施されるBritish Hillsでの国内留学や中3で実施されるニュージーランド語学研修旅行でのファームステイと学校訪問など、多彩な英語行事をとおして、英語でのコミュニケーション能力を育てています。

これらの経験から英語力を自己評価し、できたこととできなかったことを振り返り、高校進級後の学習のモチベーションへとつなげています。

SCHOOL DATA

- 茨城県土浦市中村西根1010
- JR線「土浦」バス15分、つくばエクスプレス「つくば」より車で15分
- 男子148名、女子180名
- 029-842-0708
- https://www.joso.ac.jp/

土浦日本大学中等教育学校

6年間で「学力・国際力・人間力」を育む

茨城県初の中等教育学校として、2007年（平成19年）に開校した土浦日本大学中等教育学校。

豊かな自然環境のなかで、「学力・国際力・人間力」の3つの力を育みます。

土浦日本大学中等教育学校では、6年間を3つのタームに分け、効果的に学習が進むように計画しています。

最初の2年間は、基礎学力の獲得をめざす「Foundation Term」です。1年次には蓼科や京都・奈良での国内研修、2年次には28日間の英国研修が用意されています。

つぎの2年間は、自ら考え、表現する学力を身につける「Academic Term」です。3年次には広島研修、4年次にはイギリス・ケンブリッジ大での研修が行われます。

そして最後の2年間は、「Bridging Term」です。これまでの研修をとおして獲得してきた力を糧に、進路実現に向けて最大限の努力をしていきます。

世界のリーダーを育てる

学校外での研修も多く、なかでも海外での研修は、総合的・多角的学習の場として非常に重要なものと考え、英語教育にも力を入れています。英語教育の目標を「英語で討論し、自己主張できるレベルのコミュニケーション能力の獲得」と位置づけ、外国人の教員とのふれあいを大切にするなど、実践的なプログラムを導入しています。

土浦日本大学中等教育学校は、日本大の付属校ではありますが、他大学進学者の多さが特徴的です。2017年（平成29年）も、医学部医学科に9名合格し、難関国公立大、早慶上智といった難関私大にも多数の合格者を輩出しました。また、海外の大学へ進学した生徒もいます。日本大へは、毎年5割程度の生徒が進学します。

新しい進学校として年々進化する土浦日本大学中等教育学校です。

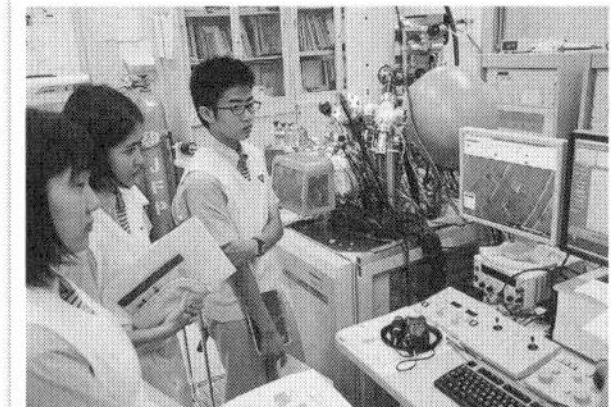

SCHOOL DATA

- 茨城県土浦市小松ヶ丘町4-46
- JR線「土浦」徒歩20分・バス10分
- 男子165名、女子143名
- 029-835-3907
- http://www.tng.ac.jp/sec-sch/

東洋大学附属牛久中学校

「生き抜く力＝人間力」を養う

東洋大学附属牛久中学校は、東洋大学の建学の精神「諸学の基礎は哲学にあり」を基本理念に「知的好奇心と志の高い、自ら考え自ら行動する意欲あふれる生徒」の育成に努めています。21世紀にふさわしい学習環境のなかで、少人数でのていねいできめ細かい指導により、生徒たちは『確かな学力』と『豊かな教養』、『グローバル社会で活躍できる人間力』を身につけていきます。

《豊富な授業数と「グローバル探究」》

完全週6日制で各教科の授業時数を公立中学校の最大1.5倍確保することで、週38時間の授業を展開し、生徒が基礎・基本を定着するよう学習指導を行い、さらに発展的な学習を進めています。同時に、中高一貫教育の6年間において、国内外での全員参加の宿泊研修を毎年実施しています。中2はフィリピン、中3はオーストラリアでの海外語学研修を行い、生徒が柔軟な国際理解力と英語でのコミュニケーション能力を身につけられるカリキュラムを設計・開発しています。

また、独自の教科「グローバル探究」を設定して、哲学・教養・国際理解・キャリア・課題研究の5つの科目を学びます。真の国際人になるためには、自国文化をよく知り、自分の考えをしっかり持ち、臆することなく人前で発言できることが大切です。東洋大牛久では「グローバル探究」をとおしてこれらの力を養い、自己確立へつなげていきます。

2016年（平成28年）に完成した最新設備の校舎には、すべて英語で話すAll English Zoneや県内で屈指の蔵書数（約4万冊）と広さを誇る学校図書館、生徒の心理状況や不安を解消するためのピアルームなどがあり、生徒の学習や生活をサポートする体制が整っています。部活動では国際文化部や和楽部などがあり、カリキュラムと関連する国際交流を視野に入れた幅広い活動（茶道、華道、三味線など）を行っています。

SCHOOL DATA

- 茨城県牛久市柏田町1360-2
- JR線「牛久」スクールバス
- 男子92名、女子100名
- 029-872-0350
- http://www.toyo.ac.jp/site/ushiku-jh/

東京 神奈川 千葉 埼玉 茨城 寮制

茗溪学園中学校

茨城 つくば市 共学校

濃密な6年間が「考える」力を育む

茗溪学園は、当時の中等教育批判に応える取り組みをする研究実験校として、1979年（昭和54年）に開校されました。

一人ひとりの生徒を知育に偏らず総合的に教育し、人類、国家に貢献しうる「世界的日本人」を創生すべく、知・徳・体が調和した人格の形成をはかり、とくに創造的思考力に富む人材を育てることを建学の理念としています。

また、豊かに生きるために、正しい選択力と決断力、そしてたくましい実行力を養うべく、生命尊重の精神を育て、自分で考え行動できる人づくりをすることが茗溪学園の教育目標です。

「考える」姿勢を重視した教育

その教育の特徴のひとつが、目で確かめ肌で感じる生きた学習を実践していることです。フィールドワークを「問題解決学習」として、知識を前提としたうえに「知恵」を育てていくための有効な学習形態として取り入れています。

各教科とも考える姿勢を重視し、実験と調査活動を豊富に取り入れることにより課題意識を開発し、問題解決に適応できる柔軟で創造的な思考力を養っています。

進学については、習熟度別授業、選択制カリキュラム編成、個人課題研究などによって意欲と学力を伸ばし、将来の仕事につながる目的意識を持って進学できるようにしています。また、国際理解・国際交流の機会も多く用意しています。

人間性を育てる寮生活

寮生活をつうじての人間形成も茗溪学園の大きな特徴です。長・短期の寮生活、宿泊をともなう共同生活を経験させ、お互いに切磋琢磨し、自分も他人も尊重する精神を身につけます。こうした6年間のなかで、生徒は自分をしっかりと見つめ、自立していきます。

SCHOOL DATA

- 茨城県つくば市稲荷前1-1
- JR線「ひたち野うしく」・「土浦」・つくばエクスプレス「つくば」バス
- 男子359名、女子372名
- 029-851-6611
- http://www.meikei.ac.jp/

あ行 か行 さ行 た行 な行 は行 ま行 や行 ら行 わ行

国立・私立中学校プロフィール

寮のある学校

函館白百合学園中学校

北海道
函館市

女子校

凛と咲く百合のように

全国に広がる白百合学園の歴史は、1878年（明治11年）、フランスより３人の修道女が函館に着任し、女子教育の基礎を築いたのがはじまりです。東京の白百合女子大をはじめとする白百合学園の最初のページはこの函館から記されたのです。

函館白百合学園は、キリスト教に根ざした価値観を養い、神と人の前に誠実に歩み、人としての品性を重んじ、愛の心をもって人類社会に奉仕できる女性を育成しています。そのため、聖書などから学ぶだけではなく、奉仕活動、募金活動、体験的学習などをつうじて、自ら道徳心を養えるようにしています。

将来を見据えたきめ細やかな指導

国・数・英の授業数は公立中学よりも格段に多く、生徒の発達段階に配慮した授業展開のなかで自然な定着をはかっています。

将来、世界で活躍する国際人の育成をめざし、語学教育にも熱心です。とくに中１・中２の英語は日本人とネイティブの教師によるT.Tを実施、読解力から英会話まで総合的に身につくように配慮されています。また、スモールステップの学びが可能な「すらら」などICTも充実しています。

高校進学時は、難関大学への進学を考えている生徒に対応する「特別進学コース」、看護学校や私立理系大学に適した「看護医療系進学コース」、進学・就職に幅広く対応した「総合進学コース」への進学が可能です。

キャンパス内には、自宅から通学できない生徒のための寮「暁の星ハウス」が完備されています。自立の精神を身につけ、共同生活をとおして、より豊かな人間性を育てることを目的として寮運営がなされています。

羽田空港から飛行機で約70分、函館空港からはバスで20分と、思いのほか短時間で函館白百合学園中学校にアクセスできます。なお、入学試験は首都圏の会場でも行われています。

SCHOOL DATA

北海道函館市山の手2-6-3
函館空港からバス20分､JR線「五稜郭」バス30分、JR線「函館」バス35分
女子のみ56名
0138-55-6682
http://www.hakodate-shirayuri.ed.jp/

函館ラ・サール中学校

北海道
函館市

男子校

大部屋寮で培われるたくましく柔軟な人間関係力

1960年(昭和35年)に高等学校が、1999年（平成11年）に中学校が開設された函館ラ・サールには、「進学教育と人間教育の高いレベルでの両立」を教育方針の核としたつぎのような特色があります。

ひとつ目は「人間教育重視の教育伝統」です。カトリックミッションスクールとして、進学実績至上主義ではなく、生徒の全人格的成長をはかるとともに、問題を抱えた生徒をあくまでも支援しています。

ふたつ目は「全国から優秀な生徒が集まっている」点です。函館市外出身生徒の割合(関東・関西だけで過半数）と出身地の多様性の点では全国一と言われています。多様で密度の濃いふれあいが豊かな自己実現につながります。

３つ目は「全国唯一の大部屋寮生活」(中学３年間。高校からは４人部屋）です。一見不自由にみえる独自の寮生活をつうじて、深い友人関係とたくましく柔軟な人間関係力が養われます。また、函館は北海道の豊かな自然と歴史的情緒にあふれた港町であり、ここでの生活は一生心に残ります。

最後は「低廉な経費」です。都会での通学・通塾生活より経済的です（授業料寮費合わせて月11万円)。

バランスのとれた教育を実践

函館ラ・サールでは、部活動も非常にさかんで、北海道大会に出場するクラブがいくつもあります（とくにラグビー部は全国大会に出場しました)。

教育カリキュラムは、１週間の授業時間数を37時間としています。基礎的な学力をしっかりと身につけ、なおかつ、芸体教科も公立と同じ時数を確保するためです。

また、ミッションスクールという特色をいかした倫理・宗教の科目や、国際性を重視した英語教育など、「知」･「心」･「体」の育成に積極的に取り組んでいます。

SCHOOL DATA

北海道函館市日吉町1-12-1
JR線「函館」バス、函館市電「湯の川」徒歩12分
男子のみ248名
0138-52-0365
http://www.h-lasalle.ed.jp/

佐久長聖中学校

長野 佐久市　共学校

中高一貫課程創設20年を経てさらなる躍進を

佐久長聖中学校・高等学校がある、信州・長野県佐久市は、交通整備網が発達し、北陸新幹線金沢・東京間の中間に位置する重要拠点として、先端産業が集まるハイテク産業地域であるとともに、文教環境が整った学術文化都市でもあります。

こうした恵まれた教育環境にある佐久長聖の特徴は、授業・体験学習・寮生活が三位一体となった６年間一貫教育を行っていることです。寮のことを「館」と呼び、中学に隣接する「聖朋館」に専任の教職員が宿泊し、24時間体制で指導にあたっています。

生徒の志望に合った2コース

中高一貫校としての特性をじゅうぶんにいかした授業編成を行っており、中１では学習の基礎・基本を身につけ、中３の１学期までに中学の全教育課程を修得し、２学期からは高校の学習範囲へと移ります。授業は50分で、生徒一人ひとりが自ら調べ、考え、意見を述べあうことを大切にし、詰めこみではない、「本当の学力」を伸ばします。さらに、2011年度（平成23年度）からは「東大医進難関大コース」と「スキルアップコース」というふたつのコース制を導入し、より一人ひとりに合った学習指導体制が可能となりました。

2017年度（平成29年度）の大学入試結果は、東京大２名、国公立大医学部８名、京都大など国公立大に62名、早稲田大・慶應義塾大などの難関私立大を中心に多くの生徒が希望の進路に進んでいます。

語学学習と国際学習も特徴

語学学習を大切にしており、生きた英語に触れ、英語の「聞く・話す」力を高める教育を実施。語学力を高めながら国際的な理解力も深める授業を進め、例年、中３の７割が英検準2級に合格しています。また、中3全員で2月中旬～3月初旬にカナダで語学研修、高1で希望者による海外語学研修を行っています。

SCHOOL DATA

- 長野県佐久市岩村田3638
- 上信越自動車道佐久インターより車で1分、JR北陸新幹線・小海線「佐久平」より車で５分
- 男子199名、女子165名
- 0267-68-6688
- http://www.chosei-sj.ac.jp/

海陽中等教育学校

愛知 蒲郡市　男子校

リーダーの出発点が、ここにある

海陽中等教育学校は、愛知県蒲郡市に位置する全寮制の男子校です。「将来の日本を牽引する、明るく希望に満ちた人材の育成」を建学の精神に掲げ、2006年（平成18年）に開校しました。学校の設立にあたっては、トヨタ自動車・JR東海・中部電力の３社を中心に、日本の主要企業約80社が学校設立・運営のために資金を拠出した、まったく新しいタイプの中等教育学校です。

全寮制のメリットをいかした教育

生徒たちが生活する寮は「ハウス」と呼ばれ、各人の個性を尊重し健やかな成長をはかれるように、個室が用意されています。また、各階には海を見渡すラウンジが備えられ、生徒同士の交流や学習の場としても利用できます。こうした寮生活は、イギリスのイートン校などの例にならって、寮における生活のなかから高い知性とよき生活習慣を身につけていく場として重要な役割を果たしています。

それぞれのハウスで約60人の生徒が生活をともにし、教員の資格を持ったハウスマスターが常駐しています。それぞれのフロアには、日本を代表する企業から派遣されたフロアマスターがおり、生活指導や学習支援を行います。

また、週６日制でじゅうぶんな授業時間を確保し、国数英を中心に習熟度別授業を取り入れています。ハウスでも１日２時間の夜間学習があり、チューター（少人数担任）制できめ細かくフォローします。

2017年度（平成29年度）の合格実績は国公立大では東京大、京都大、東北大、秋田大、筑波大、千葉大、東京医科歯科大などに合格、私立大では早稲田大、慶應義塾大、上智大、東京理科大をはじめ、医学部に合格した生徒もいます。

将来の日本をリードする明るい人材を育てる海陽中等教育学校。創立10年を超え、さらに大きな期待が寄せられています。

SCHOOL DATA

- 愛知県蒲郡市海陽町3-12-1
- JR線「三河大塚」・「蒲郡」バス
- 男子のみ332名
- 0533-58-2406
- http://www.kaiyo.ac.jp/

早稲田摂陵中学校

社会に貢献する人材を育成

2009年度（平成21年度）から、早稲田大の系属校となった大阪府にある早稲田摂陵中学校。教育目標には「地域社会・国際社会に貢献する人材の育成」を掲げ、豊かな心を育むための教育を行っています。

早稲田摂陵には、学園敷地内に設置された「新清和寮」という学生寮があります。ここでは、中・高合わせて約80名ほどの生徒たちが、全国各地から集まる仲間とともに共同生活を送っています。

寮内で定められた5つの心得を守りながら共同生活することで、自立した人間へと成長していきます。

多種多様な学校行事の数々

1年をとおしてさまざまな行事が催されているのも早稲田摂陵の特色です。

4月には、新入生が学校にスムーズになじめるようにと、「新入生オリエンテーション」や「仲間づくり合宿」が実施されます。

中3で実施されるICCアウトリーチプログラム（早稲田大生・早稲田大留学生による授業）やカナダ海外語学研修（バンクーバー・中2・中3希望者対象）は、早稲田摂陵の教育目標である国際社会に貢献できる人材を育成するために、必要不可欠な行事となっています。

また、年に数回ずつ、地域清掃ボランティアや、地域の人びとも参加できる「早摂公開講座」を開催して、地域とのかかわりを深める行事も行い、もうひとつの教育目標である地域社会に貢献できる人材としての意識も高めていきます。

早稲田摂陵では、このほかにも「早摂祭」や「錬成合宿」、「勉強合宿」などの多彩な行事が行われています。

こうした行事、そして、日常生活をとおして「地域社会・国際社会に貢献する人材の育成」という教育目標を実現できる生徒を育成しつづけているのです。

SCHOOL DATA

- 大阪府茨木市宿久庄7-20-1
- 大阪モノレール線「彩都西」徒歩15分、阪急電鉄「茨木市」「北千里」「石橋」・JR線「茨木」・北大阪急行電鉄・大阪モノレール線「千里中央」スクールバス
- 男子59名、女子21名
- 072-640-5570
- http://www.waseda-setsuryo.ed.jp/

西大和学園中学校

次代を担うリーダーを育成するために

東京大への進学者数が年々増え（2017年度は35名）、京都大や難関国公立大学医学部医学科へも多数が進学する西大和学園中学校・高等学校は、男子寮の完備により全国から入学者が集まります。男女共学でありつつ中1・中2は男女別に授業を受けるスタイルは、互いが切磋琢磨し、最大の教育効果をあげるという学園の教育方針が反映されています。

リーダーに必要な3つの要素

西大和学園は、「知性」・「国際性」・「人間性」を柱として、「次代を担うリーダーを育成するために」を教育目標に掲げています。

また、「知性」は本物の体験のなかで磨かれていくと考える西大和学園では、生徒の好奇心に応える多くの体験学習を用意し、中3で卒業研究に取り組みます。生徒は興味を深めながら、学ぶことの楽しさを知ります。

これらの活動は、西大和学園が2002年度（平成14年度）から継続指定を受けているスーパーサイエンスハイスクール（SSH）の取り組みの一貫として行われています。

ふたつ目の柱である「国際性」は、生きた英語力を身につける英語教育と、世界を感じられる語学研修により養い、真の国際人として活躍できる人材を育てます。

2014年度（平成26年度）、スーパーグローバルハイスクール（SGH）の指定も受けたことにより、SSHと合わせて文系・理系のバランスが取れた教育力を発揮していきます。

そして、3つ目の柱である「人間性」を磨くために、多彩な行事、クラブ活動がさかんに行われています。自然や仲間とのかかわりのなかで生きていることを実感し、他者の存在によって自分が生かされていると知ることにより、他者の幸福のために行動する「利他の精神」を持った人材へと成長できます。

このような独自の教育により、「磨かれた『知』を備え、世界を舞台に活躍する、豊かな人間性を持つリーダー」を育てています。

SCHOOL DATA

- 奈良県河合町薬井295
- 近鉄田原本線「大輪田」徒歩8分、JR線・近鉄生駒線「王寺」、近鉄田原本線「新王寺」徒歩18分またはバス、近鉄大阪線「五位堂」バス
- 男子542名、女子127名
- 0745-73-6565
- http://www.nishiyamato.ed.jp/

土佐塾中学校

高知 高知市 共学校

生徒を育てるユニークな教育プログラム

高知市内を一望できる180mの高台に、土佐塾中学校はあります。豊かな自然に恵まれたこの土佐の地から、将来を担う人材を輩出することを目的として設立されました。

土佐塾では、自宅から通学できない生徒のために寮施設が完備されています。「大志寮」と名づけられたこの寮は、親元を離れて生活する寮生のために、さまざまな面で創意工夫が凝らされてます。たとえば、寮での勉強については、学校の先生のほか、塾や予備校の先生も指導にあたるシステムを取っています。また、寮が学校から徒歩５分という至近距離にあり、学校生活を中心に効率のよいスケジュールが組まれているのも魅力です。

学力を伸ばすサポートシステム

入口と出口を比較して、学力を伸ばしてくれる学校として話題にのぼる土佐塾を支えているのが、母体である塾・予備校で培ったノウハウと人材です。大志寮の夜間学習にも塾・予備校から派遣されたスタッフが学校教員とともに授業や指導にあたります。

土佐塾独自の「進路サポートプログラム（SSP）」は生徒に自分の進路を早くから意識させ、学力の伸長を助けるものです。通常の学校行事とは別に、大学教授を招いて行うワンデーセミナーや、弁護士や医師などの専門職に就くかたを招くキャリアセミナーなどが実施されます。SSPによって、生徒一人ひとりのキャリア形成能力を育成し、生徒が主体的に自己の進路を選択する能力を養います。

学校施設も充実しています。体育館や広いグラウンドはもちろんのこと、自習にも利用できる図書館なども備わっており、全施設が冷暖房完備となっています。そして最も特徴的なのは、職員室に仕切りがないことです。開放的な構造で、生徒が気軽に質問することができます。

土佐塾中学校は東京でも入試を行っており、首都圏から多くの生徒が受験しています。

SCHOOL DATA

高知県高知市北中山85
JR線「高知」バス15分
男子304名、女子244名
088-831-1717
http://www.tosajuku.ed.jp/

あとがき

現在、国内には595校（2016年度）もの中高一貫校があります。そのうち、首都圏には300校以上の学校が所在しています。また、これまでの国立・私立だけではなく、公立中学校においても、中高一貫校を新設する動きがつづいています。多くの選択肢のなかから、各ご家庭の考え方やポリシーに合わせた教育を選ぶことができるということは、非常に幸せなことです。

その反面、選択肢が多ければ多いほど、悩んでしまうご家庭も少なくありません。とくに初めて中学受験を経験されるご家庭においては、学校選びは大変な作業です。

本書はそのような保護者のかたに、少しでもお役に立てれば、との思いから生まれたものであり、毎年改編を重ねています。ここに登場する268校の学校については、その教育理念や日々の特色など、学校の素の姿をお伝えすることを第一として編集を行っております。そのため、いわゆる偏差値や学力の指標となるものは掲載しておりません。それは数字だけでなく、ご家庭の教育方針やお子さまに合った学校を選んでいただきたいからです。

学校の紹介にあたっては、各校の校長先生ならびにご担当の先生がたに多大なご協力を賜り、厚くお礼申しあげます。

本書をつうじて、各ご家庭が、より望ましい学校教育を選択されることを願ってやみません。

『合格アプローチ』編集部

ご投稿・ご注文・お問合せは

株式会社グローバル教育出版

【所在地】〒101-0047
東京都千代田区内神田2-4-2 グローバルビル

【電話番号】03-3253-5944（代）（合格しよう）

【FAX番号】03-3253-5945

URL：http://www.g-ap.com
e-mail:gokaku@g-ap.com
郵便振替　00140-8-36677

合格アプローチ　2018年度入試用

首都圏 国立私立 中学校厳選ガイド268校

2017年7月10日　初版第一刷発行　**定価 1800円**（＋税）

●発行所／株式会社グローバル教育出版
〒101-0047 東京都千代田区内神田2-4-2 グローバルビル
電話 03-3253-5944（代）　FAX 03-3253-5945
http://www.g-ap.com　郵便振替00140-8-36677

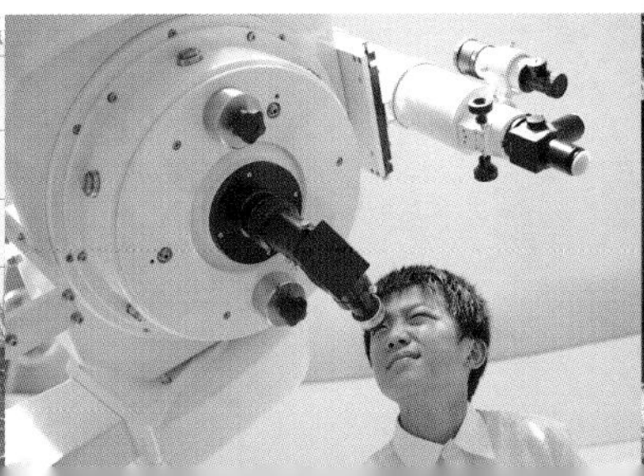

ISBN978-4-86512-121-6

C0037 ¥1800E

定価：本体1800円+税